LIVE THEORY

슬라보예 지젝

렉스 버틀러 지음
강우성 옮김

LIVE THEORY

슬라보예 지젝

초판 1쇄 발행 2025년 12월 31일

지은이 렉스 버틀러
옮긴이 강우성

펴낸이 김준성
펴낸곳 책세상

등록 1975년 5월 21일 제2017-000226호
주소 서울시 마포구 월드컵로23길, 38 2층 (04011)
전화 02-704-1251
팩스 02-719-1258
이메일 editor@chaeksesang.com
광고·제휴 문의 creator@chaeksesang.com
홈페이지 chaeksesang.com
페이스북 /chaeksesang 트위터 @chaeksesang
인스타그램 @chaeksesang 네이버포스트 bkworldpub

ISBN 979-11-7131-166-8 94100
979-11-5931-829-0 (세트)

- 잘못되거나 파손된 책은 구입하신 서점에서 교환해드립니다.
- 책값은 뒤표지에 있습니다.

LIVE
THEORY

슬라보예 지젝

렉스 버틀러 지음
강우성 옮김

Slavoj Žižek

차례

슬라보예 지젝이 쓰거나 편집한 책과 에세이는 다음의 약어로 표시되어 있다.

AF	*The Abyss of Freedom/Ages of the World* (Ann Arbor, MI: University of Michigan Press, 1997)
B	*On Belief* (New York and London: Routledge, 2001)
'BS'	'Between Symbolic Fiction and Fantasmatic Spectre: Towards a Lacanian Theory of Ideology', *Analysis* 5 (1994)
CHU	*Contingency, Hegemony, Universality: Contemporary Dialogues on the Left* (with Judith Butler and Ernesto Laclau) (London: Verso, 2000)
CU	*Cogito and the Unconscious* (Durham, NC: Duke University Press, 1998)
'DB'	'Against the Double Blackmail', *New Left Review* 234 (1999)

DR!	*Welcome to the Desert of the Real!* (London: Verso, 2002)
E!	*Enjoy Your Symptom! Jacques Lacan in Hollywood and Out* (New York and London: Routledge, 1992; 2nd edition, 2002)
FA	*The Fragile Absolute, or, Why is the Christian Legacy Worth Fighting For?* (London: Verso, 2000)
H	*Everything You Always Wanted to Know About Lacan (But Were Afraid to Ask Hitchcock)* (London: Verso, 1992)
HP	*Le Plus Sublime des Hysteriques - Hegel passe* (Paris: Point Hors Ligne, 1988)
'HR'	'Human Rights and Its Discontents', Lecture given by Žižek at Olin Auditorium, Bard College, NY (16 November, 1999) (http://www.bard.edu/hrp/zizek-transcript.htm)
IR	*The Indivisible Remainder: An Essay on Schelling and Related Matters* (London: Verso, 1996)
K	*The Fright of Real Tears: Krzysztof Kieslowski between Theory and Post-Theory* (London: BFI Publishing, 2001)
L	*Revolution at the Gates: A Selection of Writings from February to October 1917*, with V. I. Lenin (London: Verso, 2002)

LA *Looking Awry: An Introduction to Jacques Lacan through Popular Culture* (Cambridge, MA: MIT Press, 1991)

ME *The Metastases of Enjoyment: Six Essays on Woman and Causality* (London: Verso, 1994)

MI *Mapping Ideology* (London: Verso, 1994)

PF *The Plague of Fantasies* (London: Verso, 1997)

SO *The Sublime Object of Ideology* (London: Verso, 1989)

T? *Did Somebody Say Totalitarianism? Five Interventions in the (Mis) use of a Notion* (London: Verso, 2001)

TK *For They Know Not What They Do: Enjoyment as a Political Factor* (London: Verso, 1991; 2nd edition, 2002)

TN *Tarrying with the Negative: Kant, Hegel and the Critique of Ideology* (Durham, NC: Duke University Press, 1993)

TS *The Ticklish Subject: The Absent Centre of Political Ontology* (London: Verso, 1999)

ZR *The Žižek Reader,* ed. Edmond and Elizabeth Wright (Oxford: Blackwell, 1999)

다른 저자의 텍스트는 다음의 약어로 표시되어 있다.

E *Ecrits: A Selection*, Jacques Lacan (New York: Norton, 1977)

ER *The Ethics of the Real: Kant, Lacan*, Alenka Zupančič (London: Verso, 2000)

'MM' 'More! From Melodrama to Magnitude', Joan Copjec, in Janet Bergstrom (ed.), *Endless Night: Cinema and Psychoanalysis* (Berkeley, CA: University of California Press, 1999)

S *Sexuation*, Renata Salecl (ed.) (Durham, NC: Duke University Press, 2000)

S1 *The Seminar of Jacques Lacan: Book I, Freud's Papers on Technique* (Cambridge: Cambridge University Press, 1988)

S3 *The Seminar of Jacques Lacan: Book III, The Psychoses* (Cambridge: Cambridge University Press, 1993)

S7 *The Seminar of Jacques Lacan: Book VII, The Ethics of Psychoanalysis* (London: Routledge, 1992)

S11 *The Four Fundamental Concepts of Psycho-Analysis*, Jacques Lacan (Harmondsworth: Penguin, 1979)

S20 *The Seminar of Jacques Lacan: Book XX, On Feminine Sexuality: The Limits of Love and Knowledge: Encore* (New York: Norton, 1998)

또 다른 예시적인 사례

스티븐 킹의 《샤이닝》의 주인공은 집필 장애로 애를 먹는 작가다. 따라서 《샤이닝》은 글쓰기의 불가능성, 이야기하기의 불가능성이라는 대표적인 모더니즘적 주제의 변주로 느껴진다. 그러나 킹의 손맛이 드러나는 지점이라면 이 책이 진정한 공포의 이면, 즉 끝도 없이 항상 글을 써야 한다는 뿌리칠 수 없는 강박에 시달리는 작가를 다룬다는 사실이다. 한 해에 세 권에 이르는 장편 소설을 생산하는 킹이야말로 그 작가가 아닐까? 발화된 내용의 차원에서의 트라우마(집필 장애)는 따라서 분명히 발화의 주체와 관련된 훨씬 더 끔찍한 트라우마(끝없이 글을 써야 한다는 강박)의 뒤집힌 형태다.

–슬라보예 지젝의 《그들은 자기가 하는 일을 알지 못하나이다: 정치적 요소로서의 향유》 중에서

일러두기

*원문의 이탤릭체는 볼드체로 표시했다.

라이브 이론

슬라보예 지젝

Slavoj Žižek

1장

철학의 주체

이런 책의 저자들은 종종 자신들이 다루는 대상의 사생활에 대해 말하기를 꺼린다. 어쨌거나, 사생활이 그들의 작업과 무슨 상관이 있을까? 그들이 쓴 글을 이해하는 데 도움이 될까? 하지만 슬로베니아의 문화 분석가인 슬라보예 지젝을 생각하면 이러한 의구심은 곧 사라진다. 우리가 말하려는 것 가운데 그가 스스로 이미 말하지 않은 것이 있었던가? 우리가 밝히려는 비밀 중에 그가 이미 많은 숙달된 농담 중 하나의 펀치라인으로 바꾸지 않았던 것이 무엇일까? 예를 들어, 어떤 이론가들이 팔루스라는 정신분석적 개념을 설명하기 위해 다음과 같은 한 줄짜리 말을 허용하겠는가? "세상에서 가장 가벼운 물건은 무엇일까? 음경. 왜냐면 생각만으로도 세울 수 있는 유일한 물건이기 때문이다."(*TS*, 382~383) 어느 누가, 인류학자 클로드 레비-스트로스를 패러디하여 다음과 같이 말하겠나.

> 재래식 독일 화장실에서는 똥이 사라지는 구멍이 앞쪽에 있어서 우리가 먼저 검사할 수 있도록 배치되어 있고, 전통적 프랑스 화장실에서는 똥이 최대한 빨리 사라지도록 뒤쪽에 있는 반

> 면, 앵글로색슨(영국과 미국) 화장실은 일종의 종합을 보여주는데, 변기에 물이 가득 차서 똥이 떠다니는 게 보이지만 검사할 수는 없다.(*PF*, 4)

또는 가장 널리 알려진 사례로, 그 누가 중국 식당에서 식사를 할 때 가장 큰 두려움은 식사자리에 함께한 사람들과 난교에 빠지는 것이 아니라 그들과 함께 음식을 나누는 것이라고 고백하겠는가? "얼마나 많은 사람들이 당시에는 그다지 큰 의미가 없었던 순진한 집단섹스로 인해 멸망의 길에 들어갔으며 결국에는 중국 식당에서 메인 요리를 나눠 먹게 되었을까?"(*E!*, ix) 또는 그 누가 자신의 땀 냄새를 맡거나 코를 후비는 '자기만의 역겨운 의식'(*AF*, 80)뿐만 아니라, 음란물 시청,(*PF*, 177~180) 사이버 섹스,(*IR*, 191~193) 그리고 심지어 콜린 매컬로Colleen McCullough[1] 읽기(*LA*, 160)와 같은 조금 더 사회적인 습관도 망라하는 나쁜 습관 전체를 유쾌하게 인정할 수 있을까?[2]

이제 라캉식 정신분석은 치료의 일부로서 급진적 **외부화**의 과정을 권할 것이다. 이는 우리가 처한 상황에 대한 책임은 전적으로 우리에게 있다는 것, 우리를 정의하는 것은 행동 배후의 동기가 아니라 우리의 행동이라는 것, 타인에게 접근 불가능한 우리 존재의 내적 핵심은 존재하지 않는다는 점을 받아들여야 한다는 생각이다. 이것은 라캉이 자신의 강의 말년쯤에 '증상과의 동일시'라고 부르게 되었던 것으로서, 우리를 구성하는 특이성과 때로는 부끄러운 장애와 기벽을 숨기지 말고 그것들이 우리의 현재 모습의 일부임을 인정해야 한다는 뜻이다. 그리고 의심할 바 없이 이것이 바로 지젝이 여기서 하는 일이다. 하지만 말이 나온 김에 말해보자면, 지젝이 위의 목록에서 인정하지 않는 한 가지가 있다. 그리고 그것은 바로 **이론의 증상 그 자체**이다. 지젝이 강의하는 모습을 보는 것은 정말 놀라운 광경이기 때문이다. 이 엄청나게 손짓을 해대는 곰 같은 남자는 선 채로 수염과 셔츠를 잡아당기면서 겨드랑이 아래에는 땀이 밴 검은 원이 짙게 드리워진 채, 깔끔하게 빗어 넘긴 머리칼이 점점 늘어지고 흐트러지면서 방안을 두리번거리며 멍하니 바라보고 있다. 그는 강한 중부 유럽식 억양과 혓소리로 빠르게 말하고, 자신의 말을 더 명확하게 이해시키기 위해 끊임없이 자신에게로 돌아오며 결코 멈추지 않겠다고 으름장을 놓는다. 우리는 그가 같은 요점을 반복해서 말하고 있다고 느끼지만, 그것을 제대로 파악할 수 없으며, 그렇게 하기 위해 그는 쇤베르크에서 SF에 이르는, 양자역학에서 최신 할리우드 블록버스터에 이르는, 그리고 지금은 잊힌 18세기와 19세기 독일 철학자부터 프랑스 정신분석학자 자크 라캉의 난해하기로 악명 높은 글들에 이르는 서양 철학과 문화 전체를 고급과 저급을 망라하여 끌어들여야만 한다…. 실제로 라캉은 제임스 조이스를 두고, 그가 쓴 글은 의미를 고정하길 거부하는 정신병에 가까운 것이었지만 이 글쓰기가 또한 그를 실제 정신병에서 구해준 유일한 것이기도 했다고 잔인하게 말했던 적이 있는데, 마찬가지 경우가 지젝에게도 해당한다고 생각한다. 지젝의 동료 이론가인 주디스 버틀러는 그의 저서 중 한 권의 뒷표지에 "슬라보예는 이론화하기 위해 산다"고 썼지만, 우리는 그 반대가 사실이어서 지젝은 살기 위해 이론화한다고 본다. 비록 그의 대중 연설과 저술이 증명하듯, 그의 작업은 끊임없이 변화무쌍하고 개방적이며 스스로 닫히거나 종결을 내리길 거부하지만—다시 말해 정신병적이지만—그를 구하는 것은 오직 이론화의 활동이며, 이 이론화가 초래하는 바로 그것으로부터 그를 구하는 것이기도 하다.

이런 모든 비아냥에도 불구하고 지젝이 말하는 것을 보고 있자면, 우리는 서양 문명의 기원 이후 오직 드물게 찾아볼 수 있었던 어떤 가능성으로 돌아가게 된다. 왜냐하면 그는 그 누구보다도 고대 그리스의 영웅 안티고네를 떠올리게 하는데, 그녀는 아주 터무니없이 고집을 부리다가 결국 비극적 대의를 위해 자신을 희생한다. 즉, 우리는 여기서 라캉의 용어로 하면 '두 죽음 사이'(S7, 270)에 있는 존재, 자신의 외면이 껍데기나 잔해로 축소되는 인물이다. 그러나 그는 또한 안티고네처럼 대의가 결핍된 세상에서 어떤 비범한 대의에 사로잡힌 채, 모종의 멈출 수 없는 힘으로 충만한 것 같은 사람이다.[3] 지젝은 일종의 죽음충동, 자기소멸의 욕망으로 가득 차 있다고 말할 수 있지만, 그가 드러내는 것은 삶 자체가, 즉 심오한 의미에서 삶은 이러한 죽음을 향한 전진 앞에서는 불가능하다는 것, 우리가 그와 같은 삶을 영위할 때 희생한다고 생각하는 것은 오직 저편(저승)에서 볼 때만 가치를 지닌다는 점이다. 라캉이 안티고네의 사례를 다룬 그의 세미나《정신분석의 윤리》에서 말했듯, 이 저편에서 우리는 삶을 '이미 잃어버린 무언가의 형태로'(*S7*, 280) 바라보고 영위할 수 있다. 어쩌면 결국 여전히 무언가를 믿었고, 여전히 대의를 가지고 있었던 안티고네조차 넘어서서, 끊임없이 자신의 입장을 바꾸고 궁극적으로 '이론 자체의 내재적 올바름'(*CU*, i) 외에는 아무것도 믿지 않는 지젝을 우리는 어떻게 이해해야 할까? 이 '무(無)'를 위해 우리 자신과 우리가 믿었던 모든 것(심지어 우리의 대의조차도)을 희생한다는 것은 무엇을 의미할까? 그럼에도 불구하고 우리는 왜 앞으로 나아가서 그렇게 행하는 걸까? 이 죽음이 바로 이론의 생명, 대의로서의 이론 그 자체인가?

이론의 생명

지젝은 1989년 《이데올로기의 숭고한 대상》을 출간하며 영어권 세계에 자신을 처음 알렸다. 이 책은 마르크스의 상품 개념, 알튀세르의 호명 개념, 라캉의 분열된 주체 개념을 당시로서는 예상치 못한 방식으로 융합하여 이른바 **사회적 증상**을 정교하게 설명한다. 이 증상은 개인 심리의 특질들과 사회에 대한 더 폭넓은 분석을 함께 아우르는 방식을 모색하기 위한 것으로서 진보 정치의 오랜 숙제였다. 에르네스토 라클라우와 샹탈 무페의 획기적인 저서 《헤게모니와 사회주의 전략》(1985)[4]에서 취한 이 책의 근본적인 통찰은 사회적인 것이 본질적으로 분열되어 있고 적대적이며 봉합될 수 없다는 것이다. 그 결과로서 사회를 이해하고 구성하는 데 사용되는 다양한 용어는 그 자체로 잠정적이고 우발적이며 끊임없는 다툼의 대상이 된다. 따라서 사회의 바람직한 목표로 끊임없이 호출되는 '민주주의'와 같은 개념은 이념적으로 중립적이거나 의심할 여지없이 긍정적인 것이 아니라, 그것을 주창하려는 다양한 집단들의 주제목록에 오른다.(*SO*, 98) 이러한 각각의 시도는 필연적으로 실패할 수밖에 없는데, 그 이유는 어느 한 기표가 사회 전체를 대변할 수 없기 때문이다. 각 집단은 이 실패에 대한 설명을 어떤 외부적이고 침범적인 요소에서 찾는데, 이를 제거하면 상상된 전체성을 회복할 수 있다. 지젝은 이 요소를 '이데올로기의 숭고한 대상'이라고 부른다. "어떤 이데올로기 분야와도 이질적이면서 동시에 그 분야가 종결을 달성하는 데 필요한"(*SO*, 21) 애매한 증상 요소가 바로 그것이다.

지젝은 2년 후《그들은 자기가 하는 일을 알지 못하나이다》를 출간하여 이 문제를 계속 추적한다. 이 밀도 높은 이론적 텍스트는 정치적 시의성을 강조하기라도 하듯, 원래 공산주의 붕괴 후 첫 번째 슬로베니아 자유선거를 앞둔 1989~1990년 겨울에 일반 청중을 대상으로 두 부분으로 구성된 강연 시리즈 형식으로 발표되었다. 이 선거에서 지젝은 자유민주당의 친개혁 성향 후보로 나섰다.《그들은 자기가 하는 일을 알지 못하나이다》는 적어도 부분적으로는 사회체가 스스로를 하나의 전체로 구성할 수 있게 하는 환상적인 '숭고한 대상'—일반적으로 유대인 또는 외국인—에 대한 연속적 탐구이다. 지젝이 책의 서문에서 예의 농담조로 진지한 요점을 제기하는 전형적 태도로 지적하듯, 《이데올로기의 숭고한 대상》에서 그는 유대인 남자에 관한 유머에 기댈 수 있었는데, 러시아로부터의 이민을 원하는 그는 그 이유 중 하나로 새로운 민족주의의 대두와 더불어 반유대주의적 폭력에 대한 두려움을 꼽았다가 러시아에서는 공산주의가 오래 지속될 것이므로 걱정할 것이 없다는 말을 듣게 된다. 이에 그는 이렇게 대답할 수 있었다. "글쎄, 그게 내 두 번째 이유야!"(*TK*, 1) 오늘날에는 유대인 남자가 떠나고 싶어 하는 이유가 바로 공산주의의 몰락과 함께 인종차별주의가 급증하고 있기 때문이다. 여기서 지젝은, 이데올로기를 포용하는 겉보기에 탈이데올로기적인 '향유'와 더불어, 이 인종주의의 기저에 타인이 우리의 향유를 약탈할지 모른다는 두려움, 그들이 향유하는 이상하고 새로운 방식 때문에 우리의 삶의 방식을 위협하는 외국인 침략자들에 대한 적의가 내재하는 방식에 대해 언급한다. (*TK*, 37~38, 213~214)

이 두 책들의 혁신적인 측면은 지금처럼 '탈이데올로기적'으로 간주되는 시대에 이데올로기 비판이라는 전통적 범주를 되살릴 수 있었다는 점이다. 실제로 그 책들은 이데올로기가 '탈이데올로기'의 관점에서 이해되든, 이데올로기 이전의 '향유'의 관점에서 이해되든, 이데올로기가 작동할 수 있게 하는 것이 바로 우리의 이데올로기와의 거리두기임을 증명할 수 있다. 이 두 책에서 또 다른 놀라운 점은 정신분석학적 환상의 개념을 재구성하고 이를 이데올로기 분석의 도구로 전환하는 방식에 있다. 프랑스의 마르크스주의자 루이 알튀세르는 아마도 환상이 단순히 사물을 있는 그대로 인식하는 것을 거부하는 주관적 오류나 망상으로 이해되어서는 안 된다는 것을 처음으로 보여주었다. 오히려 알튀세르에게 환상은 **객관적**이다. 환상이 발견되는 것은 우리가 믿는 것에서가 아니라 우리의 외적인 사회적 실천에서다. 따라서 상품 물신주의의 관점에서 보면, 우리가 돈이 부의 직접적 표현이 아니라 사회적 관계의 추상화된 형태라는 것을 아는 일은 중요하지 않다. 중요한 것은 우리의 실제 행동에서 우리가 계속해서 돈이 부의 직접적 표현인 것처럼 행동한다는 점이다.(*SO*, 31) 이것이 마르크스의 상품 형식에 대한 분석의 근본적인 의미, 즉 "사물(상품)이 우리를 대신해서 믿는다"(*SO*, 34)는 뜻이다. 이는 또한 지젝이 라캉의 분열된 주체 개념을 알튀세르의 호명interpellation 개념에 도입한 것에서 도출되는 결론이기도 한데, 왜냐하면 우리가 보는 것은 이데올로기가 **무의식적인** 방식으로 작동하며, 이는 곧 그 주체가 이데올로기에 대해 알지 못한다는 말로 이해되기보다는 그들의 행동의 **형식**이 그들을 벗어난다는 것으로 이해되어야 하기 때문이다.(*SO*, 15) 그들이 잘못 인식하거나 잘못 지각하는 어떤 측면이 그들의 행동에 있기 때문이 아니라, 처음부터 타자—물신에 구현되었을 뿐만 아니라 사회적 관습에도 구현된 대타자—의 매개행위를 통해서만 그들이 행동하거나 믿을 수 있기 때문에 그들은 '탈중심화'되어 있다.(*SO*, 36)

이 두 권의 책은 대륙 철학의 영어권 수용이라는 맥락에서 볼 때 매우 독창적이지만, 류블랴나 대학을 중심으로 지젝 및 그와 비슷한 생각을 지닌 옛 유고슬라비아 이론가 그룹이 1970년대와 1980년대에 걸쳐 진행한 대규모 연구의 결과물이다. (지젝이 이들과 공동 작업을 하거나 그들의 책에 서문을 쓰는 등 지속적으로 관계를 유지하고 있는 이 이론가들 중에는《완전히 어두운 지점》의 저자이자 제레미 벤담의《파놉티콘 저작》의 편집자 니란 보조비치,《영혼의 뼈: 헤겔의 정신현상학에 대한 라캉식 읽기》의 저자이자 지젝과《오페라의 두 번째 죽음》을 공동 저술한 철학자 믈라덴 돌라르,《자유의 전리품》과《사랑과 증오의 도착들》의 저자인 법이론가 레나타 살레츨,《실재의 윤리: 칸트와 라캉》의 저자인 철학자 알렌카 주판치치 등이 있다.) 지젝은 인터뷰에서 자신과 동료들이 맞섰던 구 유고슬라비아의 다양한 철학 사조에 대해 이야기한다.

> 슬로베니아 공화국에는 두 가지 주요 철학적 접근 방식이 있었습니다. 프랑크푸르트학파의 마르크스주의와 하이데거주의. 둘 다 우리 라캉주의자들에게는 받아들여질 수 없었는데, 전반적으로 거부감을 느꼈을 뿐만 아니라 슬로베니아에서는 공산당이 프랑크푸르트학파의 마르크스주의를 강령으로 채택할 만큼 똑똑했기 때문이기도 했어요. 하이데거주의는 처음부터 우파의 포퓰리즘과 연결되어 있었고, 유고슬라비아의 다른 지역에서는 가장 음험한 스탈린주의 세력과 연결되었어요. 우리에겐 알튀세르가 중요했죠.[5]

왜 알튀세르일까? 구 유고슬라비아는 전설적인 '인간의 얼굴을

한 사회주의'였기 때문에, 거기서 문제는 이데올로기의 직접적 강요가 아니라 구체제가 자신의 이데올로기를 진지하게 받아들이는 것처럼 보이기보다 자신에 대한 비판을 미리 자기 내부에 포섭했다는 사실이었다.(*IR*, 3) 이는 현대 자본주의에서 발견되는 개인적 냉소주의 및 대중의 복종이라는 현상과 똑같은 문제이다(왜 이 냉소주의가 체제의 권력에 대한 장악을 약화시키기보다 실제로 강화하는지에 관한 것과 동일한 물음이다).

실제로 지젝은 류블랴나 대학에서 공부한 후 처음에는 당국에 의해 "너무도 신뢰가 안 간다"고 간주되는 바람에 교직에 종사하지 못했다. 그는 1970년대 수년 동안 실직 상태로 지냈고, 마침내 그의 지적 탁월함이 부인되지는 않았으나 학생들과의 어떠한 실제적 접촉도 용인되지 못한 채 대학 부설 〈사회학연구소〉에서 연구직을 맡게 되었다. 지젝은 지금, 아이러니하게도 국가로부터 지원을 받았지만 일상적인 강단의 의무를 강요받지 않았던 이 시기를 "마이클 제이 폭스의 말로 하자면 내 성공의 비결"이라고 표현한다.[6] 정신없는 출판 일정과 전 세계적으로 급부상한 명성 덕분에 그는 이런 상황을 유지할 수 있었다.

> 저는 3년마다 연구 제안서를 작성합니다. 그런 다음 이를 세 개의 한 문장짜리 단락으로 나누는데, 이를 저는 연간 프로젝트라고 부릅니다. 저는 매년 연말에 연구 프로젝트의 미래형 동사를 과거형으로 바꾸어 연례 보고서라고 부릅니다. 완전한 자유를 누리며 저는 완전한 일벌레입니다.[7]

1981년 류블랴나 대학에서 철학박사 학위를 취득한 지젝은 파리로 건너가 라캉이 후계자로 지명한 자크-알랭 밀레의 유명한 세미나에서 공부했는데, 그에게 정신분석을 받았고 1985년에는 그의 지도로 정신분석학 박사 학위를 얻게 된다.《가장 숭고한 히스테리환자 : 라캉과 함께 한 헤겔》(1988)라는 책은 지젝의 프랑스 시절의 산물로, 라캉과 대중문화의 독특한 혼합과 헤겔에 대한 그의 비정통적 독법을 처음으로 드러냈다. (이 책에는《이데올로기의 숭고한 대상》과《그들은 자기가 하는 일을 알지 못하나이다》에 들어가게 될 많은 부분이 포함되어 있다.) 그는 헤겔을 프랑스의 탈구조주의자들처럼 변증법적 화해의 사상가로 보는 것이 아니라, 가장 심오한 차이의 이론가, 즉 직접적으로가 아니라 오로지 동일성의 실패를 통해서만 파악될 수 있는 차이의 이론가로 본다.(*HP*, 89~90)

《그들은 자기가 하는 일을 알지 못하나이다》에 이어 곧바로 세 권의 새로운 책이 등장한다. 이 책들은 특히 지젝의 새로운 영어권 청중의 결과로 생겨났다고 말할 수 있는 첫 번째 저작들로서, 단순히 그의 이전 연구나 개인적 상황에서 비롯된 책이 아니다. 그 책들은 대체로 정치적 색채가 엷고, 저작들의 임무가 지닌 시급성이 덜하다. 제목에서 알 수 있듯이, 이 책들은 본질적으로 대중적 저작으로, 상급과 하급의 문화적 테마를 달변으로 풀어낸, 즉흥적이면서도 백과사전적이며, 숭고하면서도 진부함이 결합된 책이다.《삐딱하게 보기: 대중문화를 통한 라캉의 이해》(1991)는 대중문화에서 가져온 예시를 통해 라캉의 여러 개념('실재', '응시', '생톰')들로 독자를 인도한다. 따라서 우리는 스티븐 스필버그의 〈태양의 제국〉에서 '실재의 응답'(*LA*, 29~30)을, 마이클 만의 〈맨헌터〉에서 도착적 '응시'(*LA*, 107~108)를, 퍼트리샤 하이스미스의 단편소설 〈연못〉에서 병리적 '생톰'(*LA*, 133~136)을 찾을 수 있다. 그다음에는《당신의 징후를 즐겨라!: 할리우드의 정신분석》(1992)이 뒤를 잇는데, 이 책은 두 부분으로 구성된 강의 연작으로서, 첫 번째는 지젝이 '대자(對者)'라고 부르는 할리우드 영화에서 가져온 예를 통해 라캉의 개념을 해명하고, 두 번째는 동일한 개념을 그 내재적 내용, '즉자'(即者)(*E!*, xi)의 측면에서 다루고 있다. 그리하여 우리는 로베르토 로셀리니의 영화에 대한 고찰을 통해 자살 '행위'에 대한 라캉의 개념에 대해 논의하고,(*E!*, 31~66) 데이비드 린치의 〈엘리펀트 맨〉(*E!*, 113~146)과 관련해 '팔루스'의 포스트모던적 상실을 다루며, 1950년대 필름 느와르의 팜므파탈(*E!*, 149~193)과 관련하여 남성의 '증상'으로서의 여성을 거론한다. 이 시기에 영어로 출간된 세 번째 책, 원래 1985년에 프랑스어로 출판되었던 책은《라캉에 관해 항상 알고 싶었지만 감히 히치콕에게 물어보지 못한 모든 것》(1992)이라는 논문모음집이다. 여기에는 히치콕식 서스펜스에 대한 프랑스 영화 평론가 파스칼 보니체르의 에세이, 히치콕의 영화에서 '연극'이 진실을 드러내는 방식에 대한 주판치치의 글과 어떻게 히치콕의 영화에 이미 관객의 응시가 포함되어 있는지에 대한 지젝의 장문의 에세이가 포함되어 있다. 이 모든 책들은 모두 으뜸가는 학술 베스트셀러이자 지젝의 이름을 처음으로 더 많은 대중에게 알리기 시작한 저작들로서, 착실한 대중문화 애호가로서 지젝의 꾸준하게 인기 있는 대중적 이미지를 구축했다. 그의 저작에는 '미학적 범주'에 대한 의도적인 전도, 문화적 위계질서의 전복이 있는 것처럼 보인다. 그렇기에 우리는 스티븐 킹과 소포클레스,(*LA*, 25~26) 바그너와 서부영화,(*LA*, 114~115) 맥컬로와 칸트(*LA*, 160~162)의 조합을 마주하게 된다. 분명히 이 모든 것에는 동성애집단의 독특하게 포스트모던적인 감수성과 아주 가까운 일종의 도발성이 있지만, 지젝은 자신의 절차에 고상한 혈통이 있다고 주장한다. 디오게네스, 발터 벤야민, 심지어 칸트 자신까지 망라한다는 얘기다.(*LA*, vii)

1993년은 지젝의 걸작이라 할 수 있는 책, 저 뛰어난 《부정적인 것과 함께 머물기: 칸트, 헤겔, 그리고 이데올로기 비판》이 출간된 해였다. 이 책에서 우리는 지젝이 지금까지 나온 것 중 헤겔에 대해 가장 확장된 논의를 펼치며, 일반적 탈구조주의자 세대 전체 그리고 특히 데리다에 대항하여 다시 한번 논쟁을 벌이는 모습을 볼 수 있다. 그는 헤겔이 '제한된' 경제 안에서 모든 차이를 없애려 한 것이 아니라 변증법적 종합에 영원히 저항하는 세계의 근본적인 '균열'을 이론화하려 했다고 주장한다.(*TN*, 21) 지젝은 〈이데올로기 이론으로서 헤겔의 '본질의 논리'〉라는 장에서 어떤 진지한 이데올로기 분석에서도 필수적인 헤겔의 '전제를 설정하기'(*TN*, 126)라는 개념의 중요성에 대해 논증한다. 그는 또한 헤겔이 칸트의 '숭고' 관념을 **외재하는** 초월적인 '너머'가 아니라 **내재하는** 분열에 의해 초래되는 일종의 환상적 이미지로 재개념화하는 방식을 살펴본다.(*TN*, 35~39) 지젝이 '예외를 통해 생산된 남성적 보편성'(*TN*, 53~58)과 대립하는 모종의 여성적 '비전체not-all'와 연결시키는 이 희한한 논리는 지젝의 나머지 작업에 가장 폭넓은 영향을 미치게 될 것이다. 예를 들어, 이 논리를 통해 지젝은 일련의 배제(여성, 아동, 광인들, 원시부족들)에 기초해서만 가능한 보편성, 즉 궁극적으로 모든 사람이 배제되는 보편성으로서의 일반적인 인권 관념을 비판할 수 있게 되는데,(*ME*, 157~158) 이는 비보편적이지만 바로 이러한 예외들에 적용되는 개념으로서의 인권 개념과 대립한다.(*L*, 267~268) 또한 이 논리는 지젝으로 하여금 왜 현재의 자본주의 질서가 자신에 대한 반대를 포섭하거나 흡수하면서도 필연적으로 불완전하며 실현될 수 없는지 생각할 수 있게 한다.(*TS*, 358, *L*, 266~267)

특정한 '여성적' 논리에 대한 이런 관심은 이어지는《향락의 전이: 여성과 인과성에 관한 여섯 개의 에세이》(1994)에서도 계속 이어지는데, 이 책은《부정적인 것과 함께 머물기》의 체계적인 설명 이후 단편적이고 에세이 같은 성격의 세 권의 신간 중 첫 번째이다.《향락의 전이》에서 지젝은 중세 궁정시와 필름 느와르에 나타난 여성의 남성적 구성에서부터 (전형적으로 도착적이고 반직관적인 읽기를 통해) 오토 바이닝거의 악명 높은 19세기 말풍의 반유대주의적이고 여성혐오적인 책자《성과 성격》이 보여주는 급진적 '페미니즘'에 이르기까지 다양한 분야에서 이 논리를 탐구한다. 《향락의 전이》에서 지젝은 분명 선구적인 라캉주의 페미니스트 조앤 코프젝을 추종하면서, 여성이 단지 수행적으로 상연되거나 역사적으로 우연적인 허구에 불과하다고 주장하는 현대 페미니즘의 일반적인 '구성주의적' 주장과 거리를 둔다. 지젝에게 본질적으로 '상징적인' 이 개념은 여성들을 여성성에 대한 다양한 클리셰들을 패러디하듯 모방하는 일이나 언어 밖의 침묵 속에 몰아넣음으로써 성차라는 '실재'를 배제한다. 오히려 이러한 선택 대신 우리가 보게 되는 것은, 지젝의 여전히 아주 압축된 공식으로 표현하자면, "팔루스에 완전히 복종하는 것이 남성인 반면(왜냐하면 예외를 설정하는 일은 예외의 보편적 지배를 유지하는 방식이기에), 오직 여성만이 자기 욕망의 비일관성을 통해 '팔루스 너머'의 영역을 확보한다"(*ME*, 160~161)는 것이다.

지젝의 다음 저서인 《나눌 수 없는 잔여: 셸링과 관련된 문제들에 대한 에세이》(1996)는 그의 작업의 전환을 표시하는 동시에 이전에는 오직 암시적으로만 존재하던 것을 명시적으로 드러낸다. 이 책은 독일 철학의 역사에서 지금은 약간 주변적인 인물인 F. W. J. 셸링(1775~1854)에 대한 확장된 분석이다. 지젝의 논쟁점은 셸링이 실제로 칸트와 헤겔의 관념론과 마르크스의 유물론 사이에서 중추적인 역할을 했다는 것이다.(*IR*, 4) 그러나 이 유물론은 정확히 무엇에 기반을 두고 있는가? 지젝은 그것을 추적하는 일이 까다로운 작업이라고 주장한다. 그것은 우리가 예상할 수 있는 곳에서는 보이지 않는다. 셸링이 신은 영원히 주어지는 것이 아니라 어떤 모호한 불투명한 '근거'로부터 스스로를 수축시키면서 자기 자신을 설정하는 존재임을 인정하는 순간에 우리는 그것을 찾을 수 있다.(*IR*, 61~62) 즉 셸링은 완전한 것에서 불완전한 것으로 어떻게 이행하는가, 신은 어떻게 세계에 진입하는가 같은 문제가 아니라, 반대로 불완전한 것에서 완전한 것으로 어떻게 이행하며, 신은 어떻게 애초에 생겨나는가 같은 문제에 관심이 있다.(*IR*, 16, 112~113) 셸링의 핵심적인 깨달음은 신이 **불완전**하다는 것, 신에게는 항상 무언가 부족하다는 것, 즉 인간 그 자체라고 이해될 수 있는 간극이 있다는 것이다.(*IR*, 67) 이 깨달음은 셸링 자신도 뒷걸음치게 만든 것이다. 저 위대한《세계의 나이*Weltalter*》단편—미완성인 이 단편의 성격이야말로 지젝에게는 이 글의 유물론적 지위를 드러내는 기호다—의 일련의 원고들을 분석함으로써, 지젝은 신이 '근거'의 원초적 수축을 통해 다가온다는 유물론적 입장에서 신이 일종의 선재하는 본질이라는 관념론적 입장으로 셸링이 어떻게 이행하는지 증명한다. 그리고 1997년에 지젝은 셸링의《세계의 나이》단편의 두 번째 원고에 자신이 쓴 긴 서문을 부쳐서 함께《자유의 심연》으로 재출간하는데, 지젝은 신이 자기 자신의 존재를 이렇게 '자유롭게' 설정한다는 셸링의 생각을 가장 멀리까지 밀고 나가서 어쩌면 놀랄 만한 결론을 이끌어낸다. 유물론은 모든 것이 남김없이 설명될 수 있는 결정론의 한 형태로 이해되기보다 인과성을 개방시키는 것, 즉 자유의 가능성을 허용하는 것으로 이해되어야 한다는 것이다.

또한 1997년에는 《환상의 돌림병》이 출판되었는데, 개별적인 글들의 모음집이다. 여기에는 논문 모음집 《이데올로기의 지도 그리기》(1994)에 처음 부친 서문과 가상현실, 영화 속 성적 행위, 선함 너머의 윤리와 같은 다양한 주제를 다룬 에세이가 포함된다. (《나눌 수 없는 잔여》에는 이미 〈라캉으로 읽는 양자물리학〉이라는 제목의 에세이가 일부로 포함되어 있다!) 여기서 지젝이 《이데올로기의 숭고한 대상》과 《그들은 자기가 하는 일을 알지 못하나이다》에서 이데올로기를 물신(페티시)의 관점에서 분석하려 했던 초기 시도에서 어떻게 진전했는지 관찰하는 것은 흥미롭다. 거기서는 크게 확장된, 상호심리적 이데올로기 개념이 관건이라는 점을 염두에 두더라도, 《환상의 돌림병》에서 이데올로기는 훨씬 더 까탈스럽고 극단적이다. 우리는 우리의 신체의 가장 깊은 곳까지 침투하여 우리의 가장 사적인 환상까지도 식민지화하는 어떤 것에 대해 감지하고 있다. 컴퓨터 게임이나 시뮬레이션에서처럼 타자가 우리를 대신해 알고 믿을 뿐만 아니라 심지어 우리를 대신해 즐기기도 하는 '상호수동성'이 존재한다.(*PF*, 113~117) 이는 세계와 우리의 다양한 세계의 구성 사이의 간극이 점차로 채워지기 때문에 정신병에 걸릴 위험이 있는 세계다.(*PF*, 157~159) 우리가 '현실'로 이해하는 것이 항상 이미 가상이었음을 깨닫게 되면서 이데올로기는 총체적이고 이음매 없는 스크린이 된다. 그러나 지젝은 장 보드리야르를 떠올리게 하는 공식으로 말하길, 이것은 단지 어떤 '실재'가 배제되어 있기 때문이라고 한다.(*PF*, 163) 이 지점에서야말로 또 다른 '윤리', 즉 선함 너머의 '윤리'가 사유될 수 있다는 것이다.

1999년에 출간된 《까다로운 주체: 정치적 존재론의 부재하는 중심》은 지젝 철학의 또 다른 집대성의 시도이다. 사백 페이지에 달하는 이 방대한 저서는 불과 6개월 만에 집필된 것으로 알려져 있는데, 세 부분으로 나뉜다. 첫 번째는 하이데거와 하이데거의 《칸트와 형이상학의 문제》에 나타난 칸트적 초월적 상상력 읽기를 다룬다. (이는 셸링에게서 자유를 가능하게 하는 간극에 대한 탐구의 연장선상에 있다). 두 번째는 알튀세르 이후 프랑스 정치 사상가 세 명(알랭 바디우, 에티엔 발리바르, 자크 랑시에르)의 운명을 다루고, 세 번째는 페미니스트 해체주의자 주디스 버틀러와의 확대된 대결로 구성된다. 또는 지젝이 서문에서 말했듯, 이 책은 세 가지 독특한 철학 전통을 다루고 있다. 독일의 철학적 관념론, 프랑스 정치철학, 영미권의 문화연구(*TS*, 5)가 그것이다. 《까다로운 주체》는 여러 면에서 지젝의 이전 작업으로부터 진일보를 보여준다. 첫째, 첫 섹션에서는 하이데거의 사상에 대한 자세한 설명을 볼 수 있는데, 하이데거는 지젝의 향후 저작들에서 점점 더 일반적인 참조가 될 것이다. 둘째, 바디우의 획기적인 저서, 《사도 바울, 또는 보편성의 탄생》과 발맞추어 지젝은 라클라우와 무페에 대항하는 자신의 정치적 프로젝트를 모종의 보편성의 관점에서 정의하는 데 기꺼이 점점 더 많은 노력을 기울이고 있다. 셋째, 이 책은 지젝의 페미니스트-퀴어 '구성주의'와 가장 근접한 만남이자 라캉의 '실재'의 활용이 '비역사적'이라고 보는 새로 생겨나는 비판에 대한 방어이기도 하다.

우리는 버틀러와의 논쟁에서 그가 역사주의 및 어떠한 조야한 반역사주의에도 동시에 반대하는 방법을 협상하려고 노력하는 모습을 볼 수 있다. 그리고 마침내 그는 이 모든 일을 사실상 모든 현대의 철학적 지향(해체주의, 페미니즘, 뉴에이지 심령주의, 과학적 인지주의)이 비판의 대상으로 삼는 데카르트적 주체성에 대한 열성적이고 예기치 못한 옹호를 통해 수행한다.

피로나 실망의 기색도 전혀 없이, 짧은 논쟁적 팸플릿인《연약한 절대성: 혹은 왜 기독교 유산은 싸울 만한 가치가 있는가》(2000)가 곧 뒤따른다. 이 책은 (다원주의, 윤리적 상대주의, 심지어 정통 기독교와 대립하여) 보편적 진리는 싸울 가치가 있다는 사도 바울의 기독교와 그 통찰에 대한《까다로운 주체》에서의 옹호가 연장된 것으로 볼 수 있다. 그러나 이 진리는 오직 참여적 특정성의 입장에서만 얻을 수 있는 진리다. 여기서 우리는 타자의 향유의 '절대적 특정성'에 대한 이전의 옹호, 아마도 전통적인 자유주의적 관용에 가까울 태도로부터(*LA*, 156) 사도 바울의 유명한 전투성과 유사한 우리 자신의 당파적 입장에 대한 '특정한 절대성'의 주장으로 지젝이 변화하는 모습을 엿볼 수 있다. 새롭게 주창된 '보편성'에 대한 그의 주장은 이듬해에 출간된《전체주의가 어쨌다구?》에서도 볼 수 있다. 이 책은 정치적 '거대 담론'을 제안하려는 어떠한 시도에 대해서도 '전체주의'라는 비난을 퍼붓는 현대의 경향에 대한 통렬한 공격인데, 이런 식의 비난은 정확하게 모든 실제적 사회 변화를 저지하는 하나의 방식으로 기능한다. (예를 들어, 자본주의에 대항하는 통일된 정치적 입장을 제안하려는 그 어떤 시도도 새로운 형태의 독재로 이어질 수 있다는 식의 주장.) 이 지점에서 지젝의 저작에는 점점 더 노골적으로 마르크스주의가 등장하는데, 실제로 조직화된 정당 구조와 경제적 자원의 사회화와 결부된 코뮤니즘적 형태에 대한 주장이 등장한다. 여기서 지젝의 정치학은 권력의 자리가 항상 비어 있어야 하는 개념, 즉 항상 실현 불가능한 '민주주의'라는 개념을 한참 넘어서서, 기꺼이 권력을 장악해서 자신들의 정치적 의지를 강제하는 레닌과 같은 인물들에 대한 동경으로 옮겨갔다.(*TK*, 267~270) 그러나 놀랍게도, 지젝이 2002년 레닌 텍스트 모음집인《문 앞의 혁명》을 위해 쓴 긴 후기에서 주장하듯, 이 레닌은 특정한 기독교의 개념과 전혀 불일치하지 않는 인물이다.

이 기간 동안 내내 지젝은 계속해서 일련의 다른 글들과 인터뷰를 출간한다. 오랫동안 사랑받아온 데이비드 린치에 대한 에세이《우스꽝스러운 숭고의 예술》(2000), 영국 필름 인스티튜트를 위한 폴란드 감독 크시슈토프 키에슬로프스키에 대한 강연 시리즈《진짜 눈물의 공포》(2001), 이데올로기에 대한 생각을 업데이트한 짧은 텍스트《믿음에 관하여》(2001), 세계무역센터 공격에 대한 응답인《실재의 사막》(2002), 자신이 편집한 책에 실린 에세이들이나《사랑의 대상으로서 응시와 음성》(1996),《코기토와 무의식》(1998),《성화》(2002)에 실린 글들, 버틀러 및 라클라우와의 공동작업으로서 각자가 다른 사람의 입장에 대해 토론하는《우연성 헤게모니 보편성》(2000)이 있다. 그것은 그야말로 엄청난 자료의 방출로서, 속도가 느려질 기미는커녕 실제로 속도가 빨라지는 듯하다. 2000년에 지젝은 세 권의 책을 출간하고, 2001년에 네 권, 2002년에 다시 네 권을 출간한다. 이것의 역설적인 점 중 하나는 그의 저작이 점점 더 명백하게 반자본주의적으로 변함에 따라 마찬가지로 점점 더 상품화되는 것처럼 보인다는 사실이다. 즉, 우리는 지젝 자신만이 아니라 그의 저작에 대해서도 모종의 배설적 정체성의 테두리 안에서 말할 수 있다. 과잉됨, 통제 불가능성, 가차 없는 축적, 그리고 그 모든 것을 어떻게 해야 할지 알기 어렵다는 점에서 그의 저작은 배설물이나 심지어 자본의 축적 그 자체와 닮지 않았나? 이 역설이 바로 지젝이 최근 작업에서 탐구하는 주제다. 자본주의는 곧 자기 자신에 대한 비판일 뿐만 아니라 이 비판은 결국 자본 자체로 되돌아온다는 역설 말이다.(*L*, 277) 그러나 지젝은 자기 자신의 개인적 해체, 즉 타자와의 융합에 최대한 근접해야만 원하는 결과를 얻을 수 있을 뿐이다. 그가《까다로운 주체》에서 쓴 것처럼,

> 이는 '선함 너머'의 영역으로서, 여기서 인간은 인간 경험의 극한으로서 죽음충동에 직면하고, 배설물적 잔여로 환원되는 급진적인 '주체적 궁핍'을 겪음으로써 그 대가를 치른다. 라캉의 요점은 이러한 한계경험이 진리-사건을 포용하는 창조적 행위의 (불)가능성의 환원 불가능한/구성적인 조건이라는 것이다. 그것은 진리-사건을 위한 공간을 개방하고 뒷받침하지만, 그 과잉은 항상 진리-사건을 훼손할 위험이 있다.(*TS*, 161)

어떻게 지젝을 읽을 것인가?

물론 지젝처럼 다작이고 대중적인 사상가에게 입문서가 필요하다고 제시하는 일은 터무니없다. 결국 지젝에 대한 어떤 논평이 그가 이미 말하지 않은 것을 말할 수 있을까? 지젝 스스로가 설명하는 것보다 더 명확하게 지젝을 설명할 수 있는 방법은 무엇일까? (또는 다시 말해, 지젝이 실패한 것을 우리가 더 명확하게 설명할 수 있다는 보장은 어디 있을까? 그의 텍스트를 관통하는 그 많은 반복과 재설명을 통해 우리가 그를 움직이게 하는 밑바닥에 도달했다고 어떻게 확신할 수 있을까?) 지젝의 저작을 특징짓는 급진적 외부화의 과정에서, 즉 자기 입장을 완벽하도록 명확하게 하려는 이 분투에서 지젝은, 자신의 작업을 훈련 중인 분석가가 자신의 연구 결과를 두 명의 미숙련 일반 대중에게 전달하고, 그들은 반대로 그 결과를 검토 위원회에 전달하는 라캉식 통과(파세)passe의 절차에 비유한다. "내가 이론적 요점을 가능한 한 명확하게 공식화하려고 시도하는 대상인 그 멍청이는 결국 나 자신이다"라고 그는 너그럽게 말한다.(*ME*, 175) 그러나 그 멍청이는 또한 우리 자신이다. 어쩌면 이 책에서 우리가 할 수 있는 것은 역설적이게도, 지젝을 접근하기 쉽지 **않게**, 대중적이지 **않게**, 쉽게 이해되지 **못하게** 하는 일이다. 우리는 그의 작업을 설명하기 위해 다른 사례를 찾으려고 노력하지 않는데, 이것이 늘 쓸모없는 학술적 관행이기 때문이다. 우리는 그와 같이 활기찬 스타일로 글을 쓰려고 하지 않는다. 우리는 재미있으려고 하지 않는다. (데리다의 에크리튀르를 흉내 내려는 저 끝없는, 끔찍한 모든 시도를 떠올려보자.) 어떤 의미에서 우리는《지젝 독본》의 서문에서 밝힌 지젝 자신의 자기평가에 충실하려고 노력한다.

> 냉정한 스타일 아래서 독자들이 가끔씩 소위 활기찬 성격을 엿볼 수 있는 학술적 저자에 대한 진부한 묘사와 대조적으로, 나는 항상 나 자신을 지나치게 '재치 있는' 질감을 지닌 책의 저자, 그 질감이 근본적인 냉정함, 즉 일련의 사유의 '기계적인' 배치를 담는 봉투 역할을 하는 책의 저자로 인식했다. 내 사유는 이른바 인간적 고려라는 병리학에 대해 완전히 무관심한 채 사유의 길을 따른다.(*ZR*, viii)

이 '기계'는 무엇일까? 지젝의 작업의 내적, 비인간적, 병리적 논리는 무엇일까? 여기서 우리는 지젝을 고찰할 때 발생하는 두 번째 난제를 만나게 된다. 이 책과 같은 입문서는 불가피하게 논의되는 저자를 앞에 두고 몸을 사릴 수밖에 없다. 헤겔의《정신현상학》을 풍자하듯 찬양하는 버전에서, 입문서들은 책에서 거론되는 위대성 앞에서 사라지기를 바랄 뿐이다. 수행적인 모순 속에서 그 책들은 자신들이 아무것도 아니라고 주장한다. '진짜' 저자를 읽는 것이 훨씬 더 중요하다. 입문서들의 유일한 희망은 그 책을 사는 사람이 내처 '진짜' 저자를 읽는 일이다. 하지만 과연 이것이 지젝의 경우에도 해당할까? 앞서 말한 급진적 외부화의 또 다른 측면에서 보자면, 지젝의 책들은 그의 말대로 '대중문화를 통한 라캉 입문서' 혹은 '라캉에 대해 늘 알고 싶었지만 (히치콕에게 물어보기 두려웠던 모든 것)'에 불과한 것은 아닐까? 다시 말해, 실제로 지젝을 읽는 것은 어떤 의미가 있을까? 지젝에 대한 소개와 지젝 자신 사이에 위상의 차이는 궁극적으로 없지 않을까? 지젝이 거론한 저자들을 이미 읽었다면 심지어 지젝을 읽을 필요가 없다는 것이 암시되지는 않을까? 아마도 이 책의 제목은 '지젝에 관해 늘 알고 싶었지만 (너무 게을러서 읽을 시간이 없었던 지젝)' 또는 '(라캉과 헤겔을 이미 읽었기 때문에) 우리가 지젝에 관해 이미 알고 있는 모든 것'이 되어야 할 터이다.

여기서 관건은 지젝의 사유가 차지하는 위상이다. 지젝의 작가적 표면의 눈부신 광채, 그 비범하고 절충적인 참조, 그 논증적 명료함 아래에 무엇이 있을까? 그것은 단지 라캉에 대한 확장된 해설, 라캉과 헤겔의 융합, 마르크스를 통한 라캉의 정치화에 불과한 것일까? 우리가 모든 진정한 실천철학을 특징짓기 위해 취하는 그 '단일성' 또는 통일적 특성을 그것은 지니고 있는가? 아니면 이 모든 것을 다른 방식으로 생각해야 하는가? 의미 있는 사유는 어떤 식별 가능한 단일성을 특징으로 하는 것일까, 아니면 그 사유는 항상 분열되어 세상에 일종의 분열을 초래하는 것인가? 그리고 이것이 지젝의 사상이 우리에게 성찰하라고 요구하는 그것일까? 이러한 '이중화'나 '적대성' 같은 어떤 것이 그 사유에서 관건인 것인가? 이러한 질문에 대한 답을 찾기 위해 실제로 지젝에 대한 비평가 중 한 사람인 '포스트 이론' 영화 작가 에드 오닐의 말을 들어보자. 여기서 그는 지젝이 편집한 책인《코기토와 무의식》의 서평을 하고 있다.

> 사례가 거듭 제공되지만 그것들을 사례로 만드는 원리 자체는 주어지지 않는다. 라캉의 권위에 대한 호소가 암묵적으로 이루어지지만, 그 권위의 원천은 결코 언급되지 않는다. 라캉의 이론의 진리는 다른 사람들의 이론이 그 진리를 어떻게 뒷받침하는지 보여줌으로써 주창되지만, 왜 이 이론들이 동일한 대상을 갖는지는 설명되지 않는다. 하나의 개념은 다른 개념과 관련해서 정의되는데, 그 다른 개념 역시 동일한 방식으로 무한히 설명된다. 설명되는 내용이 설명을 행하는 것과 너무도 눈에 띄는 순환적 형태로 뒤섞여 있어서 해석의 역사에서 하나의 참신함이자 기술적 혁신으로 꼽힐 수 있을 것 같다.[8]

도대체 여기서 무슨 일이 벌어지고 있는 걸까? 오닐은 순진하게도 어쩌면 우리가 지젝을 읽을 때 갖게 되는 두 가지 눈에 띄는, 서로 모순되는 인상을 지적하는 일에 가까운 것 같다. 첫째는 그가 언급한 이론과 사례의 혼동에서 볼 수 있듯이, 여기서 관건은 라캉의 정신분석학에 대한 어떤 문자 그대로의 충실함이 아니다. 다양한 사례들에 '적용'되고 있는 기존의 어떤 정설이나 일련의 교훈이 문제가 아니다. 오히려 라캉의 정신분석학은 처음부터 다른 지식 분야와 묶여 있으며, 그것들 사이에 잠재적으로 끝없는 유비의 연쇄를 구축한다. "하나의 개념은 다른 개념과 관련해서 정의되는데, 그 다른 개념 역시 동일한 방식으로 무한히 설명된다." 그리고 이것은 지젝이 라캉에 대해 직접 언급하지 않더라도 라캉에 대해 말하고 있는 듯한 명백하게 이상한 효과를 초래한다. 라캉은 번역되고 있다기보다 번역 자체의 바로 그 매개체이다. 두 번째 인상은 지젝의 저작에 나타나는 라캉의 총체적 존재감으로 인해 그의 실제적 권위가 사라진다는 점이다. 오닐이 거론하는 이론과 사례 간의 혼동과 마찬가지로 라캉과 라캉을 인용하는 사람들 사이에도 혼란이 존재한다. "라캉의 이론의 진리는 다른 사람들의 이론이 그 진리를 어떻게 뒷받침하는지 보여줌으로써 주창된다." 다시 말해, 라캉에 대한 독단적 충실성, 즉 라캉과의 절대적 동일시를 통해 지젝은 스스로가 독창적 존재가 될 수 있다는 것이다. 그러나 라캉에 대한 비판을 통해 스스로를 라캉에 밀착하는 다른 많은 논평가들과 달리, 라캉에 대한 문자 그대로의 고착을 통해 마침내 그와 결별할 수 있는 것은 오직 지젝뿐이다.[0] 지젝이 발했듯이, 타사에서 실수와 비일관성을 찾고자 하는 우리의 바로 그 욕망이야말로 우리가 여전히 타자에게 전이되고 있다는 사실을 증언하는 것인 반면, 오직 이러한 증상과의 동일시 같은 것만이 우리로 하여금 환상을 가로지를 수 있게 한다.(*SO*, 66) 또는 이것을 신에 대한 예수회의 관계의 형식으로 약간 불경스럽게 표현하자면, 지젝은 "자기 작업의 성공이 전혀 [라캉]이 아니라 전적으로 자신에게 달려 있다고 믿는다. 그러나 그럼에도 마치 [라캉]만이 모든 것을 할 수 있고 자신은 아무것도 아닌 것처럼 작업한다."(*B*, 125)

지젝의 저작이 근본적으로 제기하는 것은—저작 속의 주제이자 저작 자체의 존재로서—사유가 타자와, 즉 아는 주체와 맺는 관계다. 이미 모든 것에 대해 사유한 라캉이—실제로 그렇게 했기 때문이 아니라, 사유를 특징짓는 전이의 구조 안에서 이미 그렇게 한 것으로 간주될 것이기 때문에—커다란 영향을 끼친 존재라면 우리는 어떻게 독창적일 수 있을까? 여기서 이와 관련하여 끊임없이 언급되는 두 사상가, 마르크스와 프로이트의 예를 들어보자. 이들은 넘을 수 없는 사유의 지평을 구성하는 것으로 여겨지며, 그 지평을 넘어서는 것은 불가능하다. 우리가 반복하는 것으로 보일 수밖에 없는 존재들이 바로 이 사람들이다. 그러나 그들의 사고의 특별한 특질을 특징짓는 것은 무엇일까? 그리고 우리는 어떻게 하면 그것을 '좇아' 생각할 수 있을까? 마르크스와 프로이트가 도입한 계급과 무의식이라는 구체적인 개념은 단순히 사실인지 여부를 입증할 수 있는 경험적인 것이 아니라 정확히 과학성의 한계에 도전한다. 어떤 의미에서 이 개념들은 증명 불가능하지만 반박할 수 없는 가설에 의해 기존의 담론의 장 안에 있을 뿐만 아니라 그 안에 있는 모든 요소에 다른 의미를 부여하면서 그것을 재위치시키는 일을 '이중화'한다. 결과적으로 이러한 개념들은 부재하는 것처럼 보일 때 현존하고(현재의 장 그 자체는 오직 이 개념들 때문에 가능하다), 가장 현존하는 것처럼 보일 때 부재한다(현재의 구조 내부에서 그것들에 이름을 부여하는 일은 그것들을 대신할 뿐이다). 따라서 마르크스와 프로이트를 관련시키고 알튀세르와 라캉이 그랬던 것처럼 그들의 작업을 지속시키는 일은 어떤 의미가 있을까? 그들이 하는 작업은 비슷한 특성을 지니고 있으며, 그들을 추종하거나 반박하기보다 '이중화'한다는 것, 즉 그들을 완성할 뿐만 아니라 그들이 스스로에게 제공하는 것과는 완전히 다른 이유로 이해되어야만 함을 증명하기도 한다는 의미여야만 할 터이다. 그리고 이것이야말로 우리가 모든 중요한 '포스트모던' 사상을 특징짓는다고 말할 수 있는 것이다. 이는 닫힌 체계에 관해, 즉 외적인 판단의 기준이 없는 체계에 대해 무엇을 말할 것인가의 문제, 대타자가 이미 모든 것을 알고 있는 체계에 대해 무엇을 말할 것인가의 문제다. (이런 맥락에서 파악되지 않는다면, 바디우와 들뢰즈에게조차 '형이상학의 종말'에 관한 모든 질문은 잘못 이해된 것이다). 철학이라는 이름에 값하는 모든 사유를 구별 짓는 것이 바로 이 사실인데, 이는 철학이 단지 경험적 영역 안에만 있는 것이 아니라 그 영역의 '초월적' 조건이기도 하다는 사실이다. 그리고 이것이 바로 이 사유의 통일성과 독창성을 구성한다. 그것이 '하나'여서가 아니라 끝없이 세계(와 그 자체)를 이중화(배가)시키고 분열시키기 때문이다. 데리다의 차이, 들뢰즈의 탈영토화, 이리가레의 여성, 보드리야르의 유혹, 그리고 아마도 지젝의 그 무엇….

사실 헤겔은 철학의 '종말'에 대해 말한 최초의 철학자이다. 지젝이 영리하게 도출해내듯이, 이 '이중화'는 헤겔의 변증법 개념에서 관건이 되는 것으로서 세계와의 그냥 화해가 아니다. 그리고 실제로, 할 수 있는 말이 아무것도 없다는 그런 의미에서 '철학의 종말'과 같은 것이 바로 우리가 지젝의 '독창적'인 점이 무엇인지 설명하려는 시도 중에서 분명코 가장 흥미로운 것 중 하나라고 말할 수 있다. 데니스 기간테의 〈비판적 자기창조의 개념을 향하여: 슬라보예 지젝과 '광기의 소용돌이'〉가 그것이다. 그녀는, "그러나 지젝의 독특한 지점, 어떤 관념적 내용이나 비판적 진리를 참칭하는 어떤 입장을 취하는 다른 문학 이론가들과 지젝이 급진적으로 단절하는 지점은 근본적으로 그가 아무런 입장도 갖지 않는다는 사실에 있다"고 쓴다.[10] 우리는 이 주장이 매력적인 통찰이라고 볼 수 있지만, 이러한 조건이 어느 정도는 지젝 자신에게만 독특하게 해당한다고 제시하는 기간테에는 동의하지 않는다. 오히려 우리는 헤겔 이후의 모든 철학, 아니 헤겔에 비추어 볼 때 모든 철학이 이 '말할 것이 없음'에서 시작한다고 주장할 수 있다. 이것이 바로 우리가 셸링에서 원시적 공백의 '수축'이라고 말하게 될 바로 그것이다.(*IR*, 22~27) 이 '텅 빈' 발화야말로 라캉에게는 '완전한' 또는 진정한 말하기에 선행하고 또 그것을 가능하게 한다.(*S1*, 51) 그것은 심지어 데리다의 해체에 동기를 부여하는 발화의지 또는 해체 불가능한 '예!'이다. 그것은 아무것도 더하지 않고 있는 그대로를 따르거나 거기에 충실하려는 시도이자 동시에 이 아무것도 아닌 것을 무언가로 말하거나 다시 표시하는 일이며, 따라서 무언가를 말할 가능성을 열어준다. (라캉이 위대한 철학자들의 지식이 갖는 특별한 지위, 즉 그 지식이 단독이 아니라 '가정된 대타자에서 한 번에 둘씩' 진전되는 방식에 관해 언급한 일은 우연이 아니다.(*S20*, 97) 이런 측면에서 라캉은 여성의 문제에 전념하는《앙코르》세미나에서 마르크스, 프로이트, 그리고 자기 자신을 거론한다. 앞으로 보게 되겠지만, 상징적 질서는 총체적이어서 어떤 예외도 허용하지 않지만, 우리는 그 바깥에 있으며 어떤 대타자에게도 의존하지 않게 되는 이 구조는 바로 라캉이 거기서 정교하게 다듬으려고 하는 '여성적' 논리다.)

지젝은 키에슬로프스키에 관한 그의 저서《진짜 눈물의 공포》에서 그가 생각하는 철학적 독창성, 즉 진정한 철학과 단순한 아카데믹한 논평 간의 차이에 관한 또 다른 힌트를 제공한다. 그는, "철학에서 예컨대 주체의 개념의 역사에 대해 이야기하고, 보고하는 것, 나아가 (모든 적절한 서지사항의 각주를 달아서) 비교적인 비판적 언급들로 이를 보충하는 것과 이론에서 작업하는 것, 즉 '주체'의 개념 자체를 정교화하는 일은 완전히 다르다"(*K*, 9)고 쓴다. 지젝은 여기서 주체에 대한 철학적 개념의 정교화를 일급의 철학 체계와 이급 철학 체계 사이의 구별의 **사례**로서 제시하고 있지만, 우리는 그것이 단순한 사례 이상으로서 바로 그 구별 자체라고 제안한다. 주체를 정교화하는 것이 철학이 하는 **일이다**. 하지만 주체를 정교화한다는 것은 정확히 무엇을 의미할까? 그리고 지젝은 도대체 어떤 방식으로 그렇게 할까? 그것은 철학 체계의 명칭 혹은 특정한 이름으로 알려지게 될 철학으로서의 특정한 주체를 정교화하는 것뿐만 아니라, 엄밀히 말하면 반대되는 것은 아니지만 **분열된 주체**로서의 주체, 라캉이 $ 기호로 표시한 주체, 틈 또는 공백으로서의 주체를 정교화하는 일이기도 하다. 다시 말해 모든 중요한 철학적 체계는 존재하는 것에 어떤 간극이나 공백을 도입하는데, 우리가 주체라고 부르는 간극 또는 공백을 들여온다. '실체로서의 주체'를 번역하는 헤겔의 본질적인 제스처를 다시 반복하자면, 존재하는 것은 공백을 대체하는 것으로 이해된다.(*SO*, 201~230, *TN*, 21~27) 그리고 이 '주체'를 둘러싸고 철학과 정신분석 간의 본질적 연결이 이루어질 수 있다. 바로 이 주체, 즉 분열된 주체이자 일종의 분열을 도입하는 주체를 중심으로 지젝 철학의 독창성이 발현된다.

'왜 모든 행위는 반복인가?'

그러나 이 모든 것이 무엇을 의미하는지 더 자세히 알아보기 위해, 원래 제목이 '정신분석으로 횡단하는 철학'이었던 지젝의 텍스트, 현재는《당신의 징후를 즐겨라!》에 〈왜 모든 행위는 반복인가?〉로 재수록된 글로 넘어가보자. 이 글에서 지젝은 정신분석과 철학의 관계를 거론하는데, 이는 정확히 철학이나 특정한 철학 사조를 정신분석하는 문제가 아니라 철학의 **프레임**을 구성하는 정신분석의 문제이다. 그는 이렇게 쓴다. "그것(정신분석)은 담론의 프레임, 다시 말해 상호주체적 구도, 교사에 대한 관계, 권위에 대한 관계, 즉 철학적 담론을 가능하게 하는 관계를 제한한다."(*E!*, 92) 요컨대, 정신분석이 철학의 외부라면 그것은 철학이 뿌리칠 수 없는 외부성이며, 철학이 그 시작부터 자신의 주제로 삼은 외부성이다. 지젝은 그의 텍스트에서 철학이 자신의 상호주체적(정신분석적) 기원에 대해 언급하는 최초의 시도로서 플라톤의 《향연》을 인용한다. 그러나 지젝은 〈왜 모든 행위는 반복인가?〉에서 철학에 대한 이러한 전이적 측면을 거론하기 위해 키르케고르의 짧은 글, 《철학적 단편》을 아주 길게 다룬다. 키르케고르는 《철학적 단편》에서 진리에 대한 이러한 전이적이고 상호주체적인 관계라는 문제와 관련하여 **신학**(정신분석이 아니라)과 철학(심지어 플라톤)을 구분한다. 키르케고르에 따르면 전통 철학에서 소크라테스 같은 철학자는 초시간적이고 영원한 진리를 위한 '산파'에 불과하지만, 기독교 **교리**에서 진술의 진리는 말한 내용이 아니라 말하는 사람의 권위에 있다. 예수의 메시지의 진리는 실제 내용이 아니라 예수께서 말씀하셨다는 사실 자체에 있다. 이것이 키르케고르의 주장 뒤에 있는 의미로서, 우리 귀에는 다소 이상하게 들리지만, 예수께서 말씀하신 내용 때문에 예수를 믿는 사람은 스스로 기독교인이 아님을 드러내는 것이며, 반대로 기독교인은 예수께서 말씀하시기 때문에 예수의 말을 믿는 사람이다.(*E!*, 93)

그러나 사정이 그렇게 간단하지는 않은데, 왜냐하면 동시에 예수의 개인적 권위에 대한 절대적인 강조만큼이나 예수는 또한 다른 존재의 말씀을 담는 빈 그릇에 불과하기 때문이다. 다시 말해, 예수는 더 높고 초월적인 하나님의 권위를 수행하고 있기 때문에 그분의 권위를 지닐 수 있는 것이다. 그분의 권세는 그분 자신에게 있는 것이 아니라 그분이 전하는 말씀에 있는 것이다. 또는 키르케고르의 구별을 원용하자면, 예수는 '천재'가 아니라 '사도'(*E!*, 93)이다. [우리는 여기서 라캉이 《앙코르》에서 지식의 특수한 수행자들, 즉 마르크스, 프로이트, 그리고 암묵적으로 자기 자신에 대해 말한 것을 다시 생각해볼 수 있다. 만약 그들이 위대하고 특이한 인물들이며, 그들의 사상이 창시자로서의 그들의 위치와 분리될 수 없다면, "그들이 자신들의 손해를 감수하며 편지를 작성했던 일 역시 분명 타자에 기반을 두고 이루어졌다."(*S*20, 97~98)] 따라서 우리는 일종의 딜레마에 빠진 것처럼 보이는데, 왜냐하면 예수의 권위는 그분이 말하는 것에 있지 않고 오직 그의 개인적 권위에만 있기 때문이다. 하지만 그분은 오로지 하나님의 말씀을 직접적으로 그리고 중개 없이 전달하는 한에서만 이 권위를 보유한다. 그렇다면 이 두 집합의 불가능한 교차점, 즉 예수의 삶과 그분의 가르침의 교차점에는 무엇이 있을까? 서로를 배제하면서도 필요로 하는 이 두 가지 요소를 어떻게 함께 사고할 것인가? 지젝은 관건이 되는 문제를 다음과 같은 다이어그램을 통해 제시하려고 노력한다.(*E!*, 96)

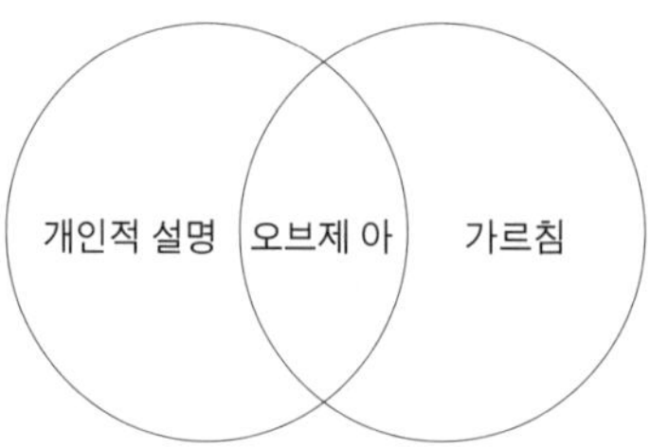

이 도표에서 중요한 것은 무엇일까? 지젝은 이 에세이의 첫 부분에서, 라캉이 '강요된 선택'이라고 부르는 것의 문제, 즉 우리가 살고 있는 상징적 질서 아래에는 그 질서에 들어갈지 말지

에 관한 선택이 존재한다는 생각을 다루고 있다. 이 선택의 결과로—어떤 의미에서는 이는 강요된 선택인데 유일한 대안이 정신병이기 때문이다—그 이후에 발생하는 상황은 마치 선택 이전에 이미 존재했던 것처럼 제시될 수 있다. 주체의 동의에 좌우되는 상황은 마치 주체가 불필요한 것처럼, 마치 이미 그들을 위한 결정이 내려진 것처럼 표현될 수 있다. 예를 들어, 우리는 왕이 왕이기 때문에 왕을 인정하지만, 사실 그가 왕인 것은 우리가 왕으로 인정하기 때문이다. 또는 우리는 경찰이 외치는 "이봐요 당신!" 같은 권위로부터의 호명이나 호출을 인식하는데, 비록 우리가 그것을 인정한 후에야 그 호명이 특별히 우리를 향한 것이 됨에도 불구하고 그렇다.[11] 임의적이고 관습적인 것의 정규적이고 자연스러운 것으로의 이러한 '전도'는 지젝이 **주인기표**라고 부르는 것에 의해 가능해진다. 자신을 통해 암묵적 질서나 지시가 이루어지도록 만드는 주인기표는 마치 이전에 존재해오던 사태에 관한 묘사인 것처럼 나타난다. 지젝은 〈왜 모든 행위는 반복인가?〉에서 이렇게 쓰고 있다. "라캉의 S1, 즉 다른 기표들을 위해 주체를 재현하는 '주인기표'는 따라서 수행적인 것과 진술적인 것 사이의 교차점, 즉 '순수한' 수행적 행위가 그 반대항과 일치하는—반대항의 형태를 상정하는—지점이다."(*E!*, 99) 그러나 지젝의 논점은 우리가 어떤 면에서 이 강요된 선택을 **반복**할 수 있으며 따라서 이 과정을 폭로할 수 있다는 것이다. 우리는 우리가 상징계로 진입했던 최초의 순간으로 돌아가서 마치 그 진입이 아직 일어나지 않았던 것처럼 다시 그 순간을 살아

갈 수 있고, 그렇게 해서 그로 인해 잃어버린 것을 사유할 수 있다.[12]

지젝은 예수와 우리의 관계에 관한 키르케고르의 개념에서 볼 수 있는 것이 바로 이러한 가능성이라고 주장한다. 지식에 대한 전이적 관계를 적나라하게 드러내는 일에서 우리가 일별할 수 있는 것, 즉 예수의 말씀이 어떤 맹목적인 권위에 의존하는 방식에서 우리가 엿볼 수 있는 것은, 우리가 상징적 질서 안으로 들어가기 '이전의' 순간, 마치 우리가 어느 정도는 왕을 인정하거나 우리를 주체로 세우는 그 호명을 받아들이는 선택을 할 수 있는 순간이다. [물론 이것의 역설은 우리가 상징적 질서에 진입하려는 이 결정의 **결과로서** 자유 의지를 가진 주체가 될 뿐이기 때문에 사실 여기서 제기된 '선택'은 전혀 존재하지 않는다는 점이다. 그리고 상징적 질서 **내의** 다양한 선택들 사이가 아니라 상징계와 상징계 이전에 도래하는 것 **사이**의 이러한 분열 속에서 비로소 진정한 철학적 의미의 주체가 등장한다. 지젝이 서술하듯이, "이 분열에서, 이 '순수한' 수행의 불가능성에서, 기표의 주체가 등장한다."(*E!*, 99)] 다시 말해, 지젝에 따르면, 키르케고르의 기독교 권위의 모델에 관한 설명에서 예수의 육체적 현존에 대한 강조와 함께 우리가 목격하는 것은 상징적 질서로 쉽게 환원되지 않는 처방과 설명의 순간적인 '분리'이다. 앞의 다이어그램에서 일반적으로 S1 또는 주인기표, 즉 라캉이 오브제 아 혹은 '실재의 작은 조각'(*E!*, 101)이라고 부르는 것이 차지하게 될, '개인적 설명'(처방)과 '가르침'(설명) 사이의 교차점을 지젝이 재현하는 이유가 여기에 있다. 다시 말하지만,

교사 또는 표현 수단이 영원한 진리의 단순한 매개체로서 필수적이지는 않은 전통적 철학과는 반대로, 키르케고르에게는 그것이 기독교의 계시에 접근하기 위해 생략 불가능한 조건이며, 이는 계시가 생겨나는 실제적 현전의 밖에서는 파악할 수 없다.

지젝에게 정신분석을 특징짓는 것도 또한 바로 이 분석가의 물리적 현전에 대한 강조인데, 정신분석이 진단하는 '트라우마'가 단순히 분석가가 우리로 하여금 회복하도록 돕는 어떤 억압되고 초시간적 기억에 그치는 것이 아니라 정신분석 세션 내에서 실제로 활용되는 어떤 것, 즉 분석 이전에 그리고 분석가와의 접촉 이전에는 존재하지 않는 어떤 것으로도 이해되어야 하는 이유가 거기에 있다. 그리고 다시 말하지만, 정신분석이 기독교처럼 전이적 관계를 **파괴**하고, 분석가와 그들이 차지하는 위치 사이의 분리를 이끌어내고, 설명(사물이 자연스럽게 나타나는 방식, 가르침)이 되기 '이전에' 처방(전이, 인격적인 것)을 볼 수 있게 만드는 것은 이러한 강요된 선택의 '반복'이다. 상징계의 영역이 주인기표 없이 구성될 수 없기 때문에 그것은 아마도 여기서 단순히 주인기표를 제거하는 문제가 아니라—거듭하자면, 역설적으로 분열된 '주체'라는 문제—주인기표에 '선행'하여 그것을 '허용'하는 텅 빈 처방을 어떤 식으로든 제시하는 문제이다. 지젝이 라캉의 임상적 실천 및 그가 위 다이어그램에서 분석가의 포지션이 오브제 아의 위치를 차지한다고 이론화하는 방식에 대해 설명하듯,

> 주인의 가면을 벗긴다고 해서 그가 차지한 자리를 폐지하는 것은 아니며, 그 본래의 공허함을 가시적으로 드러낼 뿐이다. 요컨대 그 공백을 채우는 요소에 선행하는 것으로 가시화한다. 따라서 라캉식 분석가의 개념은 주인의 **정반대**다. 분석가는 주인의 자리를 점유하지만 자신의 (비)활동으로 인해 주인의 카리스마를 약화시키고, '누빔'의 효과를 중단시키며, 그리하여 주인을 그가 차지하는 장소로부터 분리시키는 거리, 즉 이 장소를 점유하는 주체의 급진적인 우연성을 가시화하는 그 누군가이다.(*E!*, 103)

그리고 이는 모든 위대한 사상가들에게 있어서 자신의 가르침과 개인적 권위의 관계에 동일하게 적용될 터이다. 그들도 역시 궁극적으로는 "주인을 그가 차지하는 장소로부터 분리시키는 거리를 가시화하는" 일을 추구한다.[13] 이것을 통해 우리 시대의 '의심의 대가'들의 반권위주의적 추진력이 구성된다.

그러나 지젝이 의심할 여지없이 잘 알고 있듯이, 마르크스, 프로이트, 라캉은 전적으로 반권위주의적이거나 반전통주의적이지는 않다. 사실, 분명 계몽주의를 특징짓는 권위에 대한 비판의 최종 산물이라고 할 수 있는 이들의 작업이 시사하는 바는 계몽주의가 일반적으로 생각하는 것처럼 권위에 반대하지 않고 또 권위와 분리될 수 없다는 점이다. 진리는 어떤 명제에 대한 찬반의 이유를 면밀히 따져본 끝에 도달하는 것이 아니라, 항소할 수 없는 권위에 의해 도래한다. 앞서 살펴본 바와 같이, 실제로 이러한 사상가들의 진술이 경험적일 뿐만 아니라 자신들의 각 분야의 '초월적' 조건을 주장하는 한, 그 진술은 검증받거나 의문시되기보다 추종될 수 있을 뿐이다. 지젝이 서술하듯,

> 마르크스와 프로이트는 진실성의 바로 그 기준을 설정하는 새로운 이론적 분야를 개척했기 때문에 그들의 작업은 그들의 추종자들의 진술에 의문을 제기하는 것과 같은 방식으로 검증받을 수는 없다. … 이러한 이유로, 마르크시즘과 정신분석의 모든 '후속 발전'은 필연적으로 마르크스와 프로이트로의 '귀환'의 형식을 띠게 된다. 즉 그들의 작업에서 지금까지 간과되었던 어떤 층위를 (재)발견하는 형식, 요컨대 창시자들이 "자신들이 생산했는지 알지 못한 채 생산한" 것을 조명하는 형식을 띤다.(*E!*, 100)

하지만 이 지점에서 우리는 질문을 던져야 한다. 왜 이러한 전이적 사고와 반전이적 사고의 우연의 일치가 생겨날까? 왜 이 사상의 대가들은 단순히 반전이적일 뿐만 아니라 전이적이기도 하며, 실제로 일반 사상가들보다 더 전이적인가? 전이의 권위가 또 다른 전이로 극복되어야 할 뿐만 아니라 전이를 밝혀내기 위한 시도 그 자체가 전이로 이어지기도 하기 때문인가? 그리고 다시 지젝과 그의 원천들과의 관계에 대한 우리의 원래 질문으로 돌아가면, 원천들의 모든 '후속 발전'이 그들에 대한 '귀환'의 형식을 띨 수 있고 그들의 작업에서 지금까지 간과되었던

어떤 층위의 (재)발견의 형식을 띨 수 있을 때, 그것들을 '넘어서는' 지젝을 우리는 어떻게 상상할 수 있을까? 그들과의 모든 '단절'이나 '전복'은 오로지 그들로의 어떤 '귀환'의 형태만을 취할 수 있을 뿐일까? 그리고 마지막으로, 이 모든 것에서 오브제 아의 역할은 무엇일까? 그것은 위 다이어그램에서 "그 공백을 채우는 요소에 선행하는 본래의 공허함"을 드러내는 것으로 간주되어야 하는가, 아니면 이 모든 것을 또 다른 방식으로 생각해야 하는가?

이 질문들에 답하기 위해, 〈왜 모든 행위는 반복인가?〉에서 지젝이 전이를 파괴하는 정신분석의 시도에 관해 논의한 직후에 나오는 구절을 살펴보자. 거기서 지젝은 라캉의 파세(통과)의 절차에 대해 언급하는데, 앞서 살펴본 바와 같이 이 절차에서 훈련 중인 분석가는 자신의 연구 결과를 검토위원회에 즉시 전달하지 않고, 두 명의 무관한 중간자 또는 통과자를 통해서만 전달한다. 이를 통해 라캉은 분석가와 위원회 사이의 어떠한 입문적 접촉도 파괴하고자 했는데, 하지만 뭔가 다른 일도 생겨난다. 왜냐하면 당연히 이들 통과자들이 사태를 잘못 알고 메시지를 왜곡하기 때문이다. 메시지는 목적지에 온전하게 도착하지 않는다. 그럼에도 이렇게 표현할 수 있다면, 이것은 훈련 중인 분석가가 가지고 있는 무의식의 앎일 **뿐이다.** 바로 **이** 무의식의 앎이 검토위원회에 온전하게 전달될 수 있는 것이다. 다시 말해, 분석가가 가지고 있는 무의식의 앎은 분석가가 실제로 말하는 것보다는 분석가가 그것을 말하는 행위 자체에 있다. 그 앎은 상실되거나 왜곡될 수 있는 것이 아닌데, 그것이 **바로** 이 상실과 왜곡이기 때문이다. 그리고 마지막으로 훈련 중인 분석가가 깨달아야 하는 것은, 앞서 '트라우마'가 회상된 어떤 것이 아니라 분석가와의 관계 속에서 생산되는 것임을 이야기한 것처럼, 자신들의 말의 의미가 자신들이 파악할 수 있는 어떤 것이 아니라 둘 사이의 관계 속에서만 생겨난다는 사실이다. 이것은 라캉이 '주체적 궁핍'이라고 불렀던 '탈중심'의 경험으로서, 우리의 의미가 우리 자신에게서 비롯된 것이 아니라 우리 자신도 모르게 만들어낸 것, 우리 자신보다 더 우리 안에 있는 우리의 실수와 왜곡에서 비롯된 것임을 깨닫는 일이다. 요컨대, 분석가가 결국 깨달아야 하는 것은 자신들 스스로가 통과자라는 것이다. 즉 자신들은 그것이 무엇인지도 모른 채 대타자로부터 대타자로 지식을 전달한다는 것, 그들은 어떤 왜곡, 특정한 말하기 방식, 특수한 발화 행위를 추가할 뿐이라는 것이다.

위대한 철학자들에게서도 동일한 생각을 발견하지 않는가? 어쩌면 의외로—키르케고르가 예수와 관련해서 했던 원래의 구분으로 돌아가서—지젝은 그들을 어떤 대목에서 '천재'가 아닌 '사도'라고 부른다.(*E!*, 101) 그런데 그들은 누구의 '사도'인가? 그들의 인격적 자질뿐만 아니라 그들이 다른 사람의 말씀의 전달자라는 사실이 어떤 면에서 문제적인가? 그리고 이것이 어떻게 우리가 방금 본 그들에 대한 단서, 즉 그들을 능가할 수 없거나 오직 그들 자신의 이름으로만 능가할 수 있다는 단서가 될까? 다시 말하지만, 우리의 주요 사상가들의 특정한 공헌을 정의하는 것은 무엇일까? 그들의 생각, 즉 진정한 철학을 다른 사람들의 생각, 즉 학문적 논평과 구분하는 것은 무엇일까? 다시 한번 반복하자면, 그것은 그들이 단순히 기존 분야 내에 있는 개념을 제공하는 것이 아니라, 이 분야를 재정의하거나 지젝의 표현을 빌리자면 '담론의 프레임을 에워싸기' 때문이다. 지젝이 플라톤과 키르케고르를 예로 들며 칭하듯이, 이는 '철학적 담론을 가능하게 하는 주관적 성좌, 선생과 권위에 대한 관계'라고 불린다. 그러나 다시 한번 말하지만, 이것은 진정한 철학이 행하는 바로 그 일이지 그 철학의 **사례**가 아니라고 말할 수 있다. 즉 철학은 철학의 상호주체적 차원에 대해 언급하고 또 고려한다. 철학은 처음부터 그 해석자들과 전이적, 즉 대화적 관계에 놓여 있음을 파악하며 이해하고 있다. 철학의 말이 살아 있는 이유는—철학은 이 점을 알고 있다—어떤 구체적인 원리가 미리 정해져 있기 때문이 아니라, 회고되었을 때 그 원리가 그 원리의 해석자들이 정의한 바와 같은 것으로 드러나기 때문이다. 다른 식으로 풀어보면, 마르크스가 도입하는 구체적 개념인 계급은 정확히 무엇을 뜻할까? 계급은 현전하거나 현전하지 않는 어떤 것이 아니라, 부재 속에서 현존하고 현존 속에서 부재하는 것을 말한다. 계급의 의미와 계급의 존재조차도 항상 논쟁의 여지가 있지만, 계급은 그야말로 이 투쟁**이다.**(*ME*, 181~183, *T?*, 228) 마찬가지로 프로이트의 무의식은, 라캉이 보여주듯, 존재하거나 존재하지 않는 어떤 것이 아니라 무의식과 그 해석자들 사이의 관계 속에서 생겨나는 것으로서, 그들이 언급하는 그 무엇도 될 수 있다. 이는 마치 마르크스와 프로이트가 (그리고 지젝이 《가장 숭고한 히스테리환자》에서 보여주듯, 헤겔도) 그 절차(파세)를 경험한 뒤 그제서야 자신들이 단지 다른 사람의 말의 공허한 전달자 또는 사도에 불과하다는 것을 깨닫는 것과 같다. 그들은 누구의 말씀의 사도일까? (사도 바울이 보여주듯, 그것은 의심할 여지없이 예수에게도 적용된다) 바로 그들의 해석자 혹은 분석가인 **우리**의 사도이다.

그러나 다시 주요 논점으로 돌아가면, 여기서 역설은 우리의 대변자들이 전이에 관해 다시 언급함으로써 전이를 만들어낸다는 것이다. 그들의 메시지가 어떻게 항상 왜곡되는지 말함으로써 그들의 메시지는 결코 왜곡되지 않는다. 철학의 상호주체적 요소, 즉 철학의 권위가 우리에게서 나온다는 사실은 철학의 권위와 불일치하는 것이 아니라 그 철학의 진정한 토대이다. 그리고 이것이 바로 오브제 아의 애매성으로서, 주체에서 '주체를 초과하는 것'인 동시에 '강요된 선택'을 반복하고 드러내는 '행위'를 대체하는 것이다. 그 '행위'의 대역이 강요된 선택을 그것이 마치 아직 일어나지 않은 것처럼 다시 영위할 수 있게 하는 수단이자 상징적 질서의 '이전' 또는 '바깥'에 있는 무언가에 우리를 개방해주는 그 '행위'로 돌아가보자. 지젝이 〈왜 모든 행위는 반복인가?〉에서 그 행위의 사례로 든 것은 오빠 폴리네이케스에게 온전한 장례를 허락하지 않는 크레온 왕에 대한 안티고네의 유명한 '아니오!'이다. 이는 그녀를 사회의 바깥에 위치시키고 근본적으로 다른 일단의 가치들을 제안하는 제스처인

바, 따라서 그 자체의 기준으로만 판단할 수 있다. 지젝이 서술하듯, "그 이름을 걸고 안티고네가 폴리네이케스의 매장권을 주장하는 이 '법'은 우리의 행위를 판단하는 모든 실정법에 선행하는 '순수한' 기표의 법이다. 즉 생성과 부패의 영원한 흐름을 넘어 우리의 정체성을 고정하는 이름의 법이다."(*E!*, 92) 그러나 아이러니하게도 그 모든 의도와 목적에 있어서 이 '아니오!'는 주인기표 그 자체의 말과 정확히 일치하며, 이는 또한 동어반복적으로만 판단될 수 있고 우리로 하여금 모든 것을 새로운 방식으로 읽도록 요구하면서 사회적 영역을 다시 봉합한다. 그리고 이것이 바로 우리가 거대 사상가들에게서 겪는 어려움이며 그들을 '좇아서' 사유하기가 힘든 이유이다. 왜냐하면 그들이 제안하는 개념은 어떤 의미에서 전혀 긍정적이지 않고 오직 '순수한 차이의 기입'(*E!*, 91)일 뿐, 이미 자신들의 차이를 자신으로부터 명명하기 때문이다. 다시 말해, 계급과 무의식의 개념에서 보았듯, 우리가 그것들의 부재, 그것들과 우리의 차이 또는 심지어 그것들이 우리와의 관계에서만 발생한다는 사실을 명명하는 즉시 이 차이들은 그들에게 자신들이 이미 **구현**하고 있는 그 무엇으로 돌아올 것이다. 우리보다 먼저 자신들의 부재와 자신으로부터의 차이를 언급하는 것은 바로 그들이다.[14]

지젝이 인정하듯이, 이러한 강요된 선택의 바깥에 서 있는 일은 결국 그 선택을 반복하는 것으로 끝날 수밖에 없다. 이 행위는 결국 상징계에 들어갈 것인지 말 것인지가 아니라 이미 상징계 **내부에** 있는 두 가지 대안 사이에서의 선택의 문제로 귀결

된다. 지젝이 이 장에서 재현한 다른 다이어그램(*E!*, 76)에서 분명히 밝히듯이, 오브제 아는 여전히 S1과 S2에 의해 정의된 집합, 즉 서로 다른 두 개의 주인기표로 이루어진 집합 안에 놓여 있다. 또는 그가 거기서 언급하듯, "주체는 '모든 것을 가질' 수 없고 자신을 분열되지 않은 것으로 선택할 수 없다. 그가 선택할 수 있는 것은 부분 표식, 두 기표 중 하나, 즉 자신을 대표하고 상호주체 간의 네트워크에서 자신의 위치를 지정해주는 상징적 명령일 뿐이다."(*E!*, 76) 또는 그가 다른 곳에서 라캉의 생각을 풀어서 언급하듯, 선택은 '나쁜 것'과 '더 나쁜 것'(*E!*, 75) 사이의 선택으로 귀결되며, 이는 단순히 상징적 질서 안에 있는 주인기표와 그 기표 바깥에 있는 정신병적 행위 사이에 있는 선택이 아니라, 이미 상징적 질서 안에 있는 두 기표 사이에서의 선택—우리가 '분열된' 주체인 한—으로도 메아리친다. 하지만 우리가 지젝을—어쩌면 심지어 그 자신에 맞서서—신중하게 읽어야 하는 것은 바로 이러한 맥락에서다. 지젝은 라캉의 주인기표의 '중지'에서 우리가 어떻게든 "본래의 텅 빈 상태로 [주인의 자리가] 가시화되는 것을 볼 수 있다고, 즉, 그 공백을 채우는 원래의 요소에 선행하는 것을" 볼 수 있다고 말한다. 왜냐하면, 지젝 자신이 주장하듯, 이 오브제 아는 "상실됨으로써, 즉 상실되기 전에는 주어지지 않음으로써 존재하기"(*E!*, 75) 때문이다. 다시 말해 이 비어 있는 자리는 결코 그 자체로 주어지는 것이 아니라 그것의 채워짐이 갖는 소급적 효과에 불과할 뿐이다. 강요된 선택의 반복은 결코 다른 결정으로 귀결되지 않으며, 결코 다르게 선택하지 않는다. 하지만 이 반복 자체는 항상 선택되지 않는 것을 증언한다. 다시 말하지만, 지젝이 정신분석학에서 '트라우마'의 훈육이라는 개념과 관련하여 말하듯, 그것은 회상되거나 되지 않는 모종의 선재하는 대안이 아니라 현재에, 선택되지 않는 바로 그 순간에 생겨나는 찰나적 가능성이다. 키르케고르의 종교적 개념에서처럼, 우리는 어떤 특정한 일이나 결정을 반복하는 것이 아니라 결정을 내리지 못하는 실패를 행한다. "반복이 불가능한 한에서, 불가능성의 경험 그 자체를 반복하는 일은 가능하다."(*E!*, 79) 그리고 그것을 불가능한 것으로 반복할 때, 우리는 그것을 본질적으로 가능하게 만들고 사건의 과정을 바꾸는 데 그치는 것이 아니라, 사물을 있는 그대로 유지하기 위해 배제되는 것, 이 항상 선택되지 않은 대안에 의해 허용되는 것도 사유한다. 이것이 바로 '초월적' 철학의 제스처 그 자체이며, 존재하는 것이 어떻게 어떤 근본적인 불가능성을 대리하는지 이해하는 일이다.

우리가 말하는 이 행위가 모종의 '보편에서 합일된 예외'(*E!*, 84)가 아니거나 적어도 명백한 의미에서 그렇지 않은 것 역시 바로 이런 이유 때문이다. 왜냐하면 이러한 강요된 선택의 반복은 결국 상징적 질서를 깨뜨리거나 위반하는 것이 아니기 때문이다. 그것은 상징적 질서에 직접적으로 반대하거나 거기서 벗어나 있는 것이 아니다. 이미 살펴본 바와 같이, 우리는 하나의 처방을 다른 처방으로, 하나의 전이를 다른 전이로 전환할 수 있을 뿐이다. 오히려 이 행위가 열어놓은 이 '가능성'이 시사하는 바는, 비록 상징적 질서의 실제적 바깥이 없다고 하더라도, 상징적 질서 이전에 있는 무언가를 사유하려는 어떤 시도도 이미 그 안에 있는 대안을 선택할 수밖에 없다고 하더라도, 이 모든 것이 가능한 것은 오직 어떤 '바깥', 항구적으로 배제된 어떤 '대안' 때문이라는 점이다. 이것이 바로 지젝이 실재에 대해 일종의 '비역사적 핵심'(*E!*, 81)이라는 말로 의미하는 바이며, 오브제 아가 그 자리를 대신한다. 다시 말하지만, 그것은 상징계 이전의 어떤 것이 아니며 상징계에 포함되는 바로 그 순간 배제되는 것, 이 주인기표들 각각이 언급하고자 하는 것, 각각의 '이중화' 또는 '재봉합'이 대응하고자 하는 것이다. 그리고 이로 인해 우리가 사유하게 되는 점은 상징적 질서 바깥에는 아무것도 없다는 것(이 오브제 아는 늘 또 다른 주인기표로 변할 것이다)과 이 상징계는 비어 있으며 아무것도 포함하지 않는다는 것(어떤 면에서 상징계에 진입하는 '자유로운' 결정이 있기 전에는 존재하지 않는다) 둘 모두이다. 상징계가 '이중화'하고 스스로의 차이를 자기로부터 명명하는 바로 그 순간에, 이름을 붙일 수는 없으나 상징계를 '이중화'하는 무언가 역시 존재한다. 그 어떤 '보편에서 합일된 예외'와는 달리, 예외는 없을 뿐만 아니라 동시에 모든 것은 예외이다. 그리고 이것이 '이름의 법칙'으로서 오브제 아의 애매성, 말하자면 주인기표의 애매성이다. 그것은 상실될 수 없는 새로운 주인기표일 뿐인 동시에 이 상실을 기록할 수 있게 하는, 그것이 없다면 이 상실이 존재하지 않게 되는 그 무엇이기도 하다. 지젝이 이 책 전체에 걸쳐 '정신은 뼈다'(*E!*, 58)라는 헤겔식 공식과 군주를 "이성적 총체로서의 국가와 왕의 신체의 '비이성적,' 생물학적 실정성"(*E!*, 56)의 동일성이라는 측면에서 계속 언급하는 이유는 바로 이 등가관계 때문이다. 이는 또한 지젝의 작업을 특징짓는 특정한 리듬으로서, 일종의 '셸링적' 동시적 수축과 확장, 즉 그 속에서 고유명사들과 개념들은 저술과 주장의 파종적 흐름을 회통하게 만드는 동시에 일관성과 의미의 상실에 열려 있게 한다.

마지막으로 우리의 논의를 시작했던 다이어그램으로 돌아가면, 우리는 이것이 바로 철학의 이미지, 또는 적어도 헤겔적 관점에서 본 철학의 이미지라고 말할 수 있다. 우리가 개인적인 설명과 가르침의 불가능한 교차점에서 볼 수 있는 것은 상징적 질서를 가능하게 하는 공백 또는 공허에 관해 말하기 위해 발화행위와 발화된 것을 동등하게 만들려는 시도이다. 다시 말해, 이전의 체계(그것이 사회적 현실이든 철학적 구조물이든)의 '이중화'는 항상 배제된 발화행위를 대체한다. 그것은 이전의 체계와 '등가'를 이루는 것을 가능하게 하는 위치가 존재함을 증명한다. 그러나 이 발화행위에 대해 말하자마자 발화행위는 상실되고, 발화된 것으로 탈바꿈되며, 다른 발화가 이어서 그것을 '이중화'할 수 있게 된다. 철학의 욕망의 신비한 대상이라는 오브제 아는 바로 개인적인 설명과 가르침, 발화행위와 발화된 것의 등가물로서, 라캉에게 큰 중요성을 차지하는 저 유명한 역설, 즉 "나는 거짓말을 하고 있다"는 역설처럼, 언급되자마자 상실된다.(*S11*, 138~141) 그리고 이 대화에 참여하는 위대한 철학자들은 이점을 깨닫지만 그 과정에서 또다시 그것을 상실한다. 철학은 항상 다르게 이야기되는 동일한 이야기지만, 그 이야기는 이러한 차이들에 불과하다. 우리는 지젝이 추가한 것이 아마도 특정한 논쟁적 활기, 새로운 참조의 범위, 뛰어난 작가적 문체, 요컨대 새로운 말하기 방식이지만, 이 모든 것이 그가 분석하고 있는 (헤겔, 라캉, 현대 자본주의) 같은 그러한 체계들을 완성할 뿐만 아니라 그것들이 결코 완성될 수 없게 보장하는 그 허무(오브제 아)를 표상할 뿐이라는 원래의 통찰로 돌아간다. 여기서 그는 아마도 〈왜 모든 행위는 반복인가?〉에 약술된 바와 같은 행위에 대한 온전한 정의를 다루는 듯하다. 그는 자기 이전에 이미 거기에 존재하는 것을 반복할 뿐만 아니라, 현존하는 것이 이 반복 이전에는 존재하지 않음을 드러내기도 한다 (우리는 오직 상징적 질서에 진입하는 선택을 할 수 있을 뿐이며 이 질서는 우리 없이 존재하지 않을 것이다). 따라서 그는 '상징적 질서'를 벗어난 것은 아무것도 없으며 우리는 상징적 질서에 의해 완전히 결정되지 않는다는 것 모두를 증명한다. 이것이 바로 이른바 철학에서 전이의 진짜 '중지'가 관건인 이유이다. 전이의 단순한 종말이나 파괴, 모종의 본원적 '공허함'의 드러남이 아니라 소급적으로만 존재하는 '중지', 언급되자마자 상실되기에 항상 다시 포착되어야만 하는 중지이다. 이를 공식적으로 표현하자면, 전이 자체가 전이의 어떤 파괴 때문에 가능한 것처럼, 이 전이의 파괴는 전이 안에서만 존재한다.

독자의 강요된 선택

이 모든 것이 우리가 여기서 지젝에 대해 말하는 것과 어떤 관련이 있을까? 이 모든 것이 우리에게 무슨 말을 하도록 하는가? 지젝은 여러 차례 자신의 작업의 전반적인 목적이 무엇이라고 생각하는지에 대해 이야기한다. 그것은 〈왜 모든 행위는 반복인가?〉에서 보았듯이 현실에 대한 이데올로기적 해석의 자연스러움과 권위에 대항하는 일이다. 그가 《진짜 눈물의 공포》에서 말했듯, 철학의 목적은 허구의 현실성을 논증하는 것이 아니라 우리로 하여금 "현실 자체를 허구로 경험하게 하는 일"(*K*, 77)이다. 또는 그가 《부정적인 것과 머물기》의 서문에서 주장하듯이, 철학자는 실재성에서 가능성으로 '한 걸음 물러서서'(*TN*, 2), 사태가 어떻게 그렇지 않을 수도 있는지 보여주려고 노력해야 한다. 그가 거기서 언급했듯이, 이 과업에서 철학자는 "항상 내내 구멍의 자리를 차지하기 위해, 즉 모든 군림하는 주인기표와 거리를 두기 위해"(*TN*, 2) 노력해야 한다. 그러나 이 다이어그램의 교훈으로 돌아가자면, 이 구멍은 항상 주인기표로 변하고 있으며, 이 구멍은 어떤 주인기표를 통해서만 확인할 수 있다. 지젝이 다른 곳에서 말하듯, 오브제 아는 '왜상적으로'[15] 보이는 주인기표이다.(*SO*, 99, *T?*, 149). 그렇다면 오브제 아와 주인기표 사이의 이러한 구별은 어떻게 유지될 수 있을까? 어떻게 하면 현실을 계속 '삐딱하게' 볼 수 있을까? 지젝이 종종 암시하는 것처럼 보이듯, 그것은 때때로 주인기표 **이전의** 행위나 공백의 문제가 아니다. 그렇다면 오브제 아는 단순히 대기 중인 주인기표일까? 아니면 둘 사이의 관계는 다른 방식으로 사유해야만 할까? 그 둘이 동시에 발생한다고 주장하는 것이 그것들을 따로 떨어뜨려놓는 유일한 길인가? 저 오브제 아는 일종의 '가능성'으로서 주인기표와 동시에 탄생한 것인가? 지젝이 점점 더 많이 참조하게 될 언어로 표현하자면, 그 오브제 아는 주인기표와 대립하거나 그 외부에 존재한다기보다 주인기표를 가능하게 하는 동시에 불가능하게 하는 그 무엇이다.(*IR*, 144~145, *L*, 274~275)

이 책의 핵심에 놓여 있는 것이 바로 이러한 질문들인데, 왜냐하면 앞서 살펴보았듯, 지젝에 대한 평가에서 가장 중요한 쟁점 중 하나는 그가 주인기표와 오브제 아 및 그 등가물들을 어느 정도까지 단순히 대립시키는가, 그리고 그들의 관계를 어느 정도까지 다른 방식으로 사유하는가 하는 것이기 때문이다. 이 대안은 지젝의 작업이 직조되는 '공백' 혹은 '공허'를 열어주고, 우리로 하여금 그것에 대해 스스로 '새로운' 무언가를 말할 수 있게 해준다. 2장에서는 지젝의 저작에 등장하는 이데올로기적 주인기표나 누빔점을 포착해서, 그것이 우리로 하여금 복종하게 만드는 어떤 초월적 기의나 폭압적 권위라기보다 말하자면—이것이 바로 지젝이 거론하는 특별한 문제인데—현실을 '이중화'하고 우리가 원하든 원하지 않든 추종하게 되는 것, 즉 우리 자신의 거리두기를 그 안에 포섭하는 것임을 확인하는 일이다. 이 거리는 주인기표 그 자체의 내부에서뿐만 아니라 우리가 그 기표와 관계 맺는 방식에서도 확인되며, 두 경우 모두 오브제 아와 관련이 있다. 다시 말해, 만약 오브제 아가 주인기표를 약화시키고 그것에 일정한 거리를 부과하는 어떤 것으로 볼 수 있다면, 그것은 또한 그 기표를 확장하거나 강화하는 것으로도 이해할 수 있다. 이 주인기표의 자기 자신과의 거리두기 및 우리의 주인기표와의 거리두기는 역설적으로 그 영향력의 범위를 더욱 확장시켜 그것에 대한 우리의 모든 비판적 관점을 거부한다. 그러나—이것이 여기까지 우리가 추적한 이 애매성의 핵심이다—이것은 주인기표가 자신의 탈은폐 또는 해체에 근접한다는 것을 필연적으로 의미한다. 이 이데올로기적 영역이 봉합되게 하는 바로 그 요소는—이는 외부가 없다(외부가 이미 내부라는 것)는 뜻이다—또한 그 영역을 탈봉합하고, 열어제끼며, 그것이 구성되기 위해서 필요하며 결코 최종적으로 통합될 수 없는 그것과의 모종의 '거리'가 항상 존재할 수 있게 보장한다.

따라서 3장에서 우리는 이데올로기적 장과 단절하거나 그 장을 재정위시키는 지젝의 '행위' 개념과 관련하여 오브제 아를 주인기표의 '반대' 또는 '전도'로 사유하는 복잡한 과제를 시작한다. 그러나 이미 여기서 우리는 이 행위가 어떻게 이데올로기적 장과 단절하거나 그 장을 재정위시키기보다—왜냐하면 그런 경우 그것은 단지 또 다른 주인기표에 불과할 것이기에—그 장으로부터 영원히 배제된 일종의 '가상성'과 '가능성'을 대표하는지 생각해볼 것이다. 행위는 연기되거나 불가능한 그 무엇이 아니며, 지젝이 때때로 암시하듯, 분명하게 실현될 수 있는 어떤 것도 아니다. 오히려, 그것은 말하자면 항상 생겨나거나 발생하고 있는 어떤 것이다. 라캉의 표현을 빌리자면, "쓰여지(지 않)기를 멈추지 않는"(*S20*, 59) 어떤 것으로서, 이는 현실화될 수 있는 어떤 잠재성의 측면에서 사유되지는 않는다. 앞서 살펴본 바와 같이, 행위는 우리가 오브제 아 혹은 실재의 대체물이라고 부를 수 있는 것이다. 그리고 4장에서는, 모든 실재성을 '이중화하는' 일종의 '가상성'으로서의 행위 개념을 탐구할 것인데, 이 행위는 실제로 발생하는 그 무엇일 뿐만 아니라 다른 모든 일이 일어나도록 만드는 그 무엇이다. 다시 말해서, 오브제 아로서의 행위는 주인기표에 반대되거나 주인기표들 사이의 공백기가 아니라 주인기표의 '초월적' 가능성의 조건으로서 주인기표와 **동시에** 생겨난다. 이 모든 것을 헤겔적 용어로 표현하자면 이렇다. 만약 주인기표가 이 책의 주제라고 볼 수 있다면, 2장에서는 주인기표를 살펴보고, 3장에서는 주인기표의 '부정'에 대해, 4장에서는 주인기표의 '부정'의 '부정'(단순히 주인기표로 되돌아가는 것이 아니라)에 대해 살펴본다. 또는, 만약 이 책의 주제가 '오브제 아'라면, 2장에서는 '타자를 향한' 측면을, 3장에서는 '즉자'의 측면을, 그리고 4장에서는 '즉자대자적' 면모를 살펴본다. 마지막으로, 5장에서는 이 쟁점들을 정리하려는 시도로서 지젝의 많은 비판자들(주로 '급진적 민주주의자' 에르네스토 라클라우와 퀴어 이론가 주디스 버틀러, 프랑크푸르트학파의 피터 듀스)을 살펴본다. 그들 사이의 논쟁에서 우리는 이 책의 바탕이 되는 주제인 주인기표와 행위 사이의 관계를 어떻게 생각할 것인가라는 질문이 제기되는 것을 볼 수 있다. 즉 행위가 상징계의 바깥에 있다면 어떻게 명명할 것인가, 행위가 상징계의 내부에 있다면 그 사실이 어떻게 무언가를 근본적으로 바꿀 수 있는가와 같은 질문이 제기된다. 우리가 거기서 목격하는 것은 이미 다루었던 문제이다. 즉 지젝이 실재(또는 그 대체물인, 오브제 아)를 일종의 '텅 빈 공간,' 그 공백을 채우는 요소에 선행하는 것으로 사유하는 일의 어려움이라는 문제이다.

여기서 우리의 독해는—이는 물론 지젝의 사유에 어떤 단순한 발전이 있다는 것을 암시하는 것은 아니지만—넓게 보아 연대순을 따른다. 2장에서는,《이데올로기의 숭고한 대상》과《그들은 자기가 하는 일을 알지 못하나이다》를, 3장에서는《나눌 수 없는 잔여》와《까다로운 주체》를, 4장에서는《연약한 절대성》,《믿음에 관하여》를, 5장에서는《우연성 헤게모니 보편성》을 폭넓게 살펴본다. 또는 다르게 표현하자면, 이번에는 책의 내용보다는 발언에 강조점을 둠으로써 우리는 이 책이 두 개의 대조적인 접근법 또는 논조로 나뉜다고 제시할 수 있다. 첫 번째는 라캉의 '네 가지 담론'의 도식을 따라 주인 혹은 대학 담론이라고 부를 수 있는 것인데,(*CU*, 74~81) 이를 지젝으로 전이하면, 그 담론에서 우리는 그의 작업을 체계화하고 그것을 견고하고 일관된 권위의 원천으로 만듦으로써 마치 모든 것이 그에 의해 이미 해명이 된 것처럼, 마치 우리의 모든 이의제기에 대한 답이 궁극적으로 거기서 발견될 수 있는 것처럼 설명하려고 노력한다. 두 번째는 '히스테리환자' 또는 '분석가'의 담론으로 부를 수 있는 것으로서, 거기서 우리는 그의 저작 앞에서 우리가 느끼는 의심, 혼란, 좌절의 계기를 불러내려고 노력하고 그 계기를 지젝 자신에게 돌릴 것이며, 또는 거기서 그의 결함이나 비일관성을 잡아내려고 애쓸 것이다. 하지만 전에도 증명하려고 노력했듯이, 이러한 두 가지 태도들은 철저하게 분리될 수 없다. 하나는 늘 다른 하나로 변하며 둘 모두는 동시에 참이다. 우리가 지젝의 주장에서 결함을 본다고 생각하는 바로 그 순간이 우리가 지젝에게 가장 크게 전이하고 있는 순간이기도 하다. (왜냐하면 바로 그 순간에 우리가 언젠가는 지젝처럼 될 수 있으며, '지젝 자신보다 더 지젝 안에 있다'고 느끼기 때문이다.) 그리고 우리가 어떻게든 지젝을 넘어설 수 있는 것은 오직 지젝에 전이함으로써만 가능하다. (우리가 마침내 무언가 그와 다른 것을 말하고, 마침내 우리 자신이 될 수 있는 것은 그를 완전히 내면화함으로써만 가능하다.) 다시 말하지만, 우리는 모든 중요한 사유의 체계의 비밀에 근접하는 셈이다. 마치 우리가 잠시 동안 상징적 질서에서 벗어나도록 하듯이, 그 체계들은 전이로 인해 무언가가 상실되어버렸다고, 우리가 그들이 말한다고 생각하는 것을 그것들이 실제로 말하지는 않는다는 것을 우리로 하여금 사유할 수 있게 한다. 동시에 이를 통해 그 체계들은 우리를 전이로 인도할 뿐만 아니라 그 전이를 더 강화시킨다. 이런 의미에서 분열된 주체, 일종의 강요된 선택을 반복하는 사람은 위대한 철학 체계의 창시자뿐만 아니라 그것을 읽는 사람들이기도 하다.

2장

주인기표란 무엇인가?

지젝은 라클라우와 무페의 '급진적 민주주의' 개념을 받아들여 《이데올로기의 숭고한 대상》에서 자신의 이론적 프로젝트를 시작한다. 이 책의 '감사의 글'에서 인정하듯이, 그가 '이데올로기 분석의 도구로서 라캉의 개념적 장치'를 처음 사용하게 이끈 것은 그들의 저서 《헤게모니와 사회주의 전략》이다.(*SO*, xvi) 《헤게모니와 사회주의 전략》의 본질적인 주장은 무엇인가? 소쉬르의 언어학을 따르자면, 그 근본적인 통찰은 현실과 그 상징화 사이에는 필연적인 관계가 없다는 것이다.(*SO*, 97) 우리의 설명은 사물을 본래적으로 불변적으로 가리키는 것이 아니며, 오히려—이것이 '상징적 질서'의 지배적 특징이다—사물이 소급적으로 그 설명과 닮아가기 시작한다. 따라서 이데올로기 분석에서 그것은 단순히 현실에 대한 어떤 설명이 '사실'과 가장 일치하는지, 즉 사실에 가장 가까운 것이 가장 편견이 적고 따라서 최상이라고 보는 문제가 아니다. 사실이 결정되는 순간 우리는 이미—우리가 알든 모르든—선택을 한 것이며 이미 하나의 이데올로기 체계 또는 다른 체계 안에 있다. 진정한 논쟁은 무엇을 사실로 간주할 것인지, 어떤 사실이 관련성이 있는 것인지 등을 놓고 이미 벌어졌다. 예를 들어, 1930년대 독일에서 사회 현실에 대한 나치의 서사가 사회주의 혁명의 서사보다 우세했던 이유는 자유주의-부르주아 이데올로기의 '위기'를 더 잘 설명할 수 있었기 때문이 아니라, '위기'가 있다는 생각을 부과할 수 있었기 때문이었다. 사회주의 혁명의 서사 자체는 그 '위기'의 일부였고 '유대인의 음모'(*TS*, 179)로 인해 궁극적으로 반드시 설명되어야만 했다.

이와 동일한 '자의성'은 현실뿐만 아니라 우리가 현실을 구성하게 하는 이데올로기적 체계에도 해당한다. 즉, 소쉬르의 언어 개념으로 유추해보자면, 특정한 정치적 또는 이념적 용어의 의미는 고정되거나 불변하는 것이 아니라 다른 용어와의 발화 관계를 통해서만 주어진다. 예를 들어, '생태주의'의 의미는 모든 이데올로기 체계에서 동일하지 않고, 몇 가지 가능한 의미들 사이에서 변화한다. 자연의 착취를 남성적인 것으로 보는 페미니즘 생태학, 자연의 착취를 자본주의의 산물로 보는 사회주의 생태학, 자연의 순환으로 돌아가자고 촉구하는 보수주의 생태학, 심지어 자유 시장만이 현재 환경 문제의 유일한 해결책이라고 보는 자본주의 생태학도 있다.(*SO*, 87) 이는 '페미니즘', '사회주의', '보수주의', '자본주의'라는 용어 자체에도 동일하게 적용될 수 있다. 그리고 이데올로기는 이러한 요소들 중 다른 요소들과의 관계에 의해 정의될 뿐만 아니라 이러한 관계를 가능하게 하는 것이 무엇인가를 둘러싼 투쟁이며, 그 요소들이 조직되게 만드는 매개체이다. 그것은 다른 기표에 의해 그 의미가 '직조되거나' 결정되는 자유로이 부유하는 이데올로기적 기표들 중 하나가 되기 위한 투쟁일 뿐만 아니라 다른 것들에 의미를 부여하는 기표, 궁극적으로 그 기표들이 참조하는 것으로 이해되어야만 하는 기표가 되기 위한 투쟁이기도 하다.

이것이 바로 라클라우와 무페의 《헤게모니와 사회주의 전략》에서 전개된 '급진적 민주주의' 프로젝트이다.[1] 그러나 우리는 그들이 거기서 제안하는 것이 어떻게 마르크스주의의 **과잉결정** 개념과 다른지 물어볼 수 있다. 이는 지젝이 그의 저작 전반에 걸쳐 여러 지점에서 고려하는 질문이다.(*TS*, 100~103, *CHU*, 235) 그리고 《이데올로기의 숭고한 대상》에서도 그는 이 문제를 다룬다. 그가 거기서 서술한 바로는 전통적 마르크스주의는 두 가지 전제에 의해 정의된다. 첫 번째는 사회의 다양한 갈등의 밑바탕에는 근본적인 적대성이 존재하며, 이 적대성은 바로 그 갈등의 진리이고 갈등은 그 적대성의 표현이라는 것이다. 그것은 **계급투쟁**, 즉 노동자에 대한 경제적 착취(*SO*, 89)이다. 두 번째는 이 투쟁이 시간을 상정한다는 것, 즉 비록 실제로는 항상 미뤄질지라도 '객관적 조건'이 이러한 적대성을 해소하고 완전히 투명한 사회에서 노동자들의 착취를 종식시킬 수 있는 가능성을 허용할 순간을 가정한다는 것이다.(*SO*, 3) 라클라우와 무페의 '반본질주의적' 접근은, 현실을 상징화하는 필수적인 방식이 없는 한에서 어떠한 단일한 투쟁도 자동적으로 우선시하지 않는다는 점에서 이와 다르다. 지젝이 서술하듯, "마르크스주의에 비추어 볼 때 부차적인 것으로 보이는 어떤 적대성도 다른 모든 대립을 위한 중재자 역할을 할 수 있다."(*SO*, 4) 그리고 현실을 상징하는 자연스럽고 미리 정해진 방식이 없기 때문에, 이 적대성의 결정적인 해소는 불가능하다. 어떤 최종적으로 투명하고 완전히 관리된 사회와 대립하여, 그 대신 제거 불가능한 '불균형', 즉 '불가능한 진짜 핵심'이 존재하는데,(*SO* 4) 모든 특정한 투쟁은 이에 대한 대응으로 볼 수 있다.

그렇다면 다시 한번, 사회를 '직조'하려는 이러한 모든 시도는 왜 실패할까? 그들이 종결에 도달하지 못했다는 신호인 이 '불가능한 진짜 핵심'은 무엇일까? 그것은 지젝이 말하듯, 참작될 수 없는 사회의 어떤 상상적인 '충만함', 그것을 구조화하려는 모든 시도를 초과하는 어떤 경험적인 '풍부함'의 문제가 아니다.(*CHU*, 215~216) 오히려, 그것은 사회를 직조하는 것은 그 무엇이든 그 자체로 오직 그 외부의 어딘가로부터 정의되고, 다시 표시되고, 그 자체로 진술될 수 있기 때문이다. 모든 이데올로기적 요소는 다른 요소와의 발화 속에서 그 의미를 갖는다는 것이 라클라우와 무페의 소쉬르적 논점이다. 그리고 이것이 바로 '급진적 민주주의'라는 그들의 프로젝트의 근간이 되는 것으로서, 이데올로기적 영역의 다양한 통합 시도의 저변에서 사회가 여전히 열려 있는 이유이다. 그것은 이 영역을 장악하려는 모든 시도가 그 모든 타자의 정체성을 볼 수 있는 공백의 기표를 참칭하려는 시도이기도 하지만, 물론 그렇게 하는 순간 우리는 **그것을** 볼 수 있는 또 다른 기표를 필연적으로 요구하기 때문이다. 그것은 그 자체로 명명될 수 없으며, 그것이 표상하는 그 어떤 가치도 타자들에게 전달할 수 없다. 그렇기 때문에 라클라우가 말했듯이, 모든 헤게모니적 기표는 점점 더 많은 기표들을 자신과 동등하게 만들면서 일종의 이상적인 공백을 지향하지만, 결국에는 그것이 나온 원래의 맥락에서 벗어날 수 없고, 언제나 또 다른 타자에 의해 지나치게 '특정한' 것으로 보여질 수 있다.(*CHU*, 56~58) 라클라우와 무페의 '급진적 민주주의'가 표시하는 것은 바로 이 역설, 즉 어떤 기표가 다른 기표에 자신의 영향력을 행사하는 데 성공하는 것 자체가 곧 실패라는 역설인데, 그 이유는 그것이 자신으로부터 점점 더 어떠한 결정적 의미도 비우는 대가로만 그렇게 할 수 있거나 또는 그렇게 함으로써 언제나 진정으로 보편적이지 않은 것으로, 무언가를 누락하는 것으로 보일 수 있기 때문이다.

이 말의 의미는, 표현할 수 있는 저변의 사회가 존재하지 않기 때문에 각각의 주인기표는 이미 자신에게 부여된 의미들을 모두 담고 있는 어떤 선재하는 충만함 때문이 아니라, 다른 기표들의 '등가성'을 확보할 수 있는 바로 그 비어 있는 장소이기 때문에 작동한다. 모든 의미화를 미리 담고 있는 어떤 본래적 저장소가 아니라, 오직 소급적으로만 참조되고 있는 것으로 인정될 뿐이다. 따라서 '민주주의'의 예시를 들자면, 민주주의는 국가에 대한 개인의 자율성을 주장하는 자유주의적 민주주의 운동과 민중의 이익을 대변하는 당에 의해서만 보장될 수 있다는 사회주의적 민주주의 개념에 공통적으로 적용되는 개념이 아니다. 사회주의적 정의(定義)가 진정한 민주주의를 희화화한다거나 사회주의적 대안만이 민주주의의 유일한 형식이라고 주장하는 것은 적절한 해결책이 아니다. 오히려 '민주주의'를 정의하는 유일한 적정한 방법은 '민주주의'를 참조하여 스스로를 합법화하는 모든 정치 운동과 경향을 포함하는 것이며, 이들은 궁극적으로 '비민주주의'와의 차이적 관계에 의해서만 정의된다. 지젝은 이렇게 서술한다. "어떤 대상의 정체성에 대한 유일하게 가능한 정의는 그것이 항상 동일한 기표에 의해 지목되는 대상, 즉 동일한 기표에 묶여 있는 대상이라는 것이다. 그 대상의 '정체성'의 핵심을 구성하는 것이 바로 그 기표이다."(*SO*, 98) 다시 말해, 이데올로기에 대한 분석에서 중요한 것은 그것을 하나로 묶어주는 요소의 겉으로 보이는 초월적 의미 이면에서, 이 동어반복적이고 수행적이며 근본적으로 자기 참조적인 작용을 감지하는 일인데, 여기서 참조되고 있는 듯이 보이는 것은 사물이 지칭하는 어떤 기존의 의미가 아니라 소급적으로 드러나는 공백의 기표이다. 이 이데올로기적 누빔점, 또는 주인기표는 어떤 근본적인 통일성이 아니라 단지 요소들 사이의 차이, 그것에 관한 다양한 언급들이 공유하는 것일 뿐이다. 즉 순수 차이로서의 기표 그 자체다.(*SO*, 99)

라클라우와 무페의 '급진적 민주주의'는 이데올로기적 투쟁이 사회적 장을 '주도하려는' 시도라는 인식이다. 즉 사회적 장의 일부일 뿐만 아니라 다른 모든 것들을 직조하거나 거기에 의미를 부여하기도 하는 하나의 요소, 혹은 헤겔적 용어로 하면

'자신의 종 그 자체로 보편적인 유형'이 되려는 시도라는 인식이다.(*SO*, 89) 그러나 이것이 이데올로기가 작동하는 방식이라면, 라클라우와 무페가 주장하는 **바** 역시 이 우연성, 즉 어떤 이데올로기적 용어의 의미도 근본적으로 텅 비어 있으며, 그 자체로 주어진 것이 아니라 다양한 방식으로 해석될 수 있는 관념이다. 즉, '급진적 민주주의'는 이데올로기 영역 내의 실제적 가치 중 하나일 뿐만 아니라 다른 가치들이 스스로를 인식하고, 다른 가치들이 그것을 대리하는 가치이기도 하다. 그것은 이데올로기 투쟁 내에서 경쟁하는 가치 중 하나일 뿐만 아니라, 이 투쟁의 근거 자체에 대해서도 알려줄 것이다. 지젝은 이렇게 쓴다.

> ['급진적 민주주의'의] 변증법적 역설은 헤게모니적 역할을 하는 특정한 투쟁이 차이에 대한 폭력적 억압을 강요하는 것과는 거리가 멀게, 특정한 투쟁의 상대적 자율성을 위한 공간을 열어준다는 사실에 있다. 예를 들어 페미니즘 투쟁은 민주주의적-평등적 정치 담론을 참조할 때만 가능하다는 것이다.(*SO*, 88~89)

지젝이 처음 두 권의 책에서 씨름하는 것으로 볼 수 있는 점은 바로 이와 같은 역설이다. 《이데올로기의 숭고한 대상》에서 지젝은 메타언어의 자리를 차지하려는 시도를 통해서만 우리는 그런 시도가 불가능함을 보여주며,(*SO*, 156) '그 현존 자체로 어떤 근본적인 상실에 실체를 부여하는 것'으로서의 팔루스를 보여줄 수 있다고 생각한다.(*SO*, 157)《그들은 자기가 하는 일을 알지 못하나이다》에서 그는 왕이 '공백의 장소 점유자'(*TK*, 267)인 한에서 그리고 새것을 대신하는 것의 '이름'으로서 공백을 보존할 수 있는 한에서 '사회적인 것의 비종결성'을 보장하는 존재라고 생각한다.(*TK*, 271~273) 그리고 어떤 면에서 지젝은 공백의 대체물을 통해 공백을 사유하는 이 복잡다단한 제스처를 결코 멈추지 않을 것이다. 이런 의미에서 그의 작품은《헤게모니와 사회주의 전략》의 가르침에 깊은 빚을 지고 있다. 그러나 라클라우와 무페의 특수한 프로젝트인 '급진적 민주주의'의 관점에서 볼 때, 지젝의 작업은 그 프로젝트와 점점 더 거리를 두는 것으로 특징지워진다. 《그들은 자기가 하는 일을 알지 못하나이다》 제2판의 서문인 '이성의 한계 내에서의 향유'에서 그는 자신의 초기 사유의 '자유주의적-민주주의적 입장의 잔재'를 없애고 싶다고 말하는데, 이는 "정통 마르크시즘과 '순수한' 민주주의에 대한 찬양 사이에서 진동하는"(*TK*, xviii) 태도이다. 그리고 의심할 여지없이, 지젝의 작업은 그의 첫 두 권의 책 이후 더욱 명백하게 마르크스주의로 변한다. 그러나 더 깊은 차원에서 이러한 정치적 지향의 변화는 그가 라클라우와 무페의 '헤게모니' 개념 자체에 대해 느끼기 시작한 모종의 난처함과 관련이 있다. 이를 요약하면 다음과 같다. 만약 정치적 투쟁이 나머지 이데올로기적 영역을 직조하는 주인기표를 내세우기 위한 경쟁으로 정의된다면, 이러한 대체가 벌어지는 프레임을 열어두게 만드는 것은 무엇일까? '급진적 민주주의'가 말하지 않는 것이 무엇이길래 이들의 상호 대결을 위한 공간을 허용하는 것일까? 지젝이 나중에 《우연성 헤게모니 보편성》에서 서술하듯, 우리는 "특정한 역사적 지평 내에서의 우발성/대체가능성과 바로 그 지평을 근거 짓는 더 근본적인 배제/폐제를 훨씬 더 분명하게 구별할 필요가 있다."(*CHU*, 108) 그리고 이것은 라클라우와 무페에 대한 지젝의 두 번째 주요 비판으로 이어진다. 의미화 과정의 개방성과 우연성에 대한 그들의 강조에도 불구하고, 사회의 근본적인 적대성은 결코 해소될 수 없으며, 실제로 그들의 작업에서 어떠한 변화도 감지되지 않는다. 어떤 근본적인 변화도 실제로 벌어지지 않는다. 진정으로 급진적 변화를 일으킬 가능성에 대한 일종의 '체념'이 존재하는데, 이는 하나의 칸트적 명령으로서 우리는 너무 멀리까지 갈 수 없으며, 주인기표의 공백을 확실하게 채울 수 없고, 모든 자유를 잃지 않고는 정치적 가능성의 조건을 알 수 없다는 태도이다.(*CHU*, 93, 316~317)

그러나 다시 말하지만, 라클라우와 무페의 '급진적 민주주의' 개념에 대한 지젝의 반대는 정확히 무엇일까? 그리고 왜 마르크스주의가 그들에 대한 해결책으로 여겨지는가? 앞서 말했듯이, 급진적 민주주의 프로젝트의 밑바탕을 이루는 것은, 사회가 존재하지 않으며 전체로 재현될 수 없다는 것에 대한 인정이다. 전체로 재현되지 못하는 이유는 어떤 경험적 과잉 때문이 아니라, 어떤 추정된 통일성은 그 사회 외부의 어떤 지점에서만 보장될 수 있기 때문에, 그리고 이리저리 떠도는 이데올로기적 요소들을 한데 모으는 주인기표가 그 공백을 대신하기 때문이다.

언어의 질서와 마찬가지로, 이 공허한 기표 또는 기의 없는 기표는 각 요소의 의미가 각기 다른 요소와의 관계에 의해 부여되는 자기 충족적이고 공시적인 체계가 자신의 외부, 즉 자기 기원의 수수께끼를 의미화하는 방식이다.(*TK*, 198) 이것은 어떠한 잠재적 주인기표도 명명될 수 없는 일종의 구멍이나 공백에 연결되어 있음을 의미하는데, 이 공백은 다른 요소들이 대체하며 타자와의 관계에 의해 정의되기보다 오직 자기 자신, 즉 오브제 아에만 필적할 수 있다. 그러나 결국 지젝이 볼 때 라클라우와 무페의 '급진적 민주주의'는 이러한 요소들에 **의해** 단순히 정의되는 지평에 지나치게 갇혀 있다. 그 요소들 간의 교체 가능성을 허용하는 프레임에 대해서는 충분히 사유하지 않는다. 더 중요한 것은, 이 프레임을 바꾸는 일, 거기서 배제된 것을 안으로 끌어들이는 일로는 충분하지 않다는 것이다. 다시 말해, 그것은 그 속이 그 속과 반대되는 형태로 그 종들 사이에서 스스로와 조우하는 진정한 '구체적 총체성'이 아니다.(*CHU*, 99~101) 지젝에게 있어 이 일을 수행하는 것, 다시 말해 다양한 이데올로기적 대립을 봉합하는 이 적대성—공백—을 표시하는 것은 '급진적 민주주의'가 아니라 오직 '계급투쟁'이다. 계급, 인종, 젠더와 같은 주인기표들 중 하나이자 동시에 모든 주인기표가 응답하려고 노력하는 적대성은 오직 '계급투쟁'이다.(*CHU*, 319~320)

물론 이 시점에서 몇 가지 의문이 제기되는데, 이에 대해서는 이 장의 말미와 5장에서 다시 다룰 것이다. 우선 앞서 살펴본 것처럼, '급진적 민주주의' 자체를 포함한 모든 재직조 행위를 허용하는 그 '공백'을 사유하려는 시도가 **바로** 급진적 민주주의라면 라클라우와 무페에 대한 지젝의 비난은 얼마나 공정한가? 지젝이 옹호하는 '계급투쟁'은 '급진적 민주주의'에서 이미 관건이 되고 있는 원칙을 이어가는 것일 뿐인가? '계급투쟁'에 대한 그의 주장으로 그는 단지 '급진적 민주주의'의 또 다른 재직조화, 동일한 원칙의 또 다른 재명명을 제안하는 것에 불과하지는 않은가? 하지만 지젝은 이런 방식으로만 '급진적 민주주의'에서 관건이 되는 점을 진정으로 드러낼 수 있다고 주장한다. 오직 이런 방식으로만 우리는 어떤 주인기표도 최종적인 것이 아니며, 공백을 언급하려는 모든 시도가 심화된 재정의를 요청한다는 점을 분명히 할 수 있다. 이렇게 해야만 기존의 각 주인기표에 이의를 제기하는 과정이 영원히 확장될 수 있다. (지젝이 《우연성 헤게모니 보편성》에서 라클라우를 일종의 칸트적 '형식주의'(*CHU*, 111~112, 316~318)라고 비난하면서, 자기 자신의 논리에서 초월적이고 비역사적인 영역을 예외로 둔다고 비판하는 이유도 여기에 있다.) 그러나 지젝이 라클라우와 무페의 '급진적 민주주의'에 대해 '계급'에 근거해 비판할 때, 그가 말하고자 하는 것이 정확히 계급이라고 하기는 힘들 뿐 아니라 단지 그 개념을 대체하고 싶을 뿐이다. 이미 살펴본 바와 같이 계급은 그 현존의 효과 자체가 항상 그것의 부재이기 때문에 그 자체로 명명되지 않는다. 이런 의미에서 계급은 주인기표이자 오브제 아, 주인기표이자 주인기표에 대항하는 것, 주인기표가 지칭하는 공백이자 주인기표가 은폐하는 공백이다. 그렇다면 지젝에게는 유사한 '체념'이나 '실패'가 없을까? 상징계와 그 끝없는 대체물을 파괴하는 그 행위의 끊임없는 추락은 없을까? 또는 이 '실패'가 단지 상징적인 것 그 자체일까? 지젝은 결국 상징적인 것의 종말을 제안하는 것이 아니라 그것의 '초월적' 조건을 사유할 필요성, 즉 그것을 가능하게 하는 '외부'를 고려하는 사유의 필요성을 주장하는 것일까?

따라서 이 장에서는 주인기표가 어떻게 작동하는지 살펴본다. 지젝이 라클라우와 무페의 헤게모니적 '보편적 기표'라는 [주인기표와] 유사한 개념보다 한 걸음 더 나아간 방식을 살펴본다. 그리고 그가 어떻게 한 걸음 더 나아가는지—어떻게 우리가 앞서 지적했던 문제들을 향해 나아가기 시작하는지—는 그의 개념이 공백을 지향하는 기존 개념의 연장에 불과한 것이 아니라 처음부터 '텅 빈', 즉 존재의 순수한 '이중화'를 말하는 방식에 있다. 즉, 주인기표의 개념에 내포된 것은 그것이 세상으로부터 나온 경험적 개념이나 그것에 선행하는 형식적 구조가 아니라, 세상을 자신의 이미지로 색칠하는 동시에 존재하는 그대로의 세계에 대한 은밀한 설명이 되는 그 무엇이다. 검증할 수도 반박할 수도 없지만, 1장에서 계급과 무의식에 관해 살펴본 것처럼, 그 자체로 부재하거나 자기 자신과의 차이로 존재하는 그 무엇이다. 이 장의 뒷부분에서 지젝의 저작에 등장하는 두 가지 특권적 사례, 즉 영화 〈죠스〉에 등장하는 '상어'와 반유대주의에서의 '유대인'을 중심으로 이 주인기표와 오브제 아의 관계를 살펴보는 것도 바로 이런 이유에서다. 이 두 사례에서 우리는 주인기표

뒤에 오브제 아가 있음을, 그것이 주인기표의 자기 자신과의 차이를 우리가 되찾을 수 있게 해주며 주인기표의 모든 변형이 동일한 것을 지칭한다는 점을 말할 수 있게 해준다. 그리고 이것은 지젝이 이데올로기를 다루는 혁신적인 측면, 즉 이데올로기가 기능하는 데 어떻게 '거리두기' 또는 이른바 '향유'에 대한 분석이 필수적인지로 우리를 이끌 것이다. 이는 우리가 이미 〈죠스〉와 유대인에서 발견한 거리두기이지만, 알튀세르가 분석한 것처럼 이데올로기적 호명의 특징 중 하나로 볼 수도 있다. 마지막으로, 여기서부터 나아가서 이 장의 마지막 부분에서 우리는 우리에게 어떠한 이데올로기적 종결에도 이의를 제기할 수 있는 어떤 필수적인 개방성이 항상 존재한다는 것, 이데올로기적 영역을 봉합하는 동일한 요소가 또한 그것을 탈봉합한다는 것, 우리는 항상 그 안에서 그 속보다 더 보편적인 종을 찾을 수 있다는 점을 추적한다. 다시 한번 사회의 상징적 구성의 기원에 있는 그 공백을 지시하는 동시에 그것을 대체하는 것이 바로 오브제 아의 애매성이다. 그리고 이것은 우리를 3장으로 인도하는데, 거기서 우리는 주인기표의 상징적 질서를 깨뜨리거나 중지시키는 행위로서의 오브제 아에 대한 질문을 제기한다.

주인기표의 몇 가지 사례

그렇다면 주인기표란 무엇이며 이데올로기에서 어떻게 작동할까? 이 질문에 답하기 위해 조금 놀랍겠지만 정치가 아닌 '예술'

의 영역에서 취한 세 가지 사례로 시작해보자. 지젝은 《그들은 자기가 하는 일을 알지 못하나이다》의 '음란한 정체성' 장에서 그가 '재표시re-mark'라고 부르는 것에 대해 논의하는 도중에 모차르트의 유명한 세레나데 B플랫 장조, KV 361의 세 번째 악장을 언급한다. 이 곡에서는 관악기가 연주하는 아름다운 도입부 멜로디가 오보에와 클라리넷이 연주하는 또 다른 멜로디와 합쳐진다. 처음에는 이 두 번째 선율이 첫 번째 선율의 반주인 것처럼 보이지만, 잠시 후 우리는 이 첫 번째 선율이 두 번째 선율의 반주라는 것, 말하자면 "'천상에서' 내려온" 것 같음을 깨닫게 된다.(*TK*, 76~77) 그런 다음 지젝은 히치콕의 영화 〈새〉에서 새들의 공격으로 화염에 휩싸인 보데가 베이의 잘 알려진 '조감도' 장면을 거론한다. 처음에는 시점이 잡히지 않는 것처럼 보이지만 처음에는 새 한 마리가, 그다음에 또 한 마리가, 그다음에는 또 다른 새가 화면에 들어오고, 결국 우리 앞에 새떼 전체가 맴돌게 된다. 우리는 곧 원래 쇼트의 피사체로 보였던 그 새들이 훨씬 더 불안을 조성하며 그 장면의 '시점'을 제공한다는 것을 알게 된다.(*TK*, 77) 마지막으로, 지젝은 이 과정의 전도로 보이는 프란시스 포드 코폴라의 첩보 스릴러 〈대화〉의 오프닝 장면을 살펴본다. 이 영화는 점심시간에 광장에 모인 노동자들의 평범한 설정 장면으로 시작되며, 그 위에 무작위로 짤막한 대화들이 재생된다. 영화가 끝날 무렵이 되어서야 우리는 평범한 배경 소음으로 여겼던 것이 플롯(그리고 이를 녹음한 요원의 생존)에 열쇠를 쥐고 있다는 사실을 깨닫게 된다. 이는 불륜 커플의 은밀한

점심시간 관계와 여자의 남편을 살해하려는 그들의 계획에 대한 도청이었다.(*TK*, 77)

여기 각 사례마다 놀라운 반전이 있다. 많은 현대 이론가들이 시뮬레이션으로 규정했던 것에 가까운 반전이지만, 이 '반전'이 실제로 어떻게 일어나는지에 대해서는 좀 더 자세히 설명해야만 한다. 각각의 경우, 우리는 그것이 원본에 어떤 것을 첨가하고 그에 대한 모종의 보완을 제안하거나 원본을 뒤집고 그것에 대한 대안을 제시함으로써 작동하지 않는다는 것을 알 수 있다. 모차르트에서 두 번째 선율은 첫 번째 선율에 대한 변주나 대위법도 아니다. 〈새〉에서는 '조감도' 샷이 누구의 시점을 나타내는지 알 수 없다. 〈대화〉에서는 영화가 끝날 때까지 아무도 그 대화의 의미가 무엇인지 확신할 수 없다. '재표시'는 무언가를 '추가'하는 것이 아니라 '빼는' 것으로서, 더 정확하게 말하자면 모종의 '무'를 추가한다. 그 두 번째 '재표시하는' 요소의 추가가 드러내는 것은 첫 번째 요소에서 무언가 빠졌다는 것, 즉 원래 주어졌던 것이 불완전하다는 점이다. 우리가 처음에 자명하며 '재표시되지 않은' 것이라고 보았던 질서가 다른 요소 때문에 가능한 것으로 나타난다. 세계를 바라보는 지점이 그 세계에 다시 반영되고, 세상은 그것 없이는 실현될 수 없다.(*TK*, 13) 또는 이것을 다른 방식으로 말하자면, 세계는 단지 존재함만이 아니라 의미함으로, 상징적 경제에 속함으로, 다른 것의 잠재적 부재 또는 그것을 배경으로 해서만 그 존재가 파악될 수 있는 어떤 것이 됨으로써만 이해된다.(*TK*, 22)

따라서 다시 우리 사례로 돌아가서, 세레나데의 세 번째 악장에서 모차르트의 천재성은 두 번째 모티프가 첫 번째 주제를 소급적으로 그것의 변주로 바꾼다는 것이 아니라, 그 둘 **모두**가 궁극적으로 아직 주어지지 않은 다른 테마의 변주라는 것을 암시한다는 점이다. 예를 들어, 첫 번째 선율을 구성하는 음은 다른 음이 **아니라** 오직 두 번째 선율의 음이라는 것이 드러난다. 이것이 바로 모차르트 음악의 '신성한' 측면이다. **어떤** 주어진 음악적 모티프도 오직 또 다른, 아직 들어보지 못한, 우리가 상상할 수 있는 그 어떤 것보다 위대한 또 다른 모티프라는 것을 암시할 수 있다는 점이다. 이는 〈새〉에서 히치콕의 천재성이기도 한데(〈대화〉는 이 영화의 청각적 변형이다), 보데가 베이 시퀀스에서 궁극적인 시점은 새들의 시점이 아니라 화면 밖 공간의 시점으로서 새는 그것의 대체물일 뿐이다. 프랑스 영화이론가 파스칼 보니체르는 지젝이 편집한 컬렉션 《당신이 늘 알고 싶어 했던 모든 것》에 기고한 에세이 〈히치콕식의 서스펜스〉에서 '시선'의 측면에서 본 이 '이중화' 또는 '재표시'에 대해 이렇게 말한다. 그는 유모차를 밀며 공원에서 사랑에 빠진 군인에게서 구애를 받는 젊은 유모가 등장하는 초기 영화의 전형적인 장면을 연상시키는 것으로 시작한다. 그런 다음 그 사이에 낀 범죄를 기점으로 처음에는 순수하고 감상적으로 보였던 것이 "두 번째 의미화에 의해 문제가 되고, 배가되고, 왜곡되고, '공허해지는' 방식에 대해 언급하는데, 이 의미화는 잔인하며 모든 몸짓을 조롱과 희극적이고 무시무시한 정신으로 표시된 얼굴에 다시 드리워서 단순한 몸짓의 숨겨진 얼굴, 무의 얼굴을 불러낸다."(*H*, 20) 즉, 군인과 유모는 이제 위험하고 애매한 게임을 하고 있는 것으로 볼 수 있다. 유모는 아기를 익사시키고 싶어 하며 군인은 유모를 폭행하는 꿈을 꾼다. 하지만 여기서 중요한 점은 이런 일이 실제로 일어나야 하는 것은 아니고, 범죄는 일어날 필요조차 없다. 히치콕식 '서스펜스'의 독특한 형태는 그 장면에서 생략되어 **빠진** 것, 즉 일어나지 **않은** 것에 놓여 있다. 우리는 이른바 응시의 '죽음의 머리'(*H*, 20)라고 부를 수 있는 이 다른 장소 또는 가능성의 대체물을 보는 셈이다.

이러한 의미의 반전은 지젝이 《그들은 자기가 하는 일을 알지 못하나이다》에서 다루는 주인기표의 다른 사례에서도 또한 볼 수 있는데, 그의 말로는 "유일자에 대해" 가장 광범위하게 다루고 있는 그의 책이다.(*TK*, 7~60) 첫 번째는 악명 높은 드레퓌스 사건으로, 1898년 프랑스 군대의 무고한 유대인 장교인 알프레드 드레퓌스가 당시 정부를 전복하려는 음모에 가담했다는 이유로 악마의 섬에 수감된 사건이다. 현대 민주주의에서는 정치와 종교의 분리, 개혁 정부에서의 사회주의적 협력, 시오니즘과 우익 포퓰리즘 정치 운동의 탄생에 이르기까지 지금도 그 영향이 남아 있는 사건이다. 지젝은 이 모든 사태의 결정적인 사건은 우리가 처음에 생각했던 것처럼 드레퓌스가 기소되고 작가 졸라에 의해 옹호되던 그 순간, 즉 사실 관계가 밝혀지고 법치에 호소하던 시기에 발생한 것이 아니라고 주장한다. 전환점은 반-드레퓌스 세력들이 모든 것을 잃은 것처럼 보였던 순간, 증거가 그들에게 가장 불리하게 쌓였던 나중의 순간에 찾아왔다. 바로 드레퓌스와 관련된 문서를 위조한 혐의로 막 체포된 프랑스 정보국 최고 책임자 앙리 중령이 감방에서 자살한 사건이다. 물론 편견 없는 관찰자에게는 이 사건이 유죄를 인정하는 것처럼 보일 수밖에 없었다. 그렇지만 이 시점에서 결정적인 개입이 이루어졌다. 그것은 이름 없는 저널리스트 샤를 모라스의 개입이었는데, 그는 자기보다 신망이 두터운 자신의 반대자들을 선수 쳐서 앙리의 이 행동이 드레퓌스가 연루된 음모에 대한 **반대** 증거가 아니라 음모를 **증명**하는 증거라고 주장했다. 즉, 제대로 보게 되면—그리고 여기서 히치콕의 '응시' 개념과의 연관이 등장하는데—앙리의 위조와 자살은 유죄를 인정한 것이 아니라, 반대로 사법부와 언론이 부패한 것을 알기에 사람들이 거부할 수 없는 방식으로 자신의 메시지를 전달하려는 마지막 필사적인 시도를 감행한 한 인물의 영웅적 행동이었다는 것이다. 지젝이 모라스의 묘책에 대해 서술하듯, "그것은 아무도 생각하지도 감히 바라보지도 못했던 방식으로 사태를 보았고"(*TK*, 20), 우리는 모라스가 히치콕처럼 추가한 것은 바로 이러한 시선 그 자체라고 말할 수 있다. 그가 우리에게 보게 만든 것은 앙리의 행위가 우리의 시선을 **향해** 의도된 것으로서 그 시선 바깥에서는 설명될 수 없다는 점이다.

《그들은 자기가 하는 일을 알지 못하나이다》의 다음 사례에서도 똑같이 갑작스러운 의미의 반전, 즉 동일하게 패배를 승리로 바꾸는 일을 찾을 수 있다. 바로 기독교 교회의 창시자인 사도 바울의 이야기다. 다른 많은 사람들이 그에 앞서 시도했다가 실패했을 때 어떻게 사도 바울은 기독교를 '제도화하고' 기독교에 '결정적인 윤곽'(*TK*, 78)을 부여할 수 있었을까? 예수의 말씀이 지속되고, 사라지지 않으며, 어떤 면에서는 사라질 수 **없도록** 하기 위해 그가 한 일은 무엇이었을까? 위대한 철학자들의 메시지가 어떻게 대체되거나 왜곡될 수 없는지에 대해 우리가 서론에서 말한 것을 상기시켜주는 대목에서 지젝이 서술하듯,

> 그[사도 바울]는 이미 존재하는 교리에 어떤 새로운 내용도 추가하지 않았다. 그가 한 것은 단지 이전에는 트라우마적인 상실(예수의 세속적 사명의 실패, 십자가에서의 악명 높은 죽음)로 경험되었던 것을 위대한 승리로, 즉 예수의 최상의 미션의 완성(하나님과 인간의 화해 인류)으로 재표시한 일이다. … '화해'는 분열의 상처의 기적적인 치유와 같은 형태를 조달하는 것이 아니다. 화해는 오로지 관점의 전도에 있는 것으로서, 이를 통해 우리는 분열이 이미 그 자체로 화해임을 인식한다. '화해'를 이루기 위해 우리는 분열을 '극복'할 필요가 없으며, 다시 적시하기만 하면 된다.(*TK*, 78)

사도 바울이 여기서 예수의 말씀을 발견하거나 제도화했다면 그것은 고유하게 상징적인 의미에서라고 말할 수 있다. 그가 만들어낸 것은 예수에 **반해서** 사용된 주장(그분의 사명의 실패, 십자가에서의 비참한 죽음)이 그분을 **옹호하는** 이유(우리를 위한 그

분의 사랑과 희생의 표시)가 된 상황이기 때문이다. 다시 말하지만, 기적의 증거 등을 제시하기 위해 애썼던 당시의 무수한 경쟁하는 선지자들과 달리, 사도 바울이 제공하는 것은 아무런 여분의 차원이 아니다(실제로 예수는 지상에서 성공했으며 이는 내세의 증거이다). 오히려 그는 이러한 패배를 수용할 수 있는 우리의 능력 자체가 이미 일종의 기적을 의미하는 동시에 그 자체로 이미 기적이라는 것을 보여준다. 현세의 패배는 예수의 사랑이라는 매개를 통해 이해된다면, 정확히 말해 앞으로 다가올 승리의 징조가 아니라 이미 승리의 한 형태이다. 사도 바울은 예수의 세속적 사명이라는 공허한 기표의 추가를 통과한 것을 **이중화**함으로써 이제는 성공의 결핍이 **곧** 성공이고, 증거의 실패가 **곧** 증거이다. 이러한 '재표시'를 통해, 이 패배가 드러난다는 바로 그 사실은 그 패배가 드러나도록 의도된 것이며, 그로부터 교훈이나 힘을 얻을 수 있다는 것을 의미한다. 사건을 바라보는 이러한 응시는 이 사건 자체의 일부가 된다. 이것이 바로 라캉이 《정신분석의 윤리학》에서 '최후의 심판의 시점'(*S7*, 294)이라고 부르는 것이다. 그리고 여기에 무신론(사도 바울)과 유대성(모라스) 모두를 능가하는 기독교의 '우월성'이 있을 것이다. 헤겔의 '왕'의 모습과 똑같이, 예수를 통해 우리는 가장 높은 사람과 가장 낮은 사람, 하나님의 아들과 가장 가난하고 가장 비참한 사람을 한데 모을 수 있다.(*TK*, 85) 사실, 이것이야말로 헤겔이 변증법적 지양으로 의미하는 것, 혹은 변증법적 지양을 가능하게 하는 것으로서, 이는 두 사물의 점진적 결합이 아니라 일종의 즉각적인 배가와 한 사물의 그 대립물로의 전도이다. 이제껏 배제된 또 다른 관점에서 볼 때, 하나는 이미 다른 하나이며, 이미 그 다른 하나와 '화해'되어 있다(비록 우리가 보았듯, 우리로 하여금 그것들의 분리, 즉 포섭되거나 지양될 수 없음을 생각하게 만드는 것 역시 바로 이 사실이다).

원래는 라캉의 '정신병' 세미나에서 유래하고 《그들은 자기가 하는 일을 알지 못하나이다》에 실린 이러한 종류의 '전도'의 또 하나의 사례를 제시할 수도 있다. 사도 바울과 마찬가지로 이는 발화의 상징적인 힘의 또 다른 사례 혹은 라캉이 '완전한 발화'라고 부르는 것의 사례이다. 그런데 이 발화는 역설적으로—그리고 여기서 우리는 다시 위대한 철학자들의 교훈으로 돌아가는데—'텅 빈' 상태이기에 '충만한' 발화이다. [혹은 더 정확하게 말하자면, 그것은 실패를 성공으로 이끌어내는 상징적 능력을 통해 상상적 오인의 효과, 즉 항상 현재의 상황을 참조하는 효과를 낼 수 있는 발화이다. 즉 지젝이 《그들은 자기가 하는 일을 알지 못하나이다》에서 주장하듯, 상상계와 상징계는 대립되는 두 개의 등록부가 아니며, 상상계 그 자체 안에는 항상 '이중 반영'의 지점이 존재하고(*TK*, 10), 거기서 상상계는 상징계에 접속된다.][2] 정확히 '아무것도' 말하지 않음으로써 단어는 생존하며, 전수된다. 이 마지막 예는 라신의 연극 〈아탈리에〉에 나오는 것으로, 이 역시 특정 '음모'와 관련이 있다. 이번에 주인기표는 극중 인물 중 한 명인 대제사장 예호이야다가 최근 개종한 아브네르에게 한 말에서 찾을 수 있는데, 아브네르는 용감한 행동에도 불구하고 여전히 아탈리아

왕 치하에서 기독교인들이 당한 일을 두려워하며 그들의 투쟁의 최종 결과에 대해 확신하지 못하고 있다. 아브네르의 의구심에 대해 예호이야다는 이렇게 대답한다.

> 파도의 분노를 멈추게 하는 분은
> 악인들의 음모를 막는 방법도 알고 계시다.
> 그분의 거룩한 뜻에 복종하기에
> 사랑하는 아브네르여, 나는 하나님을 두려워하지 다른 두려움은 없다.(*TK*, 16)

지젝이 강조했듯, 실제로 항상 낙담하기를 기다리는 아브네르의 불안과 불확실성에 직면하여 예호이야다는 그를 논리적으로 설득하려고 노력하지 않는다. 그는 기독교가 승리하고 있다거나 그에게 천국을 약속한다고 주장하지 않는다(이 두 가지는 말하자면 모두 믿음의 **결과**일 뿐이지 그에 대한 **설명**이 아니다). 오히려 그는 이 모든 지상의 두려움과 희망은 하나님 자신에 대한 두려움에 비하면 아무것도 아니라고 말한다. 갑자기—그리고 다시 말하지만, 지젝이 계속 활용하고 있는 것은 '개종'이라는 개념이다—이 모든 세속적 희망이 다른 시각에서 바라 보인다. 종교적 개종을 가능하게 하는 것은 지상에서의 임박한 성공이나 천국에 대한 미래의 약속이 아니라 하나님 자신에 대한 두려움이며, 그에 비하면 여기서 최악은 **이미** 천국에 있는 것과 같은 일이다. [동시에—그리고 이것이 지젝이 종교에 대한 포이어바흐의 비판을 반복하는 이유인데, 종교는 자신이 반대하는 것에 의해 은밀하게 결정되고, 세상에 대해 거울에 비친, 전도된 이미지만을 제공한다(*TK* 17)—이 불가능한, 가상의 공간을 통해 우리는 어떤 실제적 천국이 그 이상에 부응하지 못한 실패를 표시할 수 있으며, 우리가 실제로 파악할 수 있는 어떤 천국도 아직 천국이 아니라는 것을 알 수 있다.] 오직 이러한 지점에서야 직조하기 혹은 누빔점의 적절한 작용이 생겨난다. 본인의 열정이 깊은 불안감을 나타내는 아브네르는 통제 불가능한 광신도에서 자신의 사명을 확신하고, 천국의 보상을 필요로 하거나 자신에게 불리하게 보이는 사건에 흔들리지 않는 진실하고 충실한 신봉자로 변모한다.

이것이 바로 지젝이 강조한 (그리고 사도 바울과 헤겔이 다양한 방식으로 암시한) 상징적 개종의 갑작스러움 또는 즉각성이다. 그것은 이성, 논증, 설득에 의해 제대로 작동하지 않는다. 그것은 결코 그 자체로 파악될 수 없다. 그것이 이미 스스로를 지워버리고, 사물을 그저 있는 그대로를 묘사하는 것처럼 보이게 하기 때문에 우리가 그것을 포착하기에는 너무 늦다. 어떤 증거나 확증은 항상 운세, 예측, 자기 성취적 예언의 형태로 상상계의 수준에만 남아 있을 것이다. 그리고 마찬가지로, 모든 위대한 철학자들이 이미 알고 있듯, 그것은 주관적인 신념의 문제도 아니다. 말씀, 즉 대타자는 이미 우리를 대신해 믿고 있으며, 우리는 그저 따를 뿐이다. 믿음 앞에는 항상 믿음이 있다. 자기인식과 자기성찰은 항상 나중에야 이루어진다. 그리고 이점이 바로 비록 사도 바울이 하나님의 말씀에 기반을 둔 기관을 설립할 수 있지만 또한 그렇게 할 수 없는 까닭이다. 항상 이런 식으로 고정되기를 거부하는 그 무엇이 주인기표에 있기 때문이다. **그러나 이것이 신, 이것이 제도, 이것이 주인기표의 존재다.** 주인기표는 자기 자신으로부터의 차이를 일컫는 이름이다. 주인기표는 자기 자신으로부터의 차이에 이름을 붙인다. 라캉이 처음으로 주인기표에 대한 이론을 공식화하기 시작한 '정신병' 세미나로 돌아가면, 이는 바로 정신병자가 할 수 없는 일이다. 라캉이 거기서 언급했듯, 편집증 같은 것에서 볼 수 있는 가벼운 정신병은 일상적이다. 일관된 상징적 현실의 구성은 사물의 겉으로 드러난 표면 뒤에 숨어 있는 플롯, 숨겨진 의미의 독해를 요구한다. 물론 이것이 암시하는 것은 이 플롯 뒤에 또 다른 플롯이 있을 가능성이다. 그러나 정신병자가 할 수 없는 것은 한 지점에 멈춰서 이 무한한 퇴행이 플롯의 본질이라고 말하는 일이다. 즉 '아버지의 이름' 또는 주인기표의 상징적 종결은 그들에게 폐제되어왔다.[3] 이런 점에서야말로 교회는 자신을 넘어서는 그 무엇, 즉 어떤 제도화의 바깥에 존재하는 일종의 수행적 기적과 접촉하는데, 이 기적은 주인기표의 자기 자신과의 차이를 개방하는 동시에 닫아버리는 오브제 아다. 라캉이 기독교와 그것의 누빔점에 대해 감탄하며 지적했듯이, "당신은 이렇게 말하겠지, 그건 정말 부목사의 알이야! 글쎄, 당신이 틀렸다. 부목사들은 이 장르에서 새로운 것을 전혀 발명하지 못했다. 이런 것을 발명하려면 시인이나 예언자가 되어야 한다."(*S3*, 267)

〈죠스Jaws〉와 유대인Jews

하지만 지금까지 많은 이야기를 했음에도 불구하고 주인기표에 대해서는 충분히 이야기하지 않았다. 우리가 지금까지 제시한 예는 너무 뜬금없고 현대 사회가 실제로 작동하는 방식에 대한 전형적인 예가 아니지 않았을까? 우리는 드레퓌스 사건과 같은 음모론을 더 볼 수 있을까? 사도 바울과 〈아탈리에〉처럼 상황이 갑자기 '전도되고' 뒤집힐 수 있을까? '유대인 음모'와 '신에 대한 두려움' 같은 누빔점이 이 세상에 진정으로 존재할까? 전체 이데올로기 영역을 효과적으로 압축하여 그 관점에서 이데올로기를 볼 수 있는 단일한 '직조'의 지점이 있을까? 그리고 이러한 노선을 따라, 우리는 어떻게 주인기표에 대해 모종의 비판적 거리를 확보할 수 있을까? 주인기표가 이미 감안하고 있는 것, 즉 주인기표 자체가 **바로** 이 '실패'인데, 우리는 주인기표의 실패에 대해 어떻게 말할 수 있을까? 주인기표에 가장 먼저 영향을 받는 것 중 하나가 '우리가 그것을 통해 소외를 측정하는 바로 그 기준'(*TK*, 15)일 때 어떻게 우리는 주인기표에 반대할 수 있을까? 모종의 탈이데올로기적 공간이라는 관념 자체가 가장 이데올로기적인 환상일 때,(*MI*, 19~20) 어떻게 이 이데올로기적 공간 밖으로 빠져나올 수 있을까? 그리고 이 모든 것에서 이 차이적 구조를 허용하는 것으로서의 오브제 아, 즉 이에 따르면 주인기표는 자신이 아닌 것에 의해 정의되기에 바깥이 안이고(여분의 이데올로기적 공간은 이데올로기적이다) 안이 바깥(상징적 질서는 그것과 어느 정도 거리를 두고 있는 한에서만 작동한다)인 이 오브제 아의 역할은 무엇인가? 오직 그 질서에 어떤 '외부'가 있는 한에서만 상징적 질서에 외부가 없음을 확증하는 기능을 오브제 아는 어떻게 수행하는가?

이러한 질문에 답하기 위해 활약 중인 주인기표에 관한 슬라보예 지젝의 가장 유명한 사례를 거론하면서 시작해보자. 바로 〈죠스〉의 상어 형상이다. 물론 모든 위대한 영화 속 괴물과 마찬가지로 상어는 (인간이 점점 더 자신의 영역을 침범함에 따라) 반격하는 자연의 모습부터 성욕의 분출(두 명의 십대들이 물속에서 섹스하려고 할 때 등장한다)에 이르기까지, 미국을 향한 제3 세계의 위협(불법 이민자처럼 상어는 바다를 통해 도착한다)에서 자본주의의 과잉(휴일 주말 동안 해변 폐쇄를 거부한 마을 시장과 리조트 소유주의 탐욕에 대한 복수로서)에 이르기까지 많은 것의 대리자로 볼 수 있다. 이런 의미에서 상어는 사회 내에서 일상적으로 억압된 욕망과 충동의 표현을 허용하는 것으로서, 일반적으로 암묵적인 이데올로기와 신념을 명시하는 것으로 이해할 수 있다. 그리고 분석가가 상어를 만들어내는 사회에 대한 통찰력을 가장 잘 제공하는 것은 상어에 대한 자신들의 개념이라고 주장할 때 분석가는 이러한 해석적 환경에 진입한다. 하지만 1930년대 독일에서 나치 내러티브의 '등장'을 통해 이미 보았듯이, 여기서는 상어에 대한 어떤 설명이 현대 사회의 진실에 가장 잘 부합하는지 결정하는 문제가 **아닌데**, 왜냐하면 매번 자신의 이미지로 사회를 구성하는 것은 상어 그 자체이기 때문이다. 다시 말해, 분석가는 이미 사회에 대해 할 말(환경, 성, 또는 자본에 관해 뭔가 지적할 점)을 가지고 있으며, 이를 상어에게 돌린다는 것이다. 두 경우 모두에서 질문되지 않는 것, 즉 상어의 압도적인 물리적 존재로 인해 우리가 잊게 되는 것은 이것들이 단지 사회에 관한 **해석**에 불과하다는 것이다. 드러나지 않는 것은 순환성으로서, 이를 통해 상어는 자신에게 이미 부여된 특정한 경향을 구현하는 것으로 간주된다. 지젝이 이른바 '직접적 내용 분석'에 대해 언급하듯이, "[그것은] 너무 빠르게 진행하며 괴물적 내용의 출현을 위한 공간을 제공하는 빈 형식/프레임, 즉 환상적 표면 자체를 자명한 것으로 전제한다."(*E!*, 133)

다시 말해, 상어의 진정한 이데올로기적 효과, 즉 상어가 주인기표로서 기능하는 방식은 이미 인식된 사회의 특정 경향을 재현하는 방식이 아니라 우리가 이러한 경향을 처음으로 인식하고 진술할 수 있게 하는 방식에서 찾을 수 있다. 분석가의 다양한 환상과 욕망, 즉 지젝이 말하는 진정한 '괴물 같은 내용'이 마치 어떤 증거라도 있는 것처럼, 실제로 거기에 존재하는 것을 말하기라도 하듯 표현할 수 있게 하는 것은 바로 상어 그 자체다. 재표시하기에서 보았듯, 만일 상어가 이미 존재하는 사회적 힘의 표현에 불과하다면, 이 힘들은 또한 상어 없이는 존재하지도 않을 것이다. 만일 상어가 단순히 사물에 이름을 붙이기 위해 등장한다면, 이러한 사물은 또한 이름이 붙기 전에는 인식되지 않을 수도 있다. [지젝은 히치콕의 〈새〉에 대해서도 마찬가지로 얘기한다. 이 영화가 기존의 어떤 가족적 긴장을 극화한다면, 이러한 긴장은 새 없이는 보여질 수 없다.(*LA*, 104~106)][4] 그러나 다시 말하지만, 이것이 바로 이러한 '괴물 같은 내용'이 등록될 수 있는 바로 그 '환상 프레임'인바, 바로 이 순환 속에서 새로운 무언가가 등장한다. 상어가 단지 이미 다양한 해석자들이 부여한 것을 표현하는 데 불과하다면, 상어는 또한 그들 모두가 언급하고 있는 것, 심지어 서로 다른 의견과 의견의 불일치 속에서도 모두가 공통적으로 이야기하고 있는 그 무엇처럼 보인다. 그들의 논쟁은 **상어**의 의미를 두고 벌어지며, 마치 상어가 실재하는 것처럼, 다른 사람들이 보는 것보다 더 많은 것이 있는 것처럼 논쟁한다. 그리고 마침내 이런 식으로 상어는 주인기표로, 다양한 이데올로기적 경향이 스스로를 인식하는 것, 그것들을 '직조'하고, 등가로 만들어주는 것으로 작용한다. 지젝이 인용한 구절에서 비평가 프레드릭 제임슨은 이렇게 말한다.

> 식인 상어라는 상징의 소명은 하나의 메시지나 의미보다는 이 모든 뚜렷한 불안을 한데 흡수하고 조직하는 능력 그 자체에 있다. 하나의 상징적 매개체로서, 상어는 이러저러한 관중이 상어에 귀속시킬 수 있는 어떤 특정한 내용으로서보다는 본질적으로 다의적 기능이라는 측면에서 이해되는 편이 낫다.(*E!*, 133)

하지만 제임슨의 말을 좀 더 자세히 들여다보면, 상어에 대한 다양한 해석 이면에 '진짜' 상어가 있다는 점이 여기서 암시된다. 그 상어는 이 모든 해석에 공통된 무엇일 뿐만 아니라 그 모든 해석들이 참작하려고 하는 (그리고 실패하는) 것일 수도 있다. 그 상어는 이 모든 해석들 그 이상이며 그 어떤 하나의 해석으로 포착할 수 없는 것, 즉 어떤 면에서 이름 붙일 수 없고 상어 자체가 하나의 대체물일 뿐인 그 무언가를 가리킬 수 있다.(*TN*, 149)[5] 이는 지젝이 비슷한 맥락에서 "상어 안에 있는 상어 이상의 것," 즉 오브제 아로서의 상어라고 부른 것이다. 그리고 이것은 우리가 이미 본 바와 같이 주인기표의 바깥을 생각하기 어렵게 만드는 것인데, 왜냐하면 이 바깥이 바로 주인기표이기 때문이다. 이제부터는 (사회에 관한) 해석에서의 바로 그 차이 또는 통약불가능성만이 마치 그들이 '동일한' 상어에 대해 논쟁하는 것처럼 생겨날 수 있다. 그러나 이 오브제 아가 어떻게 주인기표를 허용하기 위해 작동하는지, 그리고 그것이 어떤 단순한 외부를 차단하면서도 어떻게 그에 대한 특정한 '대안'도 또한 열어주는지 분석해보자. 우리가 말했듯이, 상어는 단지 한 묶음의 차이일 뿐이다. 순환적으로 보면, 상어는 다양한 해석이 설명하고자 하는 것이 아니라 다양한 해석들을 소급적으로 채우는 것으로 보이는 그 무엇이다. 그러한 정도까지, 상어에 대한 다양한 해석의 진실을 그것들이 사회적인 것과 일치하는 한에서 언급하려는 노력에는 일종의 무한 퇴행이 내포되어 있는데, 왜냐하면 이 사회적인 것은 상어를 통해서만 볼 수 있기 때문이다. 언어의 체계와 마찬가지로, 상어와 사회적인 것에 대한 이렇게 다양한 해석은 서로를 정의한다. 하지만 언어의 체계와 마찬가지로, 우리는 또한 이 모든 요소들이 무엇을 대신하는지, 무엇이 이 정의의 과정을 이끄는지 또한 알아보아야만 한다. 이것이 바로 지젝이 오브제 아로서의 상어라고 부르는 것이다. 이 상어는 '순수 차이'(SO, 99)의 자리를 차지하고 있는 것으로서, 상어 및 그에 대한 해석이 자신들과 맞바꾸려는 자리이다.

우리는 이 점을 다르게 표현해서, 오늘날 이데올로기는 이미 자기 자신과의 거리두기를 포섭하고 있다고 말할 때 지젝이 뜻한 바를 생각해보기 시작할 수 있다. 우리는 상어가 결코 신경학적 또는 자연적 대상이 아니라 항상 처음부터 경쟁하는 이데올로기의 반영 또는 표현일 뿐이라는 것을 이야기했다. 분석가들이 필연적으로 개입하는 것은 바로 이 경쟁하는 영역이다. 다시 말해, 상어에 대한 첫 번째 묘사조차도 이미 다른 해석학에 대해 언급하고, 다른 해석학을 대체하려는 시도이다. 각각의 묘사는 단순한 묘사가 아니라 말하자면 **메타묘사**, 즉 그 다른 모든 것을 직조하는 누빔점을 제시하기 위한 시도이다. 따라서 상어에 대해 언급할 때, 상어에 대해 말하는 다른 모든 사람들의 공통점, 즉 그들이 대체하고자 하는 것에 대해서도 언급하고 싶어 한다. 그리고 바로 이런 의미에서—우리가 〈죠스〉와 같은 대상에 대한 문화 연구 스타일의 분석에서 볼 수 있는 것이 바로 이것이다—각 시도는 이데올로기적일 뿐만 아니라 이데올로기와 단절하려는 시도, 이데올로기로 인식되는 다른 언급들과 일정한 거리를 두고 그들이 누락한 것을 말하려는 시도이다. 그러나 상어가 다시 한번 마법을 부리는 것은 바로 이런 방식으로서,

우리는 다른 사람들—그들뿐만 아니라 아마도 마지막 '포스트모던' 변칙에 이르면 우리조차도—이 놓치고 있는 진짜 상어가 **있다**고 가정함으로써만 다른 사람들을 이데올로기적이라고 비판할 수 있기 때문이다. 즉, 다른 사람들을 이데올로기적이라고, 상어를 자신의 이해관계의 반영으로만 본다고 비판하기 위해서는 그들이 말하지 않는 '진짜' 상어를 우리는 가정해야 하며, 이는 우리의 반영일 수밖에 없다. 지젝은 다음과 같이 서술한다. "이러한 긴장은 이데올로기 자체에 일종의 반성적 거리를 도입한다. 이데올로기는 정의상 '이데올로기의 이데올로기'이다.… 다른 단순한 '이데올로기'와 자신을 구분하는 방식으로 자신을 주장하지 않는 이데올로기는 없다."(*MI*, 19)

더 정확히 말하자면, 각 주인기표가 말하고자 하는 것은 타자들(과 그 자신)로 하여금 발언할 수 있게 만드는 그 차이, 즉 의미화의 질서에 있는 틈새 또는 공백이다. 역설적이게도, 각 주인기표는 다른 기표들을 대체하려고 시도함으로써, 어떤 한 기표가 다른 기표들에 대해 말할 수 있도록 하기 위해 배제되는 그 차이에 대해 말하려고 시도함으로써 발동되며, 동시에 이 차이는 **그것**(주인기표)이 있은 다음에야 존재한다. 이것 역시 지젝의 통찰인데, 주인기표로서의 상어는 그것을 말하려는 다양한 시도들에 선행하는 것이 아니라, 그러한 발화 시도가 실패한 다음의 사후효과로서, 이러한 실패의 연속에 불과하다. 그러나 바로 이것이야말로 일종의 무한 퇴행을 불러일으키며, 항상 보충되어야 할 모종의 결핍—오브제 아—을 동반하고, 연속되는 각 주인기표는 선행하는 것을 언급하려고 노력하고 자기보다 앞선 것을 허용한다. 그리고 이 문맥에서 가장 탁월한 반이데올로기적 제스처는 각 주인기표에서 누락된 것이 무엇인지, 그것이 어떻게 현실을 '왜곡'하는지 언급하는 일이 전혀 아니며, 주인기표가 어떻게 모종의 공백을 구조적으로 대신하며, '동일성으로 인식된 차이'에 불과한지 보여주는 일이다.(*SO*, 99) 그러나 다시 말하지만, 이러한 시도는 매우 복잡한데—우리는 1장에서 제기했던 그 질문들로 돌아간다—그 이유는 주인기표에 선행하여 주인기표를 가능하게 하는 공백에 대해 말하려는 이 시도가 또 다른 주인기표일 수밖에 없기 때문이다. 이 책 전체를 관통하는 그 애매성에 있어서, 주인기표의 이 차이(미분)적 구조를 가능케 한다고 언급되는 오브제 아는 이 모든 차이들이 공유하는 그 무엇으로서, 우리가 주인기표를 폭로할 수 있게 하는 유일한 수단인 동시에 또 다른 주인기표일 뿐이며, 주인기표에 선행하는 공백을 드러내고 그 공백을 다시 채움으로써만 이 역할을 할 수 있다.

이 모든 것은 이데올로기의 분석과 관련된 매우 실제적인 어려움들을 상기시킨다. 지젝이 종종 지적하듯, 이 어려움들은 탈이데올로기적 공간의 상정이 항상 이데올로기적으로 드러나게 마련인 이른바 '담론 분석'에서만이 아니라, 심지어 지젝 자신의 '숭고한 대상' 또는 이데올로기의 오브제 아를 밝히는 프로젝트에서조차도 나타난다. 그러나 이를 좀 더 자세히 살펴보기 위해, 지젝의 작업에서 주인기표(그리고 오브제 아)의 특권적 사례인 '유대인'의 반유대주의적 형상에 주목해보자. 물론 우리는 이미 드레퓌스 사건과 관련하여 '유대인의 음모'라는 개념을 살펴본 바 있다. 이 개념은 겉으로 보이는 무고한 사태의 이면에 유대인의 음모에 의해 사건이 은밀하게 조작되고 있다는 생각이다. 좀 더 구체적으로 나치즘의 사례에서 확인하듯, 이 개념은 1930년대 독일이 쇠퇴한 일련의 다양한 이유들, 즉 상세한 사회적이고 역사적인, 정치적 분석이 필요한 이유들이 궁극적으로 유대인의 존재로 설명될 수 있다는 생각이다. 그러나 〈죠스〉에 나오는 상어와 마찬가지로, 마치 이 '유대인'이 어떤 실제적 특성을 구현하거나 어떤 경험적 현실과 일치하는 것은 아니다. 또는 유대인은 그들의 '다의성,' 모순성으로만 규정될 수 있다. 지젝이 말하듯, 유대인은 상류층이**면서** 하류층이고, 지성적이**면서** 더럽고, 발기불능이**면서** 엄청나게 정력적이다.(*SO*, 125) 반유대주의자들이 경험적 증거의 부족, 사실에 대한 호소, 자신들이 묘사하는 것처럼 유대인이 실제로 그렇지는 않다는 점 때문에 낙담하지 않는 이유가 여기에 있다. '유대인 음모'라는 개념은 다른 모든 주인기표와 마찬가지로 직접적이지 않고 오직 간접적으로만 기능하며, 우리의 불신이나 회의주의조차 그 안에 포함한다. 지젝이 말하듯, 전형적인 유대인 이웃인 스턴 씨의 '평범함'에 대한 증거에 직면했을 때에도 반유대주의자들이 자신들의 편견을 버리기보다 오히려 여기서 그 편견의 더 큰 확신을 발견할 뿐인 것은 바로 이런 이유 때문이다. "'그들이 얼마나 위험한지 알겠어요? 그들의 본질을 알아차리기가 어려워요. 그들은 일상적인 모습의 가면 뒤에 그것을 숨기고 있어요. 자신의 진정한 본성을 숨기는 바로 이 행위, 이 표리부동성이 유대인 본성의 기본 특징입니다.'"(*SO*, 49) 그렇기 때문에 명백한 음모—주인기표의 음모—뒤에는 또 다른 음모, 즉 주인기표 자체가 그 일부를 이루는 음모가 존재해야만 한다. 지젝이 〈상징적 허구와 환상적 유령 사이에서: 라캉식 이데올로기의 이론을 향하여〉라는 에세이에서 서술하듯,

> 이 다른, 숨겨져 있는 법은 라캉적 의미에서 '타자의 타자'의 일부, 즉 대타자(사회생활을 규제하는 상징적 질서)의 일관성에 대한 상위보증의 일부로 작용한다. '음모이론'은 대타자의 영역이 일관성 없는 브리콜라주가 아니라는 보증을 제공한다. 그 기본 전제는 공적인 마스터(물론 사기꾼)의 배후에 숨겨진 마스터가 있어서 그가 모든 것을 효과적으로 통제한다는 것이다.('BS', 50)

그러나 반유대주의에 대한 경험적 반박에서 정확히 무엇이 잘못되었을까? 왜 우리는 반박이 반유대주의 논리에 효과적으로 반대하지 못하고 어떤 면에서는 그것을 반복한다고 느낄까? (앞서 상어에 대한 경쟁하는 해석을 문화 연구 스타일로 거부—실제로는 그렇지 않아!—하는 행위가 상어에 대한 우리의 매혹을 깨기보다 실제로 그 매혹을 지속시키거나 심지어 구성하는 것을 보았던 것처럼 말이다) 우리가 파악해야 할 것은 바로 해석과 대상 사이의 순

환적인 관계인데, 왜 우리는 항상 주인기표와 관련하여 너무 늦으며, 그 해석을 대상에 대립시키거나 대상을 해석에 대립시킬 수밖에 없는 것일까? 의심할 여지없이, 지젝이 유대인과 관련하여 주인기표가 어떻게 작동하는지를 가장 상세하게 설명한 것은《향락의 전이》에 실린 〈주체는 대의를 갖는가?〉라는 장이다. 지젝이 거기서 개괄한 것처럼, 반유대주의 이데올로기가 구성되는 첫 번째 순간에 어떤 '진짜' 특성을 말하는 것으로 보이는 일련의 표식들이 유대인을 지칭하는 것으로 간주되거나, 유대인은 실질적인 특성들로 추정되는 것의 묶음을 요약—지젝의 용어로는 '근접화하기, 축약하기'—하는 기표로 드러난다. 따라서

(1) (탐욕적인, 이익을 좇는, 음모를 꾸미는, 더러운…)이 유대적이라고 **불린다**.

그런 다음, 두 번째 순간에 우리는 이 과정을 뒤집어 동일한 일련의 자질을 들어 유대인을 '설명'한다. 따라서,

(2) X가 유대인이라고 불리는 **이유는 그들이** (탐욕적이고, 이익을 좇고, 음모를 꾸미며, 더럽기…) 때문이다.

마지막으로, 순서를 다시 바꿔서 유대인을 지젝이 전체 시리즈의 '반사적 축약'이라고 부른 것으로 설정한다. 따라서

(3) X는 (탐욕적이고, 이익을 좇고, 음모를 꾸미며, 더러운데…) **왜냐하면 그들은** 유대인이기 때문이다.(*ME*, 48~49)

지젝이 지적하듯, 이 세 번째이자 마지막 단계에서, 유대인은 그것이 '근접화하거나' 또는 '축약하는' 선행 시리즈를 '설명'한다. 거기서 "축약과 설명은 변증법적으로 일치한다."(*ME*, 48) 즉, 반유대주의의 담론적 공간 내에서 유대인은 이전에 그들에게 부여된 일련의 자질들(이익 추구, 음모 꾸미기…)을 전시하기 때문에 단순히 그냥 유대인이 아니다. 오히려, 그들은 **유대인이기 때문에** 이러한 자질을 가지고 있다. 차이가 무엇인가? 지젝이 강조하듯이, (3) 단계는 비록 동어반복적으로 보이거나, 혹은 단지 (1)과 (2) 사이의 순환성을 확인하는 것처럼 보이지만, 이는 전혀 사실이 아니다. 이러한 순환성에 의해 생성되는 것은 특정한 대리보충적 'X', 즉 '유대인 속에 있는 유대인 이상의 것'이기 때문이다. 유대인은 단지 주인기표일 뿐만 아니라 오브제 아이기도 하다. 지젝이 말한 것처럼, (3) 단계에서 우리는 다시 원래의 출발점으로 돌아가는 것이 아닌데, 왜냐하면 이제 유대인은 "더 이상 일련의 표식을 지정하는 단순한 약어가 아니라 이 일련의 표식의 숨은 근거, 이 근거의 수많은 표현-효과로 작용하는 표식의 근거를 일컫는 이름이기"(*ME*, 49) 때문이다. 유대인은 단순히 일련의 자질들에 그치는 것이 아니라 이러한 자질들이 대리하는 그 무엇이기도 하다. 유대인은 더 이상 일련의 차이들이 아니라 그 자체로부터의 차이이기도 하다. 그렇다면 다시 한번, 이것은 정확히 무엇을 의미할까? 유대인은 어떻게 아무리 다양하고 심지어 모순적일지라도 일련의 구체적 특성들로부터 **전체** 이데올로기적 영역을 예외 없이 포괄하는 주인기표로 나아갈 수 있을까? 지젝이 자주 활용하는 마르크스의 상품형식에 대한 분석에 비유하자면, 우리는 어떻게 반유대주의의 확장된 형태에서 '일반적' 또는 '보편적' 반유대주의의 형태(*ME*, 49)로 이행할 수 있는가?

여기서 가장 먼저 주목해야 할 것은 (1)과 (2)의 단계가 단순히 대칭적인 반대가 아니라는 점이다. (1)에서는 우리가 〈죠스〉에서 살펴본 이데올로기적 비판의 첫 번째 순간에 부합하여 수많은 특성들이 분명하게 즉각적이고 반사적이지 않은 방식으로 유대인에게 귀속된다. 즉, (이익 추구, 음모 꾸미기…)는 유대인적이다. (2)에서는, 이데올로기적 비판의 두 번째 순간과 부합하여 이 동일한 자질들이 유대인에게 매개적이고 반사적인 방식으로 귀속된다. 즉, 유대인은 (이익을 취하고, 음모를 꾸미는…) 존재들이다. 다시 말해, 〈죠스〉의 상어와 마찬가지로, 우리는 유대인에 대해 직접적으로 말하기보다 유대인을 언급하는 다른 사람들의 시도에 대해 말한다. 각각의 묘사는 다른 모든 것에 앞서 다른 사람들이 유대인에 대해 말하려는 시도에 대해 이의를 제기하고, 대체하고, 대결하려고 한다. 각각의 묘사는 메타묘사로 드러나며, 이는 유대인과 다른 모든 사람들의 공통점을 말하려는 시도이다. (1)에서 각 묘사는 (2)에서 암묵적 설명으로 드러난다. 각각의 묘사는 다른 사람들이 유대인에 대해 말하려는 시도에 의해 배제되는 그 차이, 즉 '유대인'을 명명하려고 노력한다. 각자가 다른 사람의 주인기표가 되려고 시도한다. 그렇지만—이것이 바로 (3)이 우리를 (1)로 '돌려놓는' 방식이다. 이것이 유대인이 단지 주인기표만이 아니라 오브제 아도 되는 방식이다—유대인이 단지 담론과 담론 사이의 관계인 한에서, 우리로 하여금 다른 사람들의 유대인에 대한 관계를 언급할 수 있게 만드는 것인 한에서, 유대인에 대한 **우리의** 관계를 말할 수 있게 하는, **우리** 뒤에 오는 또 다른 기표가 항상 반드시 존재한다. 이런 의미에서 유대인은 차이를 말하려는 모든 시도의 배후에 있는 그 '차이', 어떠한 명명된 음모의 배후에 있는 그 '음모'이다. 다시 말해, 유대인에 관한 각 묘사는 유대인과 관련해 상위의 위치를 취할 수 없는 실패 그 자체로 이해될 수 있다. (2)에서 상위 위치를 점하려는 각 시도는 (1)에서의 끝없는 특성의 연쇄에 속하는 또 다른 위치에 불과한 것으로 확인된다. 이 모든 다른 묘사들의 공통점을 명명하려고 노력하는 (2)에서의 주인기표가 실패하는 이유는 바로 우리가 언제나 다른 것을 **명명할 수** 있기 때문이다. 이 연쇄는 그것이 명명될 수 있도록 허용하는 그 차이에 언제나 열려 있다. 그리고 '유대인'은 바로 이 차이 그 자체에 붙는 이름, 즉 오브제 아라고 할 수 있다.

우리는 이것을 우리가 어떻게 '보편적'인 형태의 주인기표, 즉 '축약과 설명이 변증법적으로 일치하는' 주인기표에 도달하는지 사유하는 또 다른 방식으로 생각할 수도 있다. 앞서 말했듯이, 주인기표에 대한 각각의 묘사는 다른 무엇보다도 타자를 대신하려는 시도, 유대인과 그 이전의 묘사들이 공통적으로 가지고 있는 공백을 대체하려는 시도이다. 하지만 각각의 묘사는 반드시 실패한다. 유대인이 무엇인지 말하려는 모든 시도에서 우리는 언제나 예외를 찾을 수 있고, 우리는 유대인을 누락했다고 또 한 번 항상 비난을 받을 수 있기 때문이다. 실제로 어떤 측면에서, 우리 자신의 목록은 **다름 아닌 예외로만** 구성되며, 이는 앞의 설명에서 누락된 것을 말하려는 시도이다. 지젝이 지적하듯, 우리에게는 궁극적으로 오직 공통점이 없는 술어들의 끝없는 연쇄, 즉 "끝나지 않는 '등가성'의 연쇄, 그것(주인기표)를 위해 그 기입의 공백을 표상하는 기표들의 연쇄"(*TK*, 23)만이 남는다. 그럼에도 불구하고, 주지하다시피 각각의 새로운 술어는 만일 이 공백을 대신하려고 시도한다면 그 공백을 다시 개방하기도 한다. 그 술어 역시 **자신**과 다른 모든 것들이 공유하는 바를 말하기 위해서는 또 다른 술어를 요구할 것이다. 이전과 마찬가지로, 우리는 그 모든 묘사들이 무엇을 공유하는지, 그것들 배후에 무엇이 있는지 최종적으로 결코 말할 수 없다. 유대인이란 무엇인지, 그리고 애초에 이런 시퀀스가 어떻게 시작되었는지 설명할 수 있는 방법은 없다. 이 교착상태에서 나오는 유일한 방법—다시 말하지만, 이것이 바로 주인기표가 오브제 아에 의해 대리보충되는 방식이다—은 이를 되돌리는 것, 그래서 유대인이 바로 이 차이**이며**, 그 기입의 공백이며, 우리로 하여금 유대인을 상징화하지 못한 실패에 대해 말할 수 있게 하는 그 무엇이다. 지젝이 말하듯, 유일한 탈출구는 "일련의 등가관계들을 역으로 뒤집어 모든 타자들을 대신해 대상(기입의 장소)을 표상하는 기능을 하나의 기표에 귀속하는 (그렇게 해서 그것들이 '모두'가 되는, 즉 '총체화되는') 일이다. 이렇게 해야 온전한 주인기표가 생성된다."(*TK*, 23)

그러나 이 모든 것을 좀 더 헤겔적 관점—이 관점에서 단절은 곧 합일이다—으로 정리하자면, 이러한 반전은 마치 실제로 일어나야 하는 것은 아니다. 오히려, 이렇게 시도된 묘사들을 실패로, 예외로 표시하는 우리의 능력 자체, 즉 그 모든 것들을 재표시하는—나치즘의 서사가 있기 전까지는 '위기'가 없다는 관념이나 그러한 다양한 이데올로기 세력들은 상어가 도착해서야 발화될 수 있다는 생각과 유사하다—우리의 능력 자체가 이미 그것들이 부재하는 기표를 대신한다는 사실을 가리킨다. 그것들이 모두 '같은' 유대인에 대해 말하지 않는 한 우리는 이 끝없는 술어의 시리즈를 가질 수조차 없다. 만약 우리가 유대인이 무엇인지 결코 말할 수 없다면, 그 이유는 단지, 지젝이 문자에 대해 말하듯(*SO*, 160)—유대인은 하나의 문자 또는 기표에 **불과하다**(*T?*, 150)—우리가 이미 그것을 발견했기 때문이다. 유대인은 다름 아닌 이 끝없는 술어의 시리즈, 즉 그 자체로부터의 항구적인 차이이다. 그러나 결정적으로, 만약 유대인이 '형상'으로 만들어지거나 (그렇게 명명될) 수 없다면, 그것은 (사물이 그것을 대체하는) '근거'로 지정될 수도 없다. 그런 식으로 우리가 이미 보았듯, 유대인이 무엇인지 말하려는 **어떠한** 시도도, 심지어 특성들의 연쇄로도, 단지 예외를 개방할 뿐이며, **이것에** 견주어 드러날 수 있는 또 다른 근거의 필요성을 제기할 뿐이다. 오히려 오브제 아, 즉 이데올로기의 '숭고한 대상'으로서의 유대인은 근거와 형상의 관계를 허용하는 (또한 허용하지 않는) 것, 즉 그 둘이 대체하는 공백이다. 다시 말해 만일 한편으로는 우리가 유대인을 (1) 또는 (2)로, 형상 혹은 근거로 볼 수 있다면, 다른 한편으로는 우리가 상어의 경우에서 보았듯 그들 사이의 순환성에 다름 아니다. 그리고 유대인을 '약어'(형상)와 '설명'(근거)의 '변증법적 일치'로 설명할 때, 지젝이 뜻하는 바는 그것들이 동일해지거나 서로 마침내 합일한다는 것이 아니라, 각각이 자신을 타자와 교환하고 타자의 자리를 고수한다는 의미다. (1)에서의 경험적 유대인에 대한 묘사는 오로지 (2)에 함축된 유대인 때문에 가능하다. 그리고 (2)에서 주인기표로서의 유대인이 무엇인지 말하려는 모든 시도는 실패하고, 오직 그 자체가 (1)의 유대인임을 드러낼 뿐이다. (1)은 (2)가 있기에 가능하고 (2)는 (1)로만 볼 수 있지만, 이는 오로지 (3)의 유대인, 즉 (2)의 다양한 기표로서의 유대인, 이 모든 것이 공통적으로 가지고 있는 그 무엇 때문일 뿐만 아니라 그것들 사이의 차이 그 자체, 그것들 모두가 대신하는 그 무엇 때문에도 가능하다. 그것은 이 차이의 이름으로서의 유대인이며, 그 자체와 항상 다른 것으로서의 유대인이다. 이는 부재하는 것으로 존재할 뿐만 아니라 존재하는 것으로 부재하는 유대인이며, 모든 명명된 유대인을 포함하는 그 모든 것들이 표상하려고 하지만 실패하는 그 무엇으로서의 유대인이다. 즉 진정으로 '보편적'인 것으로서의 유대인이다.[6]

주인기표와의 동일시

우리가 주인기표와 **동일시하는** 방법의 측면에서도 마찬가지 현상을 마주한다. 지젝이 주인기표의 구성을 위해 상징적 질서(오브제 아)의 외부에 있는 무언가의 필요성을 보여주듯, 그는 이데올로기적 동일시가 생겨나기 위해서 의미—그가 '향유'라고 부르게 될 것—의 외부에 있는 무언가의 필요성을 증명할 것이다. 이 '향유'라는 수단을 통해서야 이데올로기는 자신의 실패를 미리 참작할 수 있으며, 이를 통해서야 (이데올로기 이전 또는 이후의) 고의적인 무지와 냉소주의는 이데올로기라는 틀을 벗어난 것이 아니라 이데올로기가 오늘날 취하는 형식 그 자체가 된다. 그리고 이데올로기의 이러한 '반성적' 측면, 즉 자신과의 거리두기를 통합할 수 있는 방식을 이론화함으로써 지젝은 전통적인 이데올로기 비판의 범주들을 되살리고 확상할 수 있었다. 하지만 이 지점에서 지젝이 《우연성 헤게모니 보편성》에서 라클라우에게 던진 질문과 비슷한 복잡한 질문이 제기된다. 여기서 묘사되고 있는 것은 이데올로기적 동일시의 새로운 포스트모던적 변종인가, 아니면 언제나 그랬던 모습인가? '이데올로기를 넘어서'로 보이는 것의 추가는 불신이 만연한 상황에서 이데올로기가 작동하기 위해 필요한 것일 뿐인가, 아니면 항상 필요했던 것인가? 그리고 또 다른 일련의 질문이 더 제시된다. 만일 이 '거리'가 우리를 이데올로기로 돌려놓는다면, 이 거리가 이데올로기 작용의 일부라면, 이는 또한 이데올로기가 자신의 약점을 어느 정도 인정한다는 것은 아닐까? 이 '거리'가 이데올로기에 대한 어떤 대안도 봉쇄한다면, 이 '거리'는 또한 이데올로기의 내적 한계, 즉 이데올로기는 오직 이 '외부'를 통해서만 작동할 수 있다는 사실을 드러내지 않을까? 그리고 이것은—이어질 대목에 걸쳐 우리가 다시 거론하게 될 '여성적' 논리를 활용하자면—보편자를 허용하는 예외가 아니라 이데올로기의 전체 시스템의 애매성을 가리키는 것은 아닐까, 그리하여 거기서 모든 요소는 이 '외부'를 드러내는 동시에 덮으려고 시도하는 것이 아닐까?

이데올로기적 동일시에 대한 지젝의 가장 광범위한 설명은 《이데올로기의 숭고한 대상》의 〈케 보이?〉 장에서 찾을 수 있다. 그는 거기서 여러 면에서 주인기표 구성의 세 단계에 상응하는 이데올로기의 작용의 세 부분으로 구성된 설명을 제시한다. 첫 번째, 본능적인 동일시 개념에서는, 동일시가 상상계의 차원에서 발생하는 것으로, 우리는 타자의 이미지와 동일시한다. 타자의 이미지는 "우리가 우리 자신에게 좋아할 만한 대상으로 드러나며 '우리가 되고 싶은 것'을 반복하는 이미지이다."(*SO*, 105) 영화배우, 대중적 영웅, 위대한 지식인과 예술가 등 잠재적으로 우리 자신을 반영한다고 느끼는 이미지다. 하지만 지젝이 강조하듯이, 이는 사실적으로도 참이 아닐 뿐만 아니라—우리는 종종 매력적이지 않은 인물과도 동일시한다—이러한 상상적 동일시는 상징적 동일시를 벗어나서는 파악할 수 없다. 상징적 동일시에서 우리는 **이미지**와 동일시하는 것이 아니라 타자의 **모습**과, 즉 우리가 어떻게 **그들에게서** 우리 자신을 보는가가 아니라

그들에 의해 우리가 어떻게 보이는지와 동일시한다. 우리는 다른 사람들이 우리를 보는 방식을 통해 우리 자신을 본다. 우리는 우리 자신과 직접적으로 동일시하지 않고 다른 사람을 통해서만 동일시한다. 지젝은 《이데올로기의 숭고한 대상》에서 종교적 신념에 대해 말하면서 이에 대한 예를 제시한다. 여기서 우리는 직접적으로 믿는 것이 아니라 다른 사람이 믿기 때문에 믿는다. 우리는 우리 자신을 믿지 않고 다른 사람들이 우리 대신 믿는다. 지젝이 서술하듯, "우리가 종교적 (또한 사회적이기도 한) 의례라는 기제에 복종할 때 우리는 이미 알지 못한 채 믿는 것이다. 우리의 믿음은 이미 외적 의례 속에 구체화되어 있다. 다시 말해, 우리는 이미 **무의식적으로** 믿는다."(*SO*, 43)

이러한 상징적 동일시의 또 다른 예를 우리는 우디 앨런의 영화 〈카사블랑카여, 다시 한번〉에서 찾을 수 있는데, 이 영화에서 (앨런이 연기하는) 신경증적이고 불안정한 인물은 그를 가끔씩 방문하는 가상의 보가트 같은 인물로부터 인생의 교훈을 얻는다. 영화 말미에서, 저 유명한 〈카사블랑카〉의 마지막 장면을 다시 연기하듯, 절친한 친구의 아내와 바람을 피운 다음 앨런은 늦은 밤 공항에서 그녀를 만나 그녀를 차버리는데, 그렇게 해서 그녀가 남편과 함께 떠날 수 있게 한다. 그때 그의 연인이 그의 말에 대해 "정말 멋져요"라고 말하자, 그는 이렇게 대꾸한다. "〈카사블랑카〉에 나왔던 대사야. 이 말을 하려고 평생을 기다렸어." 그리고 바로 이 지점에서 보가트식 인물이 마지막으로 등장하여 친구를 위해 여자를 포기함으로써 자신은 "'마침내 품위를 얻었기에' 더 이상 그가 필요하지 않다"(*SO*, 109)고 말한다. 자, 여기서 가장 먼저 깨달아야 할 점은 앨런이 연기한 인물이 이 마지막 장면에서 여자에게 말을 하고 있는 것이 아니라 보가트에게 말한다는 점이다. 그는 그녀를 단념함으로써 이타적으로 행동하는 것이 아니라 보가트를 감동시키기 위해 행동한다. 즉, 그는 상상계의 차원에서 보가트와—그가 지니고 있는 아무 특성들과—동일시하는 것이 아니라 그가 차지하고 있는 상징적 지위와 동일시한다. 그는 자신이 보가트를 보는 지점을 통해 자기 자신을 보려고 노력한다. 지젝이 서술하듯, "주인공은 〈카사블랑카〉에 나온 보가트의 역할을 현실에서 연기함으로써, 즉 어떤 '명령'을 가정함으로써, 상호주체적인 상징적 네트워크에서 특정한 위치를 점유함으로써 자신의 동일시를 실현한다."(SO, 110) 좀 더 정확하게는, 그는 상징적 질서의 **외부에** 있는 것처럼 보이는 보가트의 지위와 동일시한다. 다른 사람들과 그의 명백한 차이가 바로 그를 둘러싼 모든 것을 변화시키고 그렇지 않았다면 매력이 없었을 그 특질들을 무언가 독특하고 바람직한 것으로 변환시킨다. 이 점이야말로 우리가 영화 말미에서 목격하는 것인데, 앨런은 보가트와 마지막 대화를 나누며 자신이 그와 같은 사람이 된 이상 더 이상 그가 필요하지 않다고 말한다. "사실, 당신은 키도 너무 크지 않고 다소 못생겼지만, 뭐 어쩌라구, 난 키도 작고 못생겼지만 혼자서도 성공할 수 있단 말이지"(*SO*, 110)라고 말한다.

그러나 이 상징계는 아직 동일시의 최종 단계가 아니다. 다른 모든 주인기표(자유, 민주주의, 환경)와 마찬가지로, 보가트는 항상 못 미치고, 실망스러우며, 자신이 약속한 바에 부응하지 못하고 실패한다. 그 결과 우리는 개입할 수밖에 없으며 그의 자리를 대신해서 그가 할 수 없는 일을 완수해야만 한다. (영화의 마지막 부분에서 앨런이 연기한 인물이 자신은 더 이상 보가트가 필요하지 않다고 말할 때가 바로 이 경우다.) 그러나 이것은 전혀 전이의 단절이 아니라 그 마지막 효과이다. (앨런이 가장 '자신'일 때야말로 그는 가장 보가트와 닮았다.) 이미 우리가 〈왜 모든 행위는 반복인가?〉에서 살펴본 것처럼, 그것은 마치 그들이 그것을 인식하고 있는 것처럼 단순히 타자의 어떤 특성이나 응시와 동일시하는 문제가 아니다. 오히려 전이의 완전한 효과는 대타자가 인식하고 있지 못한 것으로 보이는 그 무엇, 오직 우리만을 위해 특별히 주어진 것처럼 보이는 그 무엇, 우리 때문에 생겨나는 그 무엇과의 동일시를 통해서만 생겨난다. 이전 섹션의 언어를 사용한다면, 우리는 (다른 것들과 차별적으로 정의되는 주인기표인) 상징계의 보유자로서의 타자와 동일시한다기보다 타자 속에 있는 '그들 자신 이상의 것'(자기 자신과 다른 것, 즉 오브제 아)과 동일시한다. 만일 상상계에서는 우리가 타자의 **이미지**와 동일시한다면, 그리고 상징계에서는 타자의 **모습**과 동일시한다면, 여기 마지막 차원에서는 거의 타자를 보는 우리의 원래의 **시각**으로 돌아간다. 혹은 어쩌면 타자가 우리를 바라보고 있는지 아닌지에 대한 바로 그 결정 불가능성이야말로 우리를 사로잡고 우리가 그 자리를 차지하고 싶게 만드는 것일 수도 있다.

다르게 말해보면, 상징적 권위가 자의적이고 수행적이며, 어떤 '실제적' 자질을 지닌 소유자에 의해 설명되지 않기 때문에, 대타자가 호소할 때 주체는 항상 확신하지 못한다.(*SO*, 113) 주체는 이것이 진정으로 타자가 자신에게서 원하는 것인지, 이것이 진정으로 타자의 욕망인지 확신하지 못한다. 그리고 주체는 스스로에 대해서, 즉 자신에게 부여된 상징적 명령을 자신이 받을 자격이 있는지 확신하지 못한다. 지젝이 지적하듯,

> 주체는 자신이 상징적 네트워크에서 왜 이 자리를 차지하고 있는지 알지 못한다. 타자의 이 "뭘 원하는가?"라는 질문에 대한 그의 대답은 히스테리적인 질문일 수밖에 없다. "왜 나는 내가 그래야 한다고 가정된 것이어야 하며, 왜 이런 명령을 떠맡는가? 왜 나는…(교사, 스승, 왕…)인가?" 간단히 말해, "왜 나는 당신(대타자)이 나라고 말하는 그 무엇인가?"(*SO*, 113)

그리고 지젝의 주장에 따르면 이것은 제거할 수 없는 애매성, 즉 '변증법'(*SO*, 112)이다. 실제로 크라코프에 가는 한 사람이 다른 사람에게 자신은 크라코프에 간다고 말하는 상황에 대한 프로이트의 유명한 농담처럼,(*SO*, 197) 어떠한 상징적 발언에 대해서도 질문을 던지는 것은 **항상** 가능하다. 그것은 무엇을 의미하는가? 무엇을 겨냥한 것인가? 왜 타자는 나에게 이런 말을 하는가? 명백한 의미 뒤에 숨은 또 다른 의미를 찾는 일은 언제나 가능하다. 문자 그대로 말하는 일, 잔여 없이 상징계를 점유

하는 일, 텅 빈 자리와 그 자리를 점유하는 것을 완벽하게 일치시키는 일은 결코 가능하지 않다. 이 불일치는 지젝이 어떤 발화된 것의 외부에 존재하는 모종의 발화행위와 연관시키는 바로 그것이다. 지젝은 이렇게 쓴다. "'직조된 것'의 곡선 위에서 생겨나는 의문부호는 발언(발화된 것)과 발화행위 사이의 틈새의 존속을 가리킨다. 발언의 차원에서 보면, 당신은 이것을 말하고 있는 것인데, 그 말로, 그 말을 통해 당신은 내게 무엇을 말하고 싶은 것인가?"(*SO*, 111)

다시 말하면, 모든 호명에는 항상 어떤 '틈새'나 '잔여'가 존재한다. 그러나 그 틈새는 단순히 제거할 수 있는 틈새가 아닌데 왜냐하면 이것이 바로 호명을 가능하게 하며, 호명이 말하는 장소가 바로 그곳이기 때문이다. 그것은 단순히 경험적 과잉이 아니라, 어떤 명명행위—주인기표의 환상이 바로 이것이다—보다 더 큰 것, 즉 일종의 내적 부재나 공백, 즉 메시시는 미리 진술될 수 없고 오로지 식별된 이후에야 진술될 수 있다는 사실을 상기시키는 것으로서, 상징적 질서의 기초가 되는 그 차이성을 대신하는 것에 불과하다. 그것은 이데올로기의 '외부'나 '너머'에 있는 것이 아니며, 주인기표가 스스로의 차이를 명명할 수 있게 하는 '차이'이다. (다시 말해—이는 지젝이 〈케 보이?〉에서 라캉의 '욕망의 그래프'(*SO*, 100)를 지속적으로 해부하는 과정에서 드러나는데—만일 상징계가 상상계를 가능하게 한다면, 이 다른 차원, 즉 실재의 차원은 상징계를 가능하게 한다.) 지젝은 이데올로기와 그 '외부'에 있는 것처럼 보이는 것 사이의 관계에 대해 이렇게 말한다.

"이데올로기적 효과(기표의 이데올로기적 네트워크가 우리를 '붙잡는' 방식)의 마지막 지지물은 향유의 무의미적이고 전이데올로기적인 핵심이다. 이데올로기에서는 "아무것도 이데올로기(즉 이데올로기적 의미)가 아니며, 바로 이 잉여가 이데올로기의 마지막 지지물이다."(*SO*, 124)

따라서 호명과 어떤 규정된 상징적 의미 사이에는 항상 격차가 있다. 어떤 명명된 원인도 부족할 수밖에 없으며, 발화행위와 발언 사이에는 항상 차이가 있다. 하지만 주인기표에 관해 앞서 살펴본 바와 같이, 호명은 우리뿐만 아니라 타자에게도 신비스럽고 무의미하며 불완전해 보일 때 가장 잘 작동한다. 우리에게 그것을 열어주고, 우리가 거기에 추가할 수 있고, 우리 것으로 만들 수 있게 하는 것은 바로 호명이기 때문이다. 바로 그 결핍과 파악불가능성의 상태에서야말로 우리는 호명을 실현할 수 있게 소환되고, 그것을 대신하며, 그것이 말해야 할 것을 말할 수 있게 된다. 그러나 1장에서 살펴본 것처럼, 우리가 호명에 반응하여 무엇을 하는가는 항상 소급적으로 그것이 이미 그러했던 것으로 항상 보여질 것이다. 그 '비어 있음'으로 인해 호명에 대한 미래의 모든 해석에 대해 말할 수 있게 되며, 어떠한 '넘어서기'도 오직 그 이름 안에서만 일어날 수 있다. 그것은 상징계 안에 전적으로 포섭된 주체와 우리가 여기서 갖게 되는 잔여도 없이 전체 사회적 영역을 직조하는 주인기표 사이의 합치가 아니라, 자신이 상징계의 바깥에 있다고 느끼는 주체와 자기 자신과 항상 차이 나는 주인기표 사이의 합치다. 우리는 어떤 발화된 것과도 동일시하지 않고 발화행위의 위상 그 자체와 동일시한다. 타자가 그것을 가지고 있지 않다는 사실, 타자가 스스로와 분리되어 있다는 사실은 동일시를 막는 장벽이 아니라 바로 그 조건인데, 왜냐하면 우리가 타자에 의해 완성되듯이 이 타자 역시 우리에 의해 완성되기 때문이다. 지젝이 서술하듯, "타자에 있는 이 결핍은 주체에게 이를테면 숨통을 틔워준다. 이를 통해 주체는 기표에 있는 완전한 소외를 피할 수 있게 되는데, 주체의 결핍을 채움으로써가 아니라 주체가 자기 자신, 즉 자기 자신의 결핍을 타자의 결핍과 동일시할 수 있게 함으로써 그렇게 한다."(*SO*, 122)

지젝에 따르면 우리가 호명에서의 틈새를 채울 때 동원하는 **환상**의 애매성이 이것인데, 이는 '숭고한 대상'이 주인기표에서 빠진 부분을 채우는 것과 유사하다. 그리고 주인기표의 경우와 마찬가지로, 지젝이 이 점을 분석하기 위해 취하는 특정한 환상은 반유대주의 판타지이다. 다시 말해, 유대인의 주인기표를 내리보충하는 모종의 '유대인 안의 유대인 이상의 것'에 대해 우리가 앞서 말한 것을 거의 정확하게 반복하는 측면에서, 여기서 호명과 관련해서는 유대인의 모든 실제적 요구 뒤에는 항상 또 다른 요구가 있으며, 그들이 원하는 것 이상의 그 무엇이 있다는 일종의 환상이 있다.(*SO*, 114) 그러나 다시 한번 이 환상의 중요한 측면—앞서 우리의 신화적 유대인 이웃인 스턴 씨에게서 보았듯—은 유대인 스스로가 이것을 **인식할 필요는 없다**는 점이다. 이것이 바로 이러한 인종주의적 환상의 특권적 목표물로서의 유대인과 그들의 종교의 특수한 형태를 연결시키는 지젝의 주장의 의미이다. 그는 정확히 그들의 믿음에 실제로 이러한 환상을 정당화하거나 설명할 수 있는 어떤 것이 있다는 점을 지적하는 것이 아니라, 유대인의 종교 자체가 "타자(즉, 신)의 욕망의 수수께끼 속에서 지속되고"(*SO*, 115), 이 타자 역시 유대인 스스로에게 미스터리이며, 헤겔의 표현을 빌리면 유대인**의** 미스터리는 유대인 스스로**에게** 미스터리라는 점을 지적하는 것이다. 그럼에도 불구하고 유대인들이 어떻게든 자신이 원하는 것이 무엇인지 **정말** 알고 있다는 이 환상이야**말로** 호명을 보완하는 역할을 한다. 이는 '무엇을 원하는가?'라는 질문의 공백을 대답으로 채우려는 시도이다. 비록 우리 스스로가 타자를 대변해야 하고 그들이 알지 못하는 지식을 인정해야 한다고 해도, 이는 반유대주의의 환상을 깨뜨리는 것이 아니라 더 강하게 만들 뿐이다. 우리의 호명의 바로 그 불완전성, 즉 사태가 우리에게 이해가 되지 않는다는 사실, 또는 우리 사회의 가치에 대해 우리가 냉소적인 거리를 둘 수 있다는 사실은 어떤 잠재적인 의미에의 약속을 전혀 없애지 못하고 우리가 더 많이 의미를 찾도록 만들 뿐이다.

하지만 사회로부터의 이 거리두기와 타자의 설정이 바로 우리가 호명되는 방식이라면, 이 모든 것은 또한 다른 방식으로, 시스템에 모종의 '외부'를 개방하는 방식으로도 읽을 수 있다. 단순히 이데올로기적 환상을 없애는 문제가 아니라 무엇이 환상을 가능하게 하는지를 생각하는 문제이다. 왜냐하면, 만약 환상으로서의 유대인이 오브제 아로서의 유대인과 마찬가지로, 타자성을 회복하여 그것을 다시 시스템에 반환할 수 있다면, 이는 또한 **이것(타자성)을** 구성하는 데 필요하게 될 다른 무언가를 지칭하기 때문이다. 즉, 오브제 아 또는 환상으로서의 유대인이 주인기표나 호명을 자기 자신의 차이로 명명할 수 있도록 허용한다면, 이는 또한 **그것(차이)을** 명명할 수 있게 만드는 것이 무엇인지에 대한 의문을 제기한다. 그리고 마침내 이것이야말로 라캉이 그의 유명한 진술, "타자의 타자는 없다"로 뜻하는 것이다.(*E*, 311) 타자에게 **아무런** 보증인도 없다는 뜻이 아니라 **최종적인** 보증인이 없다는 것, 즉 그러한 보증인은 그것대로 항상 다른 곳으로부터의 보증을 받아야 한다는 것을 의미한다. 시스템을 폐쇄하는 것과 동일한 요소가 그 시스템을 열기도 한다는 것, 일종의 '아버지의 이름'의 무한 퇴행 또는 정신병적 폐제 속에서 그렇게 한다는 뜻이다. 그리고 우리가 말했듯 바로 이 지점에서 **전제 시스템**은 애매해지고, '케 보이?'에 대한 답을 제공하는 것과 동일한 요소가 또한 질문을 재서술한다.(*SO*, 124)[7] 그리고 이것이 차례로 제기하는 것—이 책 전체에서 추구하는 주세에서—은 보편을 구성될 수 있게 하는 예외로 유대인을 간주하는 생각을 넘어서, 우리는 유대인을 충동의 '생톰(증상)'으로서, 즉 자기 자신의 예외로서의 보편적인 것 그 자체로 삼는다는 점이다.(*ME*, 49) 이는 지젝 자신의 작업의 애매성과 유사한데, 그가 시스템에 대해 제안하는 비판은 시스템 자체의 논리를 거의 반복하지만, 이런 방식으로 시스템을 반복함으로써 그는 또한 다른 무언가에 그 시스템을 개방한다. 다시 1장에서 처음 제기했던 질문—상징계의 핵심에 있는 '공백'을 채워야만 그 공백을 드러낼 수 있다는 것, 그 공백은 결코 그 자체로 보이지 않으며 오로지 회고적 효과로만 볼 수 있다는 것—으로 돌아가면, 우리는 어떤 행위나 상징계의 설정이 단지 상징계의 반복일 뿐만 아니라 오직 그러한 반복을 통해서만 우리는 '행위'를 생산할 수 있다고 말할 수 있다.

구체적 보편성

앞서 살펴본 것처럼 주인기표는 항상 자기 자신과 차이가 나며 또 이 차이의 이름이다. 그것은 모든 것이 대신하고 있는 그 공백을 드러내기도 하고 가리기도 한다. 이를 좀 더 자세히 설명하기 위해 지젝이 《그들은 자기가 하는 일을 알지 못하나이다》에서 '구체적 보편성'과 '대립적 결정'이라는 난해한 헤겔적 개념에 대해 분석하는 대목을 살펴보자. '구체적 보편성'은 동일성—헤겔이 '동일성 그 자체'와 '타자를 위한 동일성'에 이어 '자체와의 동일성'이라고 부르는 것—에 관한 헤겔적 사유의 정점이지만, 그것은 바로 "술어의 불가능성, 다름 아니라 우리가 술어를 기대하는 지점에서의 하나의 실체가 공백과 마주하는 것, 실체의 실정적 내용의 결정"(*TK*, 36)으로서의 동일성이다. 헤겔의 '신은 신이다'의 사례를 들자면, 이는 우리가 주인기표에서 발견하는 동어반복을 거듭하는데, 첫 번째 단계에서는 특정 술어들이 신에게 귀속되는 반면, 두 번째 단계에서는 신이 단지 이러한 속성들만을 (그러나 그것들의 부재나 대립물의 형태로만) 전시하는 것으로 간주된다. 헤겔은 이렇게 쓴다. "그러므로 그러한 **동일한** 이야기는 스스로 **모순된다.** 동일성은 자기 스스로의 자기진리와 절대적 진리이기보다, 결과적으로는 바로 그 정반대이다. 움직이지 않는 단순함이기보다, 자기 자신을 넘어 자기 자신의 해체 속으로 들어가는 통로이다."(*TK*, 35) 그리고 이 점이야말로—해체주의에 대한 일반적인 공격의 일환으로—지젝에게 헤겔과 데리다가 구별되는 지점이다. 오로지 동일성과 관련된 자기모순—다시 말하지만, 어떻게 주인기표의 '외부'를 사유할 것인가에 대한 일반적인 질문의 일부로서—을 통해서만 우리는 그 한계를 파악할 수 있으며, 이는 단순한 불가능성이나 유예를 통해서는 불가능하다. 지젝이 서술하듯, "데리다는 완전한 자기 자신과의 동일성이 어떻게 불가능한지에 관해 끊임 없이 모티프를 변화시킨다. 그것이 어떻게 항상, 구성적으로, 유예되고 분열되는지… 하지만 그가 파악하지 못하는 것은 불가능**으로서의** 동일성이 **어떤 근본적 불가능성의 이름으로서의 동일성 그 자체**로 역전되는 헤겔식 전도이다."(*TK*, 37)

하지만 이에 대한 결론을 내리기에 앞서, '구체적 보편성'이란 무엇일까? 그것을 실제로는 어떻게 확인할 수 있을까? 지젝은 이것의 사례로 마르크스가 《프랑스에서 계급투쟁》에서 했던 고전적 분석, 즉 1848년 혁명에서 공화주의가 왕당파의 두 경쟁 세력인 오를레앙주의자들과 법통주의자들 사이의 투쟁의 놀라운 결과물로서 어떻게 등장했는가에 대한 분석을 제시한다. 그가 당시 상황을 설명하듯이, 각 분파는 어떻게 하면 상대방과의 싸움에서 이길 수 있을까 하는 문제에 직면하게 된다. 어떻게 하면 왕의 정통 혈통에 대한 자신들의 특정한 해석만이 아니라 상대방의 해석도 옹호할 수 있을까? 즉, 앞서 살펴본 것처럼, 어떻게 상대방을 경험적으로 반박하기보다 논쟁의 근거 그 자체를 제시함으로써 승리할 것인가, 그리하여 상대방이 무엇을 주장하든 상관없이 궁극적으로 그들이 자신들에게 동의하게 만들 것인가? 그리고 마르크스가 보여주듯, 기막힌 일은 분열된 왕당파의 각 진영이 그들의 공통된 근거로 **공화주의**를 내세워 승리하려 했다는 점이다. 지젝이 요약하듯,

> 왕당파는 오를레앙주의와 법통주의 중 하나를 선택해야 하는데, 그 사람이 왕당파 일반, 즉 선택의 매개 자체를 선택함으로써 선택을 피할 수 있을까? 그렇다. 공화주의자가 되길 선택함으로써, 자신을 오를레앙주의자와 법통주의자의 두 쌍의 교차점에 자신을 배치함으로써 그렇게 할 수 있다.(*TK*, 34)

다시 말해, 오를레앙주의와 법통주의는 그들 간의 차이나 부재에서조차 자신들이 드러난다고 주장함으로써 그 분야를 직조하려고 시도한다. 각자가 '오를레앙주의'냐 '법통주의'냐가 아니라, 또는 나아가 이 둘의 공통점인 '공화주의'냐가 아니라 이들 사이의 관계 그 자체가 문제라고 주장한다. 지젝의 말처럼, "'공

화주의'는 따라서 이 논리에서는 왕정주의라는 속의 한 종이다. 종의 차원에서 보면 속 자체의 자리를 차지한다—그 안에서 왕정주의라는 보편적 속은 그 반대물의 형태로 표상되며, 특정한 존재성을 획득한다."(*TK*, 34)

또는 '구체적 보편성'의 또 다른 사례를 들어보자. 이번에는 G. K. 체스터턴의 〈탐정소설 옹호〉에 나오는 유명한 격언으로 시작해보자. "도덕은 가장 어둡고 대담한 음모이다."(*TK*, 29) 처음에 우리는 법(도덕)을 단순히 범죄와 반대되는 개념으로 이해할 수 있다. 즉 외부에서 범죄를 규제하는 것으로서 법을 이해하는데, 마치 범죄가 무엇인지 법이 미리 알 수 있는 것처럼 말이다. 그러나 지젝이 헤겔의 표현을 빌려 말하듯, 이는 "모든 실제적이고 효과적인 삶이 도달할 수 없는"(*TK*, 33) '추상적' 정체성 차원에서만 법이 될 것이다. 그리고 이것이 의미하는 바는, 이들 사이의 대립으로 가정되는 것과는 반대로, 법은 이제 범죄의 바깥에서 인식될 수 없다는 것, (관습법의 발전이 증명하듯이) 모든 범죄를 미리 알 수 없을 뿐만 아니라, 법의 제도화 자체가 범죄를 허용하고 더 많은 범죄의 가능성을 열어둔다는 것이다. 이것은 법의 '구체적인' 정체성이 될 것이며, 이는 범죄를 '그 내용적 풍부함의 지양된 계기'로서 포함한다.(*TK*, 33) 그리고 우리가 주인기표의 구성의 두 번째 단계에서 보았듯이 그 계기는 미약할 것인데, 법은 결코 그 자체로서가 아니라 범죄로서만, 모든 다양한 범죄의 공통점으로서만 파악되어야 한다. 법은 결코 그 자체로서 드러나지 않으며 예외로서만 드러난다. 하지만 이것이 바로 법의 본질**이다**. 법은 그 자체의 예외성의 명칭, 자기 자신과의 차이에 대한 이름**이다**. 그러나 법 자체의 예외로서, 모든 범죄가 공유하는 것으로서의 법에 대한 **아무런** 진술도 **또 다른** 범죄나 예외의 형태를 취하지 못한다는 것을 우리가 이해하기까지는 여전히 주인기표의 세 번째 단계와 같은 최종의 '구체적인 보편'에 도달하지 못한다. 법은 단순히 범죄들 사이의 차이일 뿐 아니라 항상 자기 **자신으로부터의** 차이이다. 법과 범죄 사이의 관계 그 자체, 즉 법이 범죄라는 종(種)의 속이 될 수 있는 능력은, 오직 범죄, 즉 예외의 형태를 취할 수 있을 뿐이다. 보편적 (법) 자체는 또 다른 범죄일 뿐이다. 지젝이 서술하듯,

> 어떤 '절대 범죄'가 다른 모든 범죄를 특정화하고, 그 범죄들을 단순한 특정 범죄로 변환시킬 때 법은 범죄를 '지배한다.' 그리고 한 실체가 그 대립물로 변하게 만드는 이 보편화의 제스처는 물론 정확히 누빔점의 제스처이다.(*TK*, 33)

다시 말해, '구체적 보편성'은 "보편적 속이 자신의 특정한 종들 속에서 자기 자신과 마주치는 기이한 지점"(*TK*, 34)이다. 게다가 자신의 대립물의 형태로 자기 자신과 마주친다. 그리고 종과 속의 이 변증법적 '우연의 일치'에서 두 가지 결론을 이끌어낼 수 있다. 첫째, 이 속에 관해 말하려는 어떤 시도도 오로지 그 속을 다른 종으로 바꿀 뿐이며, 둘째, 이는 이 속의 대립물, 또는 이 속이 그것의 대립물이 되는 것, 즉 이 둘이 대체하는 속과

종의 차이 그 자체 때문에 생겨난다. 그리고 이 보편적인 속의 최종적 '자기동일성'은 그것이 이런 의미에서 자신의 기입의 공백이라는 점이다. 보편자는 바로 자기 자신과 특정한 것의 형태로만 관계 맺을 수 있다는 문제 그 자체다. 그것은 오로지 그 불가능성, 즉 어떤 진술도 특정적일 수밖에 없다는 사실일 뿐이다. 보편자는 항상 특정한 것만이 존재할 뿐임을 확증하는 것인 동시에 그 특정한 것이 결코 단지 특정하기만 한 것이 아니라 항상 다른 어떤 것을 대신하며, 보편적인 것이 되는 데 실패한다는 점을 뜻하는 것이기도 하다.(*CHU*, 216~217) 그러나 이것이 함축하는 바는 구체적인 보편성에는 일종의 무한한 퇴행, 즉 "보편이 그것의 특수한 내용에 직면할 때 지속적으로 이중화되는"(*TN*, 34) 퇴행이 있다는 점이다. **어떠한** 보편에 대한 진술도 단지 그 진술을 허용할 수 있는 그 공백을 대신하며, 진정한 보편의 부재 또는 그 반대일 뿐이다. 그리고 다시 말하지만, 이 무한의 퇴행, 이 동일성의 실패가 바로 주인기표의 본질이 될 것인데, 이 자체는 어떤 '산여' 없이는 진술될 수 없고, 이 실패가 말해질 수 있게 하는 그 차이 또는 '텅 빈 자리'는 항상 누락된다.(*TK*, 44) 우리는 형상과 근거 또는 종과 속 사이의 그 최종적인 '화해'를 실제로 얻지 못하는데, 왜냐하면 항상 배제된 무언가—발화행위의 장소—가 화해를 가능하게 하기 때문이다.

이 장의 서두에서 제기했던 문제들로 돌아가면, 이것이 바로 주인기표의 외부에서 적대성(오브제 아)을 사고하려고 하는 지젝의 시도의 복잡성이다. 이미 살펴본 바와 같이, 자기 경력의 초기《이데올로기의 숭고한 대상》을 쓴 시점에 지젝은 이데올로기적 영역에서 하나의 특정한 항목을 끌어올려 그것을 나머지 항목들의 주인기표로 삼는 라클라우와 무페의 '급진적 민주주의' 프로젝트를 추종한다. 그러나 결정적인 '반본질주의적' 제스처는—이것이 마르크스와 알튀세르의 과잉결정 개념과 다른 점이다—미리 주어진 어느 한 요소가 다른 요소들을 직조하는 것이 아니라, 그 중 어느 하나라도 그렇게 될 수 있다는 것이다.(*SO*, 4) 그러나 작업이 계속 진행되면서—그리고 이것은 아마도《우연성 헤게모니 보편성》에서 라클라우와 나눈 대화에서 가장 분명하게 드러나는 듯하다—지젝은 그가 '외적 차이'(*CHU*, 92)라고 부르는 것을 제대로 고려하지 않는다는 이유로 이 '급진적 민주주의'와 거리를 두기 시작하는데, 이 차이는 기존의 상징적 지평 내에서 경쟁하는 기표 간의 차이가 아니라 이 지평을 허용하기 위해 배제되는 것이다. 다시 말해, 지젝은 하나의 주인기표가 다른 기표를 어떻게 대변하는지가 아니라 무엇이 주인기표를 그 자체로 가능하게 하는지 생각하고자 한다. 그는 다른 기표들이 대신하는 그 공백으로서의 주인기표가 아니라, 주인기표 자체가 대신하는 그 공백을 사유하고자 한다.(*CHU*, 108) 바로 이 지점에서 지젝은 상징계 밖의 이 차이, 즉 주인기표를 가능하게 하는 공백을 사유하는 최상의 방책으로서 한때 거부되었던 '계급' 개념으로 전환한다. 따라서 궁극적인 주인기표로서의 '계급'에 반대하는 라클라우의 주장에 맞서 마르크스를 인용하면서 지젝이 서술하듯,

> 우리는 (라클라우의 반론에 대해) 이미 언급한 '대립적 결정'이라는 역설, 자신의 **지평** 그 자체를 밑받침하는 연쇄의 **일부**라는 역설로 반박해야 한다. 계급적 적대는 분명 일련의 사회적 적대들 중 하나로 나타나지만, 동시에 "나머지 대립들을 지배하기에 그 관계들은 따라서 다른 적대에 지위와 영향력을 부여하는" 특수한 적대이다.(*CHU*, 320)

그렇지만 지금 맥락에서 지젝은 '계급'으로 정확히 무엇을 의미하는가? '급진적 민주주의'가 아니라 '계급'이라는 측면에서 사회적인 것의 구성을 인식하는 일에는 무엇이 관건인가? 여기서 제시하듯, 지젝에게 있어 이는 주인기표가 허용하는 보편성이 아니라 이 보편성을 허용하는 그 무엇을 사유하는 한 방식이다. 그것은 사회의 근본적인 '적대성'을 사유하는 방식으로서 사회 외부의 경험적 과잉이 아니라 사회 내부의 일종의 불가능성을 사유한다. 다시 말해, 라캉이 라클라우에게서 비난하는 것은 그가 주인기표의 세 번째이자 마지막 단계에 대해 사유하지 않는다는 점이다. 즉 어떤 사물이 스스로를 포함하는 '구체적 보편성'은 타자의 동일성이나 동등성을 허용하는 차이일 뿐만 아니라 자기 자신과도 항상 차이가 난다.(*CHU*, 130~131) 라클라우가 말하는 헤게모니화의 경쟁에서 계급은 '급진적 민주주의'의 가치와 다른 모든 기표들을 설명하는 동시에 그것들을 하나로 엮어내는 그 무엇이다. 그러나 그것은 또한 모든 주인기표를 허용하는 공백, 어떤 주인기표라도 대신할 수밖에 없는 공백에 대해 말하려는 시도이기도 하다. 그리고 다시 말하지만, 바로 이것이야말로 '급진적 민주주의'가 기존에 존재하는 보편성의 지평 내에서 작동하기 때문에 수행할 수 없는 일이다. 그것은 진정으로 급진적인 사회적 '행위', 즉 보편과 개별을 동일하게 만드는 데 있어서 이 '적대성'의 실현 또는 포섭을 상상할 수 없으며, 단지 이 보편성 **내부에 있는** 끊임없는 일련의 대체물들만을 상상할 수 있을 뿐이다. 지젝이 논문 모음집 《문 앞의 혁명》에서 '계급'의 지위를 종과 속, 개별과 보편, 내적 차이와 외적 차이의 불가능한 '일치'로 지목하여 거론하듯,

> 마르크스에게는 물론, 유일한 보편계급으로서 자신의 특이성(재산권 사회에서의 배제)이 실제적 보편성을 보장하는 존재는 프롤레타리아트다. 이것을 에르네스토 라클라우는 자신의 헤게모니 버전에서 거부한다. 라클라우에게 있어 보편자와 개별자 사이의 단락은 항상 환각적이고 찰나적이며 일종의 '초월적 배리(背理)'다.(*L*, 297)

그러나 '계급'을 사유하는 제스처의 애매함을 더 명확하게 하기 위해, 지젝은 《문 앞의 혁명》에서 계속해서 그것에 대해 '증상'이라고 말할 것이다.(*L*, 254~256, 267~268, 332) 이 증상은 우리가 유대인을 바라볼 때 보게 되는 것처럼, 사회의 어떤 불가능성을 나타내는 신호이다. 그것은 우리에게 사회의 '외부'를 생각할 수 있게 해주는 것, 사회가 구성되기 위해서는 사회에서 배

제되어야 하는 것이 무엇인지 생각하게 해주는 것이다. 그러나 우리는 지젝이 《이데올로기의 숭고한 대상》에서 논의한 또 다른 예, 즉 마르크스가 분석한 '자유'라는 개념에서 이 증상의 '가상성'과 자유의 이름으로 말하는 일의 어려움을 볼 수 있다.(*SO*, 21~23) 부르주아 사회에서는 노동력을 팔 수 있는 자유를 포함해 여러 자유가 있지만, 이 마지막 자유는 노동자를 노예로 만들고 다른 모든 자유를 부정한다. 지젝이 서술하듯, 여기서는 '추상적' 자유와 구별되는 '구체적' 자유에서 (부르주아의) 자유라는 속은 그 종 가운데 하나의 형태로 자신의 대립물을, 즉 자신의 노동력을 팔 수 있는 자유의 형태로 마주친다. 그리고 이제 이 자유가 진정한 보편이 되며, 부르주아적 자유는 하나의 특정한 자유에 불과하다. 즉, 다양한 부르주아적 자유(언론, 집회, 상거래의 자유)는 자본주의 내에서 이 다른 자유, 즉 우리의 노동을 판매할 자유에 의해서만 보장된다. 다른 모든 자유를 가능하게 하는 것은 바로 이 '자유'이며, 다른 모든 자유는 이 자유를 대리한다. 하지만 이 점은 우리가 물론 노동력을 팔 수 있는 이 자유를 모종의 '진정한' 자유의 특질의 왜곡이라고 말할 수 없는 이유가 이 자유가 그것 덕분에 가능하기 때문이라는 문제로 우리를 이끌어간다. 다시 말해 적대성은 오직 주인기표와 관련해서만 표현될 수 있기 때문에 실제로는 주인기표의 바깥에 있는 것이 아니다. 여기서의 '자유'와 마찬가지로 적대성이 오직 '왜곡된' 방식으로만 경험될 수 있다면, 이는 우리가 실제로 그것을 왜곡된 것으로 마주하기 때문이 아니라, 그것을 **주인기표로** 간주하기 때문이다. 적대성은 주인기표의 실패가 아니라 주인기표 그 자체다. 주인기표가 자신의 부재나 불가능성으로 드러나듯, 이 적대성은 자신이 아닌 것, 즉 주인기표로 존재한다. 적대성은 존재하는 것의 대립이나 대안이 아니다. 존재하는 것은 오직 적대성에 대한 반응으로만 생겨난다.[8] 지젝이 서술하듯, 진정한 차이로서의 적대성, 즉 그 어떤 보편적인 것보다 더 보편적인 것으로서의 적대성은 오직 "그 시스템에 내재하는 특정한 차이들"일 뿐이다.(*CHU*, 92)

다시 계급으로 돌아가보자. 계급의 측면에서 적대성을 생각할 때 무엇이 정말로 관건인가? 계급이란 무엇인가? 우리는 여기서 지젝이 계급을 "보편과 개별 사이의 적절한 시간적-변증법적 긴장"으로 정의한 것에서부터 시작할 수 있다.(*L*, 295) (주지하다시피 이는 그가《환상의 돌림병》에서 유대인을 묘사할 때 사용한 것과 거의 동일한 용어이다.) 어떤 의미에서 보편적인 것과 개별적인 것을 결합하는 일은 불가능하다. 라캉이 얘기하듯, 그 둘 사이에 상정된 어떤 등가성도 언제나 환상일 뿐이다. 그리고 지젝 역시 그의 초기 작업에서 여기에 동의한다. 이는 권력의 자리가 비어 있음을 드러내는 "공백의 장소의 점유자로서의 왕"(*TK*, 267)이 뜻하는 바이다. 하지만 또 다른 의미에서 우리는 계속해서 보편적인 것과 개별적인 것을 동일하게 만들어야만 한다. 오로지 이러한 등가 만들기 시도를 통해서만 우리는 진정한 보편을 드러낼 수 있는데, 이 보편성은 (라클라우의 경우처럼) 개별적인 것이 채우려고 하는 모종의 텅 빈 프레임이 아니라 이 등가성이 언급되는 바로 그 자리이다. (그리고 이렇게 해서 지젝이 "공백의 장소의 점유자로서의 왕"으로 뜻하는 것은 이미 납득될 수 있다. 즉 왕이 이 공백을 채움으로써만 비로소 우리는 이 행위를 허용하는 공백을 볼 수 있다.) 그것은 더 이상 **보편**을 허용하는 (말할 수 없거나 채워질 수 없는) **예외**의 문제가 아니라, (어떤 보편도 항상 예외로 드러내는) **충동**과 연관된 '생톰'에 관한 질문이다. 그리고 지젝이 계급으로 의미하는 바가 바로 이것이다. 자신의 예외에 의해 (자기 자신의 부재나 불가능성에 의해) 증명되는 주인기표가 아니라—단지 살짝 비틀어서—자기 예외라는 끊임없는 과정 그 자체로서, 이 과정에는 어떤 예외도 없으며 과정 그 자체가 자신의 예외이기 때문에 우리는 이 과정이 정확히 무엇이라고 말할 수 없다.

결론을 내리자면, 만일 지젝이 '계급'을 거론한다면, 이것이 바로 그가 계급을 오래된 과학적, 객관주의적 방식으로 사유해서는 안 된다고 주장하는 이유이다. 그는 이 점에 대해 라클라우와 같은 생각이며, 심지어 그보다 더 멀리 나아간다.(*CHU*, 319~320) 즉, 그가 계급을 거론한다면, 이는 결국 과잉결정이라는 개념으로 돌아가거나 심지어 사회에서 배제된 것들이 마치 명명될 수 있는 것인 양 언급하기 위함이 아니다. 오히려 사회적인 것은 오직 계급(투쟁)으로 인해 완성되며, 계급(투쟁)을 대신한다. 사회적인 것은 다른 주인기표와 마찬가지로 계급에 의해 설명된다. 하지만 계급은 사회적인 것을 전체로 만들 수 있는 모종의 예외가 아닌데, 바로 계급은 사회적인 것 바깥에 있지 않기 때문이다. 대신 계급은 사회적인 것을 '비전체'로 만든다.(*TK*, 44) 사회적인 것에는 예외가 없을 뿐만 아니라 (프롤레타리아트에 의해 대표되는) 사회적인 것은 자기 자신의 예외이다. 달리 표현하자면, 헤겔의 주장 중 하나—이는 그의 '구체적 보편성'이라는 개념**이다**—는 만일 어떤 개념이 그 자체로 합치되지 않는다면 이 결핍은 그 개념에 되돌려 반영되고 개념 자체는 변화한다는 것이다.(*CHU*, 99~100) 우리는 동일한 얘기를 계급에 대해서도 할 수 있다. 자기 자체의 실패를 그것 바깥에 있던 어떤 지점으로부터 궁극적으로 해명하길 원하는 '급진적 민주주의'와는 달리, 계급의 '실패'로 인해 계급 개념 자체가 변화한다. 보편으로서의 계급은 그 자신의 실패일 따름이다. 이것이 바로 헤겔이 **절대정신**이라는 말로 의미하는 바이다. 즉 절대정신은 모든 차이의 범논리적 지양이 아니라 단지 "모든 변증법적 변환의 연속, 보편자와 개별자 사이의 최종적 중첩을 설정할 수 없는 불가능성"일 뿐이다.(*CHU*, 60) 이는《우연성 헤게모니 보편성》에서 지젝이 보편성으로서의 이 '계급'에 해당하는 몇몇 명칭, 즉 성차, 실재, 심지어 자본 그 자체를 제시한다는 사실에서 드러난다. 어쩌면 이 모든 것의 '배후'에, 그에 해당하는 또 다른 용어로서, **주체**가 있을지 모른다. (프롤레타리아트가 역사의 보편적 '주체'인 것처럼.) 우리가 1장에서 언급했던 것이 바로 그런 의미에서 철학의 유일하게 진정한 주제로서의 주체이다. 주인기표와 오브제 아의 분열로서의 계급은 우리가 거기서 목격했던 '분열된 주체'와 정확히 닮았다. 이것이 바로 주인기표의 최종적 애매성이다. 주인기표는 그 자신의 반대자(오브제 아)이다. 하지만 그 반대자는—이는 아마도 지젝이 〈왜 모든 행위는 반복인가?〉에서 그다지 주목하지 않는 것일 텐데—또 다른 주인기표로 이어질 뿐이며, 또 다른 주인기표를 통해서만 드러날 뿐이다. 다음 장에서 우리는 이 문제의 '다른' 측면으로 넘어가서 이 오브제 아를 주인기표를 허용하거나 그로부터 도출되는 '행위'로 생각하려고 시도할 것이다.

3장

행위란 무엇인가?

행위란 무엇인가? 지젝은 그의 저작 곳곳에서 이에 대해 많은 사례를 제시한다. 이는 케빈 클라인이 〈인 앤 아웃〉에서 결혼식 도중 '예!' 대신 '저는 게이입니다'라고 툭 내뱉는 장면(*CHU*, 122) 같은 개인적인 순간에서도 볼 수 있다. 영화 〈랜섬〉(*CHU*, 122)에서 아들의 납치범들의 요구에 굴복하지 않고 어떤 결과가 나오더라도 그들을 쫓겠다고 다짐하는 멜 깁슨에서도 볼 수 있다. 영화 〈유주얼 서스펙트〉에서 범죄의 주모자 카이저 소제가 라이벌 조직에 의해 자신의 아내와 딸이 인질로 잡혀 있는 것을 발견하고 그들이 더 이상 자신을 지배하지 못하도록 그들에게 총을 쏘는 장면에서도 볼 수 있다.(*CHU*, 122) 이는 기존 정치구조 내에서 공공 부문에 대한 공격과 거대 제약 회사의 이익에 대항하여 미국 의료서비스를 개혁하려는 클린턴 대통령의 시도와 같은 사건에서도 볼 수 있다.(*B*, 115) 미테랑의 프랑스에서 사형제도가 폐지되고, 강경한 가톨릭 국가인 이탈리아에서 이혼법이 통과된 것(*TS*, 134)에서도 볼 수 있다. 라캉이 1979년 사망 직전 자신의 제도적 권력과 특권의 기반이었던 '파리 프로이트 학파'를 해체한 것에서도 볼 수 있다.(*CHU*, 123) 마지막으로, 그리스도의 죽음과 부활, 사도 바울의 인도로 가톨릭교회가 전파된 일,(*TS*, 141) 1789년 프랑스 혁명에서 군주제의 전복과 민주주의 탄생,(*TS*, 136, 196) 1917년 러시아 혁명에서 차르제 폐지와 공산주의 수립,(*T?*, 114~117, *L*, 5) 어쩌면 심지어 세계무역센터의 비행기 충돌과 2001년 9월 11일에 서구의 헤게모니에 대한 모종의 대안이 열린 일과 같이 사회 및 정치 구조 전체를 뒤집고 새로운 믿음의 체계를 가져오는 세계사적 사건에서도 볼 수 있다.(*DR!*, 49, 154)

이러한 행위들은 무슨 관련이 있을까? 이들의 공통점은 무엇일까? 어떤 면에서, 이것들 모두는 기존의 상징적 관습을 깨고 있다. 그들은 공통적으로 받아들여지는 가능성의 범위 안에 머물지 않고 적극적으로 그 가능성을 확장하려고 노력한다. 이 행위와 연관되는 항상 예기치 못하고 예상할 수 없는 요소가, 즉 현재의 개념적 지평 내에서 미리 내다볼 수 없는 무언가와 연관된 요소가 존재한다. 이는 어떤 행위가 기존의 상징적 질서 안에서 필연적으로 발생한다면 이 질서 안에서 완전히 명명되거나 판단될 수 없다는 뜻이다. 가능한 것을 재정의하고 행위를 이해하는 기준을 바꾸는 것이 바로 행위의 목표다. 그러한 정도까지, 이 행위는 성공적으로 수행되는 한 그 자체의 맥락으로만 언급될 수 있을 뿐이다. 그것은 상징적 맥락을 변화시키기에, 그 이후에는 행위가 실제로 가능해 보인다. 따라서 프랑스에서 사형제도가 폐지되거나 이탈리아에서 이혼법이 통과된 후, 사람들은 이미 변화를 기꺼이 받아들였다고 할 수 있다. 프랑스 혁명이나 러시아 혁명 이후에는 그러한 격변을 위한 객관적인 조건이 이미 존재했다고 주장할 수 있다. 그러나 명심해야 할 것은 이 모든 것이 오로지 행위 **때문에** 생겨난다는 점이다. 이미 존재하는 가능성을 실현하는 것만큼이나 발생하고 있는 것을 성취 가능한 것으로 보이게 하는 것이 행위 그 자체다. 지젝이 서술하듯,

> 행위는 '가능한 것'으로 보이는 주어진 지평 **내에서** 일어나는 것이 아니다. 행위는 가능한 것의 윤곽 자체를 재정의한다. (행위는 주어진 상징적 우주 안에서 '불가능하게' 보이는 것을 성취하지만, 행위의 조건을 바꿈으로써 소급적으로 자신의 가능성의 조건을 창조한다.)(*CHU*, 121)

그렇다면 지난 장의 말미에 답하지 않은 채 남겨둔 질문으로 돌아가서, 주인기표에 대한 행위의 관계는 무엇일까? 행위가 상징적 질서를 깨뜨리는 한, 그것은 주인기표에 반대되는가? 행위가 상징적 질서를 재구성하는 한, 그것은 주인기표와 동일시되는가? 그 행위는 서로 다른 두 개의 상징적 질서 사이의 통로인가, 아니면 동일한 상징적 질서의 서로 다른 두 상태 사이의 통로인가? 아니면 반대로 상징적 질서의 토대가 되는 것이지만, 그것에 의해 은폐되거나 제거되어야 하는 것일까? 우선, 행위는 단순히 상징적 질서에 **반대되는** 것이 아니다. 지젝이 《까다로운 주체》와 함께 행위에 관해 가장 광범위하게 고찰하고 있

는 그의 책《나눌 수 없는 잔여》에서 서술하듯, "행위와 대타자[상징적 질서]는 서로 대립되기보다 구성적인 방식으로 얽혀 있다."(*IR*, 143) 그렇다면 이는 그들이 **동일하다**는 것을 의미할까? 바로 여기서 복잡한 질문이 생긴다. 지젝은 나중에《나눌 수 없는 잔여》에서, 주인기표의 관점에서는 이 둘을 분리할 수 없지만, 그럼에도 우리가 그 둘을 구분할 수 있는 특징은 있다고 제안할 것이다. 행위와 주인기표는 '하나의 동일한 실체'의 양면이지만, 행위는 이를 '되기'의 양태에서 포착하고, 주인기표는 '존재'의 모드에서 파악한다.(*IR*, 147)

그러나 이 구분의 조건은 매우 신중하게 이해되어야 한다. 지젝이 언급하는 것처럼 보임에도 불구하고, 이는 단순히 행위를 잠재적인 주인기표, 곧 완성될 주인기표로 인식하는 문제가 아니다. 이는 두 가지 이유 때문이다. 첫 번째는, 이것이 만일 그렇다면 다른 사람들이 '역사의 종말'을 말할 때 했던 것처럼, 지금은 아니더라도 미래의 어느 시점에, 모든 행위가 실현되며 앞으로 더 이상 행위가 없을 것이라고 우리가 상상하는 일을 무엇이 막을 수 있겠느냐는 것이다. 즉, 행위가 잠재적인 주인기표로 이해되는 한, 행위가 잔여 없이 스스로를 실현하지 못할 이유가 있을까? 즉, 궁극적으로 주인기표와 완성을 앞둔 주인기표만 존재한다면 애초에 행위가 필요한 이유가 무엇일까? 두 번째 이유는, 우리가 행위를 항상 잠재적인 것, 혹은 매개적인 것으로만 이해하는 한, 행위에 대해 말하는 것은 그것을 배반하고, 그것을 축소하고, 그것에 대해 무언가를 놓치는 것이라고 생각할 수밖에 없기 때문이다. 우리는 그것이 무엇인지 오직 소급적으로만, 그것이 주인기표가 된 후에야 말할 수 있다. 하지만 그렇게 해서 우리는 그 행위를 특징짓는다고 느끼는 위험, 결정 불가능성, 사전에 결정되지 않은 모든 것에 대한 감각을 잃게 된다. (어쩌면 이런 간극을 봉합하는 것, 마치 모든 것이 항상 지금과 같은 방식인 것처럼 보이게 만드는 것이 행위 그 자체일지도 모른다.) 마지막으로, 우리가 유념해야 할 점은 행위를 향한 이 두 가지 태도가 함께 진행된다는 것이다. 즉 상징계가 행위를 없애는 것으로 생각할 수 있을 때만 상징계 외부의 어떤 불가능한 행위 때문에 행위를 설명할 필요가 있는 것으로 만든다는 것, 행위를 항상 상징계 외부의 어떤 잠재력으로 생각할 수 있을 때만 상징계 안에서 소진되어 끝나는 것으로 행위를 생각할 수 있다는 것이다.

그렇다면 다시, 행위란 무엇일까? 지젝이 행위에 대해, 잠재성과 실제성 사이의 고전적 철학적 대립에 의존함이 없이, 그리고 행위를 단지 완성을 앞둔 주인기표로 보거나 애초부터 오직 주인기표로 인해서만 가능할 수밖에 없는 것으로 만들지도 않으면서, '존재'에 대립하는 '되기'라고 언급함으로써 무엇을 뜻하는지에 대해 우리는 어떻게 생각해야 할까? 사실, 지젝이 의도한 행위의 근본적인 의미를 되찾기 위해서는, 우리가 방금 윤곽을 그린 행위에 대한 상식적인 이해를 **뒤집는** 일이 필요하다고 말할 수 있다. 우리는 행위가 주인기표의 외부에 실제적인 것을 향한 잠재적인 것으로 존재하는 문제가 아니라 무엇이 이미 주인기표 내에서 그 행위의 실제성을 오직 잠재적인 것으로 만들 뿐인가 하는 문제라고 주장할 수 있다. 행위는 완성을 앞둔 주인기표로서 주인기표에 앞서 도래하는 것이 아니라, 주인기표 '다음에' 와서 주인기표를 한때 자신이었던 그 행위로 드러내는 것이다. 즉, 그것은 결정불가능성(잠재적)이 결정가능하게(실제적) 되는 문제가 아니라, 이전에 결정된 것 내에서 결정불가능성을 열어놓는 문제이다. 우리가 주인기표에 의해 제외된 대안들을 볼 수 있는 것은 말하자면 오로지 주인기표 이후로서, 이것이 바로 행위이다.(*TS*, 138) 이 행위를 사유한다는 것은—그리고 이것이 이 행위가 주인기표와 반대되는 것이 아니라 다른 관점에서 본 주인기표인 이유이다—주인기표에서 빠져 있는 것, 즉 주인기표를 **이중화하는** 일종의 잠재성 (또는 더 나은 말로는 가상성)을 사유하는 일이다. 그러므로 행위를 사유한다는 것은 주인기표에 앞선 어떤 것(앞서 살펴본 것처럼 주인기표 앞이나 외부에는 아무것도 없으므로)을 사유하는 일이 아니라 주인기표와 **동시적인** 어떤 것을 사유하는 일이다. 주인기표와 동시에, 모든 것이 주인기표를 통해서만 볼 수 있다는 사실로서 드러나는 바는 이것이 오직 행위로 인해 가능하다는 점이다.

그렇다면 이 행위는 주인기표의 어떤 **이중화**이다. 그런 취지로 우리는 이전 장의 말미에서 계급의 '적대성'과 관련하여 행위에 대해 다루기 시작했는데—이는 상징적 질서 내에서 발생할 뿐만 아니라 상징적 질서가 대신하는 공백을 열어놓는다—이 행위는 각각의 주인기표가 반응하는 것이면서 동시에 또 다른 주인기표의 형태를 취할 수밖에 없다. 이는 주인기표의 한계이지만 주인기표 내에서만 볼 수 있는 한계이기도 하다. 그것은 주인기표의 한계이지만, 주인기표를 총체로 만드는 한계다. 여기서 지젝이 점점 더 많이 사용하게 될 언어를 사용해보면, 행위는 주인기표를 필수적이면서도 동시에 불가능하게 만든다. 주인기표의 확장은 지젝이 《환상의 돌림병》에서 기록하게 되듯 모든 분야를 아우르며 계속될 것이지만, 이 모든 것은 항상 배제된 '행위'에 의해서만 가능하다. 그리고 이는 다시 말하면, 현실화될 어떤 잠재력 혹은 해결될 어떤 결정불가능성으로서의 행위와 대립해서, 행위는 (주인기표가 존재하기 위해서는) 이미 발생한 것이지만 동시에 (주인기표의 관점에서만 볼 수 있기 때문에) 앞으로는 결코 발생하지 않을 어떤 것이다. 다른 측면에서 보면, 행위는 항상 생겨나고 있는데 왜냐하면 정확히 주인기표와 **동시에** 발생하기 때문이다. 라캉의 《스무 번째 세미나》의 용어를 사용하자면 이 행위는 "쓰여지기를 멈추지 않(지 않)는"(*S*20, 59) 것, 즉 셸링에서 가져온 지젝의 표현을 빌리면 '절대적'이거나 '영원'하다.(*IR*, 21) 지젝이 자신의 작업에서 추구하는 것은 바로 이 난해한 통찰로서, 우리가 여기서 따라가려는 통찰이다. 이 통찰은 심지어 우리가 지젝에 맞서 견지하는 것으로서, 지젝은 때때로 실제적이 되는 잠재적인 것, '존재'로 전환되는 '되기'의 관점에서 정말로 행위를 말하는 것으로 여겨질 수도 있다. 하지만 이 비판은 여기서 우리의 주요 관심사가 아니다(이는 5장에서 더 자세히 다룰 것이다). 그보다는 이 새로운 행위 개념의 결과를 발전시키는 일이 (비록 그것이 적어도 셸링으로까지 돌아간다 해도) 중요하며, 그것이 지젝의 작업의 다른 측면들과 어떻게 연결될지가 중요하다. 즉 1장에서 살펴본 발화행위의 문제, 2장에서 나오는 적대성과 항구적인 직조행위, 그리고 4장의 여성적 '비전체'와 충동이 중요하다. 이는 다른 경우라면 애매하거나 결정 불가능했을 상황의 해결이라는 통념적인 행위나 결정 개념과 결별하기 때문만이 아니라 결정 자체가 실제로 모종의 결정 불가능성을 드러내거나 생산한다는 것을 암시하기 때문에도 난해한 통찰이다. 그렇다면 이 결정 불가능성의 본성은 무엇일까? 결정 행위와 이 결정 불가능성이 분리 불가능하다고 말하는 것은 무엇을 의미할까? 그리고 만약 이 결정 불가능성이 단지 가상적인 것이어서 그 자체로 존재하는 사물에 대한 대안이라기보다 모든 대안에 의해 배제되는 것이라면, 이 결정 불가능성의 궁극적인 위상은 무엇일까?

우리가 여기서 답하고자 하는 것은 바로 이 질문들로서, 빌간 순서로 채택된 지젝의 텍스트 중 세 가지를 읽으며 답하려 한다. 《이데올로기의 숭고한 대상》의 〈당신은 오직 두 번 죽는다〉 장에 나오는 발터 벤야민의 유명한 〈역사철학에 관한 테제들〉에 대한 그의 논평, 《나눌 수 없는 잔여》의 첫 두 장에서 셸링의 다양한 《세계의 나이》 원고에 대한 분석, 《까다로운 주체》의 〈진리의 정치〉 장에서 동시대 프랑스 정치철학자 알랭 바디우의 작업에 대한 그의 관여가 그것들이다. 이 모든 것의 밑바탕에서 우리는 이 책이 제기하는 근본적인 질문으로 돌아온다. 즉 지젝의 작업에서 주인기표와 오브제 아의 관계는 무엇인가? 지젝은 어느 정도까지 오브제 아가 주인기표에 앞선다고 생각하는가? 그것은 어느 정도까지 주인기표에 대한 외적 한계로 간주되며, 마침내 그것이 승화하거나 극복하는 것으로 간주될까? 그것은 어느 정도까지 주인기표의 내적 한계로, 즉 그것이 곧 주인기표이기 때문에 주인기표가 결코 극복할 수 없는 그 무엇으로 간주될 수 있을까? 그리고 우리가 논증하려고 시도했던 것처럼, 이는 행위가 주인기표와 맺는 관계에서 제기되는 질문과 정확히 동일한 질문들이다. 예를 들어,《까다로운 주체》의 다음 대목에서 지젝이 바디우에 반대하면서 '부정성'(행위라고 부를 수도 있다)이 '열정적 동일시'(주인기표라고 말할 수도 있다)와 맺는 관계에 대한 '라캉주의적' 입장을 풀이하는 구절을 보자.

> 라캉에게 부정적 철회의 제스처인 부정성은 대의와의 어떠한 긍정적인 열정적 동일시의 제스처에도 선행한다. 부정성은 열정적 동일시의 (불)가능성의 조건으로 기능한다. 다시 말해, 부정성은 토대를 마련하고 동일시의 공간을 열어주지만, 동시에 동일시에 의해 혼란스러워지고 동일시를 약화시킨다.(*TS*, 154)

여기서 우리는 이 '부정성'—행위의 부정성—이 주인기표의 내적 한계라고 생각한다. 그러나 우리는 여전히 어쩌면 그것이 단지 주인기표의 **초월적** 조건이라는 느낌도 가지고 있는데, 마치 행위가 주인기표에 앞서며 그것의 외부에서 볼 수 있는 것처럼 말이다. 우리는 여전히 행위와 주인기표의 **동시성**, 즉 행위가 주인기표를 가능하게 하지만 오로지 주인기표를 통해서만 확인될 수 있다는 깨달음을 갖고 있지 못하다. 그것은 분명 사유하는 것이 불가능한 동시성이지만—이는 지젝 작업의 진정한 실재이다—그럼에도 불구하고 동시성이야말로 여기서 관건이며 우리는 이 동시성에 견주어서 지젝을 판단하고자 한다.

〈역사철학에 관한 테제〉

이 행위를 어떻게 사유해야 할까? 잠재적인 것에서 실제적인 것으로 이행하는 통로라고 생각하지 않으려면 어떻게 해야 할까? 어떻게 하면 그것을 의지의 산물이나 의지를 통해 악을 없애는 것으로 이해하려는 유혹에 저항할 수 있을까? 어떻게 그것을 하나의 반복으로서, 그러나 행위가 없이는 존재하지 않을 반복으로 파악할 수 있을까? 이러한 질문에 답하기 위해 지젝이 그의 작업에서 자주 활용하는 텍스트, 발터 벤야민의 〈역사철학에 관한 테제〉를 살펴보자. 벤야민의 이 후기 에세이는 의심할 여지없이 역사는 '승리자'에 의해 쓰인다는 진술과 벤야민의 마르크스주의에 신학이 미친 놀라운 영향을 드러내는 것으로 가장 잘 알려져 있다. 벤야민이 체스 기계 안에 숨어 있는 난쟁이라는 기발한 비유를 사용하여 서술하듯,

> 이 이야기는 체스 게임에서 이길 수 있는 경기를 하도록 만들어져서 상대의 각 움직임에 대항동작으로 답하는 오토마톤에

관해 이야기한다. … 이 장치에 상응하는 철학적 대응을 상상해볼 수 있다. '변증법적 유물론'이라는 꼭두각시는 항상 승리하기 위한 것이다. 신학의 도움을 채택한다면 그것은 누구에게나 쉽게 맞설 수 있는데, 알다시피 오늘날 신학은 시들해졌고 관심 밖에 있어야 한다.(*SO*, 136)

즉, 벤야민에게 변증법적 유물론의 과학적 법칙이 항상 승리하고 모든 것에 대한 설명을 제공하려면, 역설적으로 비밀스러운 신학적 힘, 즉 하나의 **기계신**, 하나의 행위에 의존하지 않을 수 없다. 그러나 중요한 것은 이 행위가 어떠한 실증주의적이거나 실체론적 의미에서도 결코 정당화될 수 없다는 점이다. 벤야민이 분명히 말했듯, 이 인간 플레이어는 항상 숨어 있어야 하고, 결코 그 자신으로 드러날 수 없으며, 오직 기계의 변장을 통해서만 작동할 수 있다. 그것들은 우리가 컴퓨터와 체스를 둘 때 항상 가정하는 종류의 '주체'로서, 전이적이고, 이중적이며, 유령 같은 존재다.

벤야민의 텍스트에서 이 '주체'를 어떻게 볼 수 있을까? 〈역사철학에 관한 테제〉는 역사적 해석의 두 지배적인 학파를 모두 거부하는 것이 특징이다. 한편으로는, 과거를 알기 위해서는 현재에 대한 우리의 지식을 중단하고 역사적 사건을 그것이 실제로 일어난 그대로, 그 자체의 조건에서 파악해야 한다는 이른바 '해석학적' 개념을 거부한다. "우리가 말하는 장소인 우리의 실제적 역사적 위치를 추상화함으로써 '과거에 익숙해지는 일'"(*SO*, 133)이라는 관념을 거부한다. 다른 한편으로는, 현재를 통해서만 과거를 볼 수 있다는 생각, 과거는 단지 경쟁하는 해석의 연속일 뿐이어서 그것들 가운데서 선택할 방법은 없다는 생각도 거부한다. 어떤 형태의 "해석으로서의 권력 의지, 즉 '자신만의 역사'를 쓰고, 자신만의 '관점'을 강요하는 승자의 권리로서의 권력 의지"(*SO*, 135)도 거부한다. 벤야민에게 이 두 가지 접근법은 서로 반대되는 것처럼 보이지만 사실은 동일하다. 둘 다 우리가 어떻게든 그 현재를 고려할 수 있다는 관념에 기대고 있다. 전자의 경우, 우리는 현재를 괄호에 묶을 수 있고, 후자의 경우, 우리는 현재에 대해 말할 수 있으며 현재는 우리가 서 있는 곳이라는 것을 알 수 있다. 어떤 식으로든 과거가 현재에 의해 상대화되는 이러한 **역사주의**와는 달리(첫 번째 접근 방식에서는 오직 현재의 관점에서만 과거의 진실을 말할 수 있고, 두 번째 접근 방식에서는 오로지 현재의 관점에서만 과거의 진실의 부족을 말할 수 있다), 벤야민은 올바른 역사의 개념에서는 상대화되는 것이 과거가 아니라 **현재**라고 주장한다.[1] 지젝이 서술하듯,

> 우리가 [벤야민에 대해] 주장하고 있는 것은 훨씬 더 급진적인 것이다. (역사주의와 반대되는) 올바른 **역사적** 입장은 (항상 우리의 현재 관점에 의해 왜곡된) 과거가 아니라, 역설적으로 **현재 그 자체**를 '상대화한다.' 우리의 현재는 (과거에 일어난 일뿐만 아니라 또한) 과거에 포함되었던 미래를 향한 파괴된 잠재력의 결과로 간주될 수 있을 뿐이다.(*FA*, 90)

그러나 벤야민은 현재가 과거로부터 흘러나오고 과거는 현재라는 관점에서만 볼 수 있는 이 '연속체'(*SO*, 140)에 맞서 무엇을 주장하고 있는가? 승자의 역사가 아닌 역사, 또는 단순히 한 무리의 승리자를 다른 무리로 대체하는 것이 아닌 역사는 어떻게 사유할까? 벤야민에게 있어서, 앞선 두 가지 접근법과는 반대로, 그의 역사적 해석의 진정한 목표는 "과거가 '열려 있는' 한, '구원에 대한 갈망'이 이미 역사 속에서 작동하고 있는 한, 과거를 그 자체로 전유하는"(*SO*, 138) 일이다. 하지만 이 이상한 형용모순으로 그는 무엇을 의미하는가? 어떻게 그것이 과거를 '그 자체로' 아는, 그러나 과거가 '열려 있는' 한에서만 인식하는 문제가 될 수 있을까? 한편으로 벤야민은 해석학이 약속하는 바, 즉 우리가 과거를 그 자체로 알 수 있다는 관점에 반대하지 않는다. 그러나 다른 한편으로는, 해석학의 실천에 반대하여, 우리가 과거를 그 자체로 알 수 있는 것은 현재의 편견과 선입견을 극복하는 것을 통해서가 아니라 과거가 현재의 효과일 뿐이기 때문이다. 그러나 과거가 정확히 현재의 효과**일** 뿐이기 때문에 이 말은 그러한 현재가 그 자체로 필연적으로 또 다른 미래의 재서술의 대상이라는 얘기가 되며, 이는 현재 역시 자신이 볼 수 없는 방식으로 과거에 의해 결정되는 과거의 일부임을 보여줄 수 있다. 즉, 과거와 마찬가지로 현재도 미래에 영원히 다시 쓸 수 있다. 각각의 현재가 과거의 다양한 특성을 이끌어낼 수 있는 것처럼, 과거는 항상 결정되지 않은 상태임을 보여주듯, 미래는 현재를 상대로 이렇게 할 수 있다. 우리는 항상 현재와 과거를 연결할 수 있으며, 어떤 현재도 과거의 연속일 뿐임을 증명할 수 있다. 하지만 오직 현재가 과거와 동일한 재서술의 대상이 되는 한에서만, 과거처럼 '열려 있는' 한에서만 그렇게 할 수 있다. 이는 과거를 자신의 이미지로 보고 그 외부의 어떤 지점에서 과거를 구성하는 문제가 아니다. 현재는 과거이며, 현재는 과거를 '그 자체로' 알 수 있는데, 오직 **둘 모두**가 '열려 있는' 한에서만, 미래의 어떤 지점에서부터 둘 모두가 다시 쓰일 수 있는 한에서만 그러하다. 그리고 **이것이** 바로 벤야민의 방법의 심오한 통찰이다. 역사에서 우리의 위치를 말하지만 오로지 역사의 바깥 어딘가에서 말하는 역사주의와는 달리, 우리가 항상 역사 안에 있고, 역사 바깥에는 아무것도 없으며, 현재가 과거 '그 자체'의 직접적인 연속임을 보장하는 것은 오직 이 '메시아적'(*SO*, 139), 절대적으로 역사 바깥에 있는, 제약 없이 열린 미래이다.[2]

하지만 다시 한번, 이것이 의미하는 바는 무엇일까? 벤야민이 역사에서 관건이 되는 어떤 '구원에 대한 갈망'에 대해 말할 때, 그의 목표는 역사에서 배제된 것, 역사에서 누락된 것을 사유하는 일이다. 그는 현재라는 조망점에서 과거의 억압된 혁명적 잠재력, 즉 "놓쳐버린 혁명적 기회"(*SO*, 139)를 이끌어내고자 한다. 그러나 이것이 승자에게 부여된 역사를 다시 쓰는 특권에 불과한 것이 아닌 이유는 무엇일까? 왜 이것은 그것을 보고 싶어 하는 누구에게나 부여된 소위 '혁명적 잠재력'이 아닐까? 사실, 과거를 그 자체로 알 수 있다는 가능성은 과거가 현재의 외부에 존재하지 않으며, 과거에 대한 우리의 현재적 관점 외에는 과거에 다른 어떤 것도 존재하지 않는다는 생각**이다**. 각각의 연속적인 현재는 과거를 현재의 이미지로 **정말로** 구성하고, 과거를 소급적으로 정당화하는 역사도 불러온다. 여기서 벤야민은 단순히 역사주의 및 역사가 승자에 의해 쓰인다는 생각에 반대하는 것이 아니다. 그러나 알다시피 이것이 필연적으로 암시하는 것은 항상 사후에 도래해서 과거와 현재 사이에 현재가 볼 수 없는 연결고리를 발견할 수 있는 **또 다른** 가능성이다. **이것이** 바로 벤야민이 역사의 억압된 '혁명적 잠재력'을 되찾는다는 말로 뜻하는 바이다. 그것이 무엇이든 간에 과거에 이미 내포되어 있던 것에 불과하기 때문에, 불러내어지는 것은 모종의 실제적 대안이라기보다 사태가 늘 그러하다는 것을 확증하기 위해 배제된 어떤 것이다. '혁명적 잠재성'은 역사에 새겨져서 현실화될 수 있는 그 무엇이 아니라 **어떤 것을** 역사에 새김으로써 무엇이 상실되는지 우리가 깨닫게 해주는 것이다. 그것은 우리가 미래의 어떤 '메시아적' 지점에서 이 잃어버린 잠재력을 생각할 수 있게 하는 것인 동시에, 이 잠재력은 그것이 역사에 새겨**지고** 과거의 연속으로 간주될 수 있는 한, 항상 상실된다는 것을 뜻한다. 이는 지젝이 벤야민의 입장에서 주목하는 역설로서, 여기서 혁명은 바로 그 혁명의 **실패**의 실현에 다름 아니다. "실제적인 혁명적 종합국면은 실제 혁명에서 다시 반복되는 과거의 놓친 혁명적 기회들의 압축으로 기능한다."(*SO*, 139)

이 모든 것에서—다시 말하지만, 이것은 벤야민의 '메시아주의'와 역사주의 간의 대립의 문제가 아니라는 것을 보여주기 위함이다—지젝은 벤야민 주장의 반진화론적, 반목적론적 의미를 마땅히 강조한다. 그러나 이에 대해 지젝이 해야 하는 말은 매우 신중하게 읽혀야 한다. 그는 벤야민의 방법을 마르크스의 유명한 발언과 비교하는데, 마르크스는 자본주의 분석과 관련하여 우리는 유인원을 통해 인간을 이해하기보다 인간을 통해 유인원을 이해해야 한다고 말한다.(*FA*, 91) 자본주의의 출현을 역사적으로 설명하는 것은 불가능하다는 얘긴데, 그 이유는—우리가 아무리 그렇게 하지 않으려고 노력해도—이미 자본주의가 자리 잡았다는 사실을 우리가 전제하기 때문이다. 우리는 이전의 모든 사회 구성체를 자본주의의 불완전한 버전으로, 자본주의로 이어지는 것으로 볼 수 있을 뿐이다. 지젝이 지적하듯, 이러한 역사 기록의 문제점은 과거를 필시 완성된 것으로 상상하고, 이미 일어난 일 이외의 다른 운명은 없다고 생각한다는 것이다. 그러나 벤야민이 역사는 '열린' 것이며, '다른' 결과가 나올 수도 있었다고 주장하면서 이를 거부할 때, 이는 그 추세를 **되돌려서** 시간을 거꾸로 읽는 문제에 불과한 것이 아니다. 왜냐하면 그가 반대하는 것이 바로 미래가 과거를 설명한다는 생각이기 때문이다. 반진화론은 단지 다른 방식으로 본 진화론일 뿐이다. 오히려 벤야민이—그리고 실제로 마르크스가—이 반전을 통해 하고자 했던 것으로 이해되어야 하는 점은 **모든** 역사 분석의 근본적으로 순환적인 성격을 제시하는 일이다. 그리고 이 순환성을 사유하는 데 있어 그가 하고자 하는 것은 이 순환성에 의해, 즉 현재의 관점에서 **모든** 과거가 실현됨으로써 배제된 것을 회복하는 일이다. 그렇다면 이것은 무엇일까? 다시 말하지만, 지금까지 말한 모든 것을 요약하는 식으로 풀자면, 역사 속으로 다시 기록될 수밖에 없는 것은 실제적인 그 무엇이 아니라, 정확히 우리로 하여금 현재가 과거의 연속에 불과하다는 것을 인식하게 하는 미래의 계기, 즉 이 순환성을 창조하는 데 관여하는 자유이다. 그리고 **이 행위**야말로 역사에 분열을 도입하고, 이전에는 볼 수 없었던 가능성을 드러낸다. 이 '행위'가 역사의 연속체가 구성될 수 있게 해주는데, 이를 통해 현재는 항상 과거와 (겉보기에는 어떤 행위의 필연성도 없이) 연결되어 있는 것으로 드러날 수 있다. 지젝의 《당신의 징후를 즐겨라!》에서 취한 다이어그램으로 이를 설명할 수 있다.(*E!*, 48)

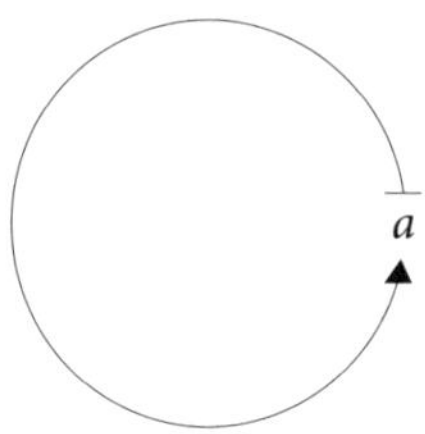

나타나는 동시에 사라지는 이 '행위'를 어떻게 이해해야 할까? 그 외부에 있는 한 지점에서만 오직 가능한, 모든 것을 설명하는, 이 순환성을 어떻게 파악할 수 있을까? 여기서 우리는 지젝의 텍스트에 나타난 기이한 일치에 주목함으로써 시작할 수 있다. 벤야민의 〈테제〉에 대해 논의하는 과정에서 지젝은 라캉의 《세미나 1권》의 한 구절을 인용하는데, 여기서 그는 사이버네틱 학자 노버트 위너의 "뒤집힌 시간적 차원"에 대해 말하지만, 실제로 그 이상은 말하지 않는다.(*SO*, 141) 흥미롭게도, 지젝은 수백 페이지 앞선《이데올로기의 숭고한 대상》에서《세미나 1권》의 동일한 구절을 인용하면서, 자신이 알기로는 라캉이 시간여행에 대해 언급한 것은 그의 저작에서 이 책이 유일하다고 명기한다. 이제 이 두 가지 참고 문헌을 종합하여 질문을 제기할 수 있다. 벤야민의 역사 개념은 시간여행의 가능성을 어떻게 암시하는가? 또는 좀 더 구체적으로, 벤야민의 '메시아적' 역사와 역사의 관계가 시간여행과 시간의 관계와 얼마나 유사한가? 아마도 공상과학 소설에 등장하는 시간여행 시나리오의 가장 기본 형태가 될, 이른바 '시간의 고리' 또는 '시간 역설'을 예로 들어보자. 그 이야기는 시간 여행자가 미래로 여행을 떠나, 시간여행 기계에 대한 설계도를 작성한 다음, 이를 과거에 있는 자신들에게 돌려보내 그들이 시간여행 기계를 하나 만들어 미래로 여행을 떠난다는 줄거리다. 무엇이 여기서 진짜 수수께끼일까? 단순히 과학자나 연구자가 미래나 과거로 여행할 수 있다는 점이 아니다. 이는 결국에는 타임머신의 존재에 의해 '설명'되는 것이다. 그보다는 시간 여행자가 과거로 여행하기로 결정한 바로 그 행위를 통해 애초에 그를 시간여행으로 이끌었던 복잡한 원인과 결과의 사슬을 미묘하게 바꿀 가능성이다. 결과적으로 과거의 어떤 것도 그 결정을 설명할 수 없게 되지만—우리는 똑같은 방식으로 사건을 정확히 재현할 수 없다—이는 오로지 이미 결정이 내려졌기 때문이다. 그리고 좋은 시간여행 서사에서는 이 '미결정'이 매 순간 일어난다. 시간 여행자의 회로에서 **모든** 순간은 절대적으로 그 회로가 완성되면서 **동시에** 완전히 열리게 되는 것과 같은 방식으로, 사건들이 다르게 나타났을 수도 있었을 순간에 생겨났음에 틀림없다. 사실, 오로지 결정이 내려졌기 때문에, 사건은 스스로 반복되기 때문에, 원이 완성되었기 때문에, 우리는 결정이 내려지지 않았을 수도 있다고 생각할 수 있고, 모든 일이 다르게 흘러갔을 수도 있었다고, 원이 깨졌을 수도 있었다고 생각할 수 있다. 결정은 (모든 것은 이미 이루어졌기에) 필요한 동시에 (항상 미뤄지기 때문에) 불가능하기도 하며, 후자로 인해 전자가 있다.

이 모든 것이 벤야민의 '메시아주의'에서 우리가 확인하는 역사적 시간의 '정지'(*SO*, 139)에서 관건이 되는 것이다. 이 '정지', 일종의 시간의 중지 상태라는 상황에서 숨겨진 혁명적 잠재성을 파악하는 이 행위는, 언어의 관점에서 말하자면,(*SO*, 141) 공시적 체계의 형성을 가능하게 하는 모종의 배제된 통시적 요소의 자리를 차지한다. (그리고《그들은 자기가 하는 일을 알지 못하나이다》에서 이를 논하는 지젝의 논의에서 보듯, 시간여행이라는 환상은 근본적으로 우리 자신의 잉태를 목격하는 원초적 장면에 대한 환상이다.) 즉, 언어에서와 마찬가지로 역사주의에서도 우리가 가진 것은 모든 부분이 다른 모든 부분에 그 의미를 의존하는 공시적 체계이다. 즉 과거와 미래는 서로 얽혀 있다. 예를 들어 자본주의와 같은 어떤 체계의 기원으로 어떤 것을 생각하는 일의 어려움이 바로 이것인데, 왜냐하면 우리가 그것이 무엇인지 말하자마자 우리는 그것을 또 다른 체계가 선행하고 있다는 것을 알게 되고, 그 체계 자체의 관점에서만 그것이 이해될 수 있기 때문이다. 그러나 벤야민이 상상하고자 하는 것은 다름 아니라 **이것을** 허용하기 위해 무엇이 배제되는가이다. 궁극적으로는 우리 자신의 기원을 목격한다는 환상에 불과한 **모든** 역사적 설명이 대신하는 것은 무엇인가? 모든 명명된 행위가 대체하는 일종의 원초적인 '행위' 또는 '트라우마,' 즉 우리 자신을 완전히 설명해주는 '환상,' 우리 자신을 다른 어떤 곳에서 보게 하는 이 '환상'을 가능하게 하는 것이 있지 않을까? 지젝이 얘기하듯, (그리고 다시 한번, 우리가 이전에 말했던 '분열된 주체'에 대한 질문이 여기서 제기된다.)

> 공시적 상징 질서의 출현 자체는 그것에까지 이어지는 통시적 인과 사슬에 있는 틈, 불연속, 즉 그 사슬의 '빠진 고리'를 함의한다. 환상(시간여행 또는 실제로 역사적 설명에 대한 환상이라고 말할 수 있는데)은 주체의 지위가 '누락된 고리'의 위치, 즉 공시적 집합 내에서 폐제된 통시적 생성의 자리를 차지하는 공백의 지위라는 점에 대한 **반대** 증거이다.(*TK*, 198)

이런 맥락에서 지젝은 프레드릭 제임슨을 좇아 자신이 '사라지는 매개자'라고 부른 것에 대해 언급한다. 원래의 의미에 있어서 사라지는 매개자는 주요 역사적 과정에서 그것이 없었다면 눈에 보이지 않거나 간과되었을 순간을 지칭한다. 그것은 그러한 변화를 역사화하여, 그 변화를 중개하거나 매개하는 원인을 제공하려는 시도이다. 카오스 물리학의 '나비 효과' 같은 그 무엇에 비교할 수도 있는데, 미미하고 거의 알아차릴 수 없는 작은 행동이 거대하고 겉으로는 관련 없는 반작용으로 이어진다. 지젝이 그의 저작에서 언급하는 이 '사라지는 매개자'의 예에는 다음과 같은 것들이 포함된다. 자본주의의 등장에서 프로테스탄티즘의 역할(*TK*, 182, *MI*, 14), 공산주의의 몰락에서 야당 사회주의 정당들의 몫(*TK*, 187, *TN*, 230, *E!*, 90), 그리고 어쩌면 스탈린주의의 최종 승리에서 레닌의 자리(*L*, 193)까지 포함할 수 있다. 그러나 우리는 또한 샤의 이란(*TN*, 233)에서 경찰의 명령에 대한 첫 번째 불복종이나 차우셰스쿠의 루마니아(*TN*, 234)에서 군중의 불신과 같은 소규모 사건들에서도 이 '사라지는 중재자'를 볼 수 있다. 그러나 지젝은 '사라지는 매개자'에 대한 이러한 일반적인 이해를 따르지 않으며, 어떤 면에서는 이에 반대되는 주장을 하기도 한다. 그에게 '사라지는 매개자'는 사건을 역사화하기 위해, 사건에 대한 좀 더 상세한 인과적 설명을 제공하기 위해 사용되어서는 안 되며, 벤야민의 표현을 빌리자면 이 매개자는 **어떠한** 역사적 설명에서도 배제된 통시적 차원을 대신하는 일종의 '정지' 또는 '중지점'이다. 즉, 행위 그 자체와 마찬가지로, 사라지는 매개자는 단순히 역사적 기록 속에 새겨지는 것이 아닌데, 왜냐하면 그것은 이 기록이 구성되기 위해 반드시 배제되어야 하는 것이기 때문이다. 그리고 그것이 사건의 전개에서 '결정 불가능성'의 어떤 순간을 증언한다면, 사태가 미결정의 상태에 있어서 다른 결과가 나올 수도 있었을 법했던 순간을 증언한다면, 그것은 사건이 실제로 어떻게 일어났는지를 배경으로 해서만 생각할 수 있는 '결정 불가능성', 실현되지는 않지만 모든 현실에 출현하여 그 현실을 가능하게 만드는 '결정 불가능성'이다. 이 '결정 불가능성'은—벤야민의 '혁명적 잠재력' 같이, 오브제 아와 같이—오직 그것의 상실로만 생겨나며, 그것의 상실의 형태 그 자체로 존재하는 '결정 불가능성'이다.[3] 달리 표현해보면, 프로테스탄티즘의 계기는 자본주의가 그것을 대체할 때까지는 중요하지 않다. 사회주의 야당은 공산주의가 전복될 때까지는 중요하지 않다. 심지어 레닌의 진정한 의미는 스탈린주의에서만 발견될 수 있다.

마지막으로 시간여행의 비유로 돌아가자면, 우리가 거기서 목격하는 것도 이것이 아닐까? 지젝은 《이데올로기의 숭고한 대상》에서 한 과학자 집단이 큐브를 시간의 앞뒤로 움직이려고 시도하는 시간여행 이야기에 대해 언급한다. (프레드릭 브라운이 쓴 〈실험〉.) 그 플롯에는 그들 중 한 명이 과정이 진행되는 중간에 마음을 바꿈으로써 결국 과거를 변화시키는 순간이 있다. 그리고 우리가 명확하게 하려고 했던 것처럼, 이러한 마음의 변화, 즉 애초의 결정을 반복할 수 없는 우리의 무능력이 시간여행의 진짜 문제인데, 말하자면 시간을 거슬러서 여행하려는 우리의 결정에 의해 촉발된 바로 그 사건의 연쇄가 내려지지 않은 동일한 결정에 이르게 될 때 문제가 된다. 그리고 이것은 우리가 이미 〈왜 모든 행위는 반복인가?〉에서 보았듯, 진짜 행위에서 주체가 분열되거나 동일하게 유지되지 않는 방식과 유사하다. 브라운은 큐브를 과거로 돌려보내지 않으려는 이 갑작스러운 결정의 결과에 관해 서술하는데, 그로 인해 현재로 이어진 그 사건들은 돌이킬 수 없이 변한다.

> "흥미로운 아이디어요"라고 존슨 교수는 말했다. "나는 생각지도 못했는데, 시도해보면 재미있을 것 같네요. 아주 좋아요, 난 그렇게 하지 **않겠지만**…"
> 아무런 역설도 없었다. 큐브는 그대로 남았다.
> 하지만 우주의 나머지 부분, 교수와 모든 것이 사라졌다.(*SO*, 162)

사라지는 매개체는 이 큐브와 같다. 왜냐하면 진실은 사라지기는커녕, 그 모든 다른 외양 속에서도 항상 동일하게 유지되는 하나이기 때문이다. 역사적으로 무언가를 설명하려는 시도에서 결국 우리가 걸려 넘어지는 것, 다른 모든 것이 합리화되었을 때도 저항하는 것이 바로 그것이다. 다른 말로 바꾸면, 시간여행 이야기에서는 모든 것이 설명된다. 과거가 미래로 이어지면서 미래는 과거를 설명한다. 하지만 설명할 수 없는 한 가지가 있는데, 그것은 바로 애초에 시간을 거슬러 올라가기로 한 결정이다. 그리고 다시 말하지만, 이 결정이 명명되는 것과 동시에 과잉결정된다면, 일련의 원인과 결과에 의해 설명된다면, 다른 방식으로 이 시스템은 이 결정 **이후에는** 불가능하다. 이 시스템은 이 결정을 대신하고, 해명하려는 무한한 시도 외에는 아무것도 아니다. 만약 이 결정이 무한히 예측되고, 상징적 질서가 존재하기 위해서는 이미 일어났어야만 했다면, 이 또한 설명할 수 없다. 오직 비범한 의지의 행위를 통해서만 생겨날 수 있다. 〈터미네이터〉 시리즈부터 〈성촉절〉에 이르기까지 시간여행 시나리오의 진정한 수수께끼는 미래가 이미 결정되어 있고 현재가 지금과 같으려면 이미 미래의 사건이 일어났어야만 함에도 불구하고 우리는 왜 언제든 사건이 잘못될 수 있으며 사태가 다르게 전개될 수 있다는 느낌을 갖게 되는가 하는 점이다. 제논의 역설(*LA*, 3~6)과 벤야민의 '메시아적' 역사에서 드러나듯이, 어떤 두 순간 사이에는 아무런 차이가 없을 뿐만 아니라(미래는 이미 과거에 있다), 우리는 한 순간에서 다음 순간으로 결코 옮겨 갈 수 없다(그 사이에는 무한한 거리가 놓여 있다). 매 순간—다시 한번 이것은 오직 과거가 '열려 있는' 한에서만 우리가 과거를 '그 자체로' 알 수 있다는 벤야민의 역설적인 주장의 배후에 있는 의미다—원이 닫히고, 결정은 이미 내려졌으며, 행위는 필요하지 않고, 미래는 불확실하며, 결정은 내려지지 않았고, 오직 최고의 의지 행위만이 우리를 한 순간에서 다음 순간으로 데려갈 수 있다. 원은 의지를 제거하는 것이고, 결정을 내릴 필요가 없다는 것을 뜻한다. 동시에 원은 결정이 있어야만 가능하며, 결정이 있어야만 한다는 것을 요구하는 유일한 존재이다. 그리고 이 모든 것에서 우리는—〈왜 모든 행위는 반복인가?〉로 돌아가면—반복과 행위는 대립하지 않고 각각이 서로를 함축하며, 각각은 서로 때문에 가능하다는 것을 알 수 있다.

셸링

지젝은 《나눌 수 없는 잔여》에서 행위에 대한 이러한 사유로 돌아간다. 《이데올로기의 숭고한 대상》에 이어 지젝이 풀어보고자 하는 질문은 이것이다. 행위가 가시화하는 이 다른 가능성의 위상은 무엇인가? 그것은 어떻게 행위에 의해 드러나는 동시에 덮여버리는가? 지젝은 《나눌 수 없는 잔여》에서 이 문제를 철학자 셸링의 저작을 살펴봄으로써, 특히 그의 초기 저작의 요약을 시도한 이른바 《세계의 나이》 원고(1811~1815)를 다룬다. 지젝이 쓴 것처럼, 셸링에 대한 일반적인 이해는 그가 헤겔의 절대적 관념론에 반대하여 "헤겔 이후의 유한성의 문제틀로 가는 길을 열어주는 틈새"를 소개한다는 것이다.(*IR*, 5~6) 이는 분명히 하이데거로 이어지는 독법이며, 그는 실제로 《셸링의 인간 자유의 본질에 관한 논고》에서 비슷한 것을 제안했다. 그러나 지젝은 셸링과 헤겔에 대한 이러한 해석, 둘 모두를 이런 식으로 구성하는 이 "오류의 형식적 외피"(*IR*, 6)에 이의를 제기한다. 오히려, 만일 셸링이 헤겔과 연관된다면, 그것은 셸링이 헤겔에 **반대하는** 데에서가 아니라 헤겔 안에 이미 있는 무언가를 끌어내는 데 있다. 즉 셸링 이후에는 헤겔을 절대 지식의 철학자가 아니라 절대 지식의 **실패**의 철학자로 읽을 수 있다. 변증법은 대립물의 화해나 세계의 부정이 아니라 '부정의 부정'으로서, 세계에 대한 어떤 대안의 제시가 아니라 세계를 있는 그대로의 것으로 있게 하기 위해 세계로부터 배제된 것을 사유하는 행위로 읽을 수 있다. 사라지는 매개자와 관련해서 표현해보면, 우리는 헤겔이 위대한 계몽주의 철학자가 아니라 계몽주의 이후 최초의 위대한 철학자라고 말할 수 있다. 헤겔을 넘어서는 일은 불가능하며, 따라서 우리는 헤겔을 반복할 수 있을 뿐이라고, 그러나 이 모든 것은 셸링 **이후에야** 가능하다.

좀 더 구체적으로—유한성에 관한 이 복잡한 사유의 일부로서—말해보면, 지젝은 셸링이 그의 경력 전반에 걸쳐, 특히 다양한《세계의 나이》초안들(세 가지 연속된 버전이 있다)에서 씨름했던 핵심 문제를 다루고 있다. 그 문제는 지젝에 따르면 다름 아닌 시초의 문제, 세계가 어떻게 생겨났는가 하는 문제라고 말할 수 있다.(*IR*, 13) 세상은 어떻게 만들어졌나? 어떤 일련의 행동에 의해 세계는 현실이 되었을까? 그러나 이 문제는 칸트 이후의 자유의 문제틀이라는 관점에서 이해할 수도 있다. 신은 어떤 행위나 결단을 통해 이 세계를 창조했을까? 세계를 만들어 내겠다는 신의 결단의 위상은 무엇인가? 물론 이 원초적 행위를 사유하려는 우리의 시도에는 잘 알려진 일련의 철학적 난제들이 제기된다. 우선, 그 행위가 상징적 질서를 선행한다는 점을 감안하면, 우리는 그것을 어떻게 알 수 있는가? 이 신이 어떻게 우리에게, 그리고 어쩌면 신 자신에게도 계시될 수 있는가?(*IR*, 14) 그러나 두 번째로 그리고 더 심층적으로, 자연법이 지배하는 세계에서 우리는 어떻게 이러한 결정을 설명해야 할까? 그것은 인과성의 법칙을 정지시키거나 심지어 거기에 선행하는 시간 밖의 행위일까? 만약 그렇다면, 그것은 어떻게 세계에 작용할 수 있는가? 그렇지 않다면, 어떤 의미에서 그것은 자유로울 수 있는가?(*IR*, 16) 그리고 다시 말하지만, 세상을 개시하기로 결정하기 전에 신의 지위는 무엇이 될까? 신은 단순히 세상에 앞서 존재하는가? 아니면 신은 세상과 함께 존재하게 되는가? 그런 경우라면, 세상을 개시하기로 결정한 사람은 정확히 누구인가? 이것들은 오랫동안 어떤 창시 행위 또는 움직이지 않는 작용자의 개념을 사로잡아왔던 교착점들인데, 이는 항상 현세적/항구적, 자유로운/결정된, 현상적/본체적 대안들 사이를 오가게 되는 듯하다. 그리고 헤겔에서 셸링, 데리다, 지젝에 이르는 칸트 이후 철학의 전체 목표는 이러한 대안들을 어떻게 '화해'시키고 어떻게 함께 사고할 수 있는가였다.

그렇다면 셸링은 이러한 교착 상태를 어떻게 해결하고자 하는가? 그의 접근 방식의 결정적인 측면—지젝에 따르면, 그를 관념론자가 아니라 유물론자로 만드는 것은 바로 이 점이다—은 그가 문제의 일반적인 조건을 뒤집는다는 점이다. 그에게 있어 이는 신의 자유가 어떻게 생겨나는지 혹은 이미 존재하는 인과적 필연성의 세계 내에서 어떻게 설명되는지의 문제가 아니다. 오히려 문제는 이러한 일련의 연결들이 애초에 어떻게 발생하는가 하는 것이다. 이 상징적 질서가 시작될 수 있게 하는 행위는 무엇일까?(*IR*, 16) 그러나—이는 의심할 여지없이 이 행위 이전의 신의 지위에 대한 반대에 대응하는 것이다—신의 이 결정이나 행위가 문자 그대로 첫 번째가 아니라는 것, 즉 "진정한 시작은 시초에 있지 않다"(*IR*, 13)는 것도 사실이다. 즉, 하나님의 최초의 결정 '이전'에는—물론 여기서 문제가 되는 것은 바로 이 '이전'의 의미이다—통상적인 신학적 영원성이 있어서 거기로부터 신이 자신의 결정과 함께 시간 속으로 떨어진다기보다 지젝이 "맹목적인 충동의 혼돈적-정신병적 우주, 충동의 회전운동, 충동의 미분화된 맥동"(*IR*, 13)이라고 부르는 것이 존재한다. 그러나 이 '회전 운동'이란 정확히 무엇이며, 그것은 어떻게 해서 우리가 세계의 탄생이라는 개념에 수반되는 일반적인 딜레마를 피할 수 있게 만드는 것일까? 지젝은 셸링을 좇아 이를 번갈아 나타나는 '수축'과 '팽창'의 측면에서 설명한다. 그에 따르면, 첫 번째 '수축'의 순간에서는 완전하고 아무것도 원하지 않는 자유의 순수한 잠재력이 "실제로, 실질적으로 이 '무'를 원하는 의지의 외양을 띠고 자기 자신을 실현한다."(*IR*, 23) 그다음 두 번째 '팽창'의 순간에서는, 부정과 파괴로 스스로를 경험한 후에, 이 의지는 이제 '무언가'를 원하는 의지의 모습으로 자신에 반대하거나 스스로를 역전시킨다.(*IR*, 23) 그러나 지젝이 지적하듯, 이 순간들은 모두 과녁을 벗어난다. 너무 많거나 충분치 않다. '수축'의 사이클 다음에는 하나의 '팽창'이 따라오며, 반대의 경우도 마찬가지다. 적절한 '균형'은 맞춰질 수 없다. 신이 세계를 실현하려고 하면 할수록 자신이 할 일이 더 많다는 것을 깨닫는다. 신이 더 빨리 달리려고 할수록 자신이 가야 할 길이 더 멀다는 것을 깨닫는다. 제논의 운동의 역설처럼, 우리는 세상이 과연 어떻게 시작되는지, 신이 어떻게 어떠한 진전을 이루는지 결코 설명할 수 없다. 지젝이 서술하듯, "신은 반복적으로 스스로를 자기 자신의 벽에 부딪는다. 벽 안에 머물 수 없는 신은 돌파하려는 자신의 충동을 따르지만, 신이 탈출하려고 몸부림칠수록 신은 자신의 덫에 더 많이 걸려든다."(*IR*, 23)[4]

이 순환은 하나의 결정에 의해 깨어지는데, 이 결정은 지젝이 얘기하듯 마침내 이 회전하는 충동을 '수축'시키고 우리를 "순수한 자유의 심연"(*IR*, 14)으로서의 '절대적 무관심'으로 되돌아가게 하는 결정이다. 그러나 여기서 자신의 언어로 지젝은 다시 그 '회전 운동'의 첫 번째 계기에 매우 가깝게 다가간다. 그렇다면 차이점은 무엇일까? 회전 운동에 가깝고 어쩌면 거기서 자기 에너지를 끌어들이는 이 행위는 어째서 회전 운동과 완전히 같지는 않을까? 왜 우리는 이 '모순' 이후에 단순히 또 다른 '팽창'의 주기로 돌아가지 못하는 것일까? 이러한 질문에 답하기 위해, 우리는 이 두 순간을 상징적 질서와 관련하여 우리가 전에 언급했던 것으로 다시 변환할 수 있다. 자유롭고 얽매이지 않는 의지가 '무'를 의지하는 의지의 외양으로 자신을 실현하는 순간은 공백의 첫 번째 '재표시', 즉 사물이 그 자체로부터 원초적으로 분리되는 과정과 동격이다. '팽창'은 이 '무'에 이름을 붙이는 순간, 그것을 무언가가 대신하는 순간이다. 그리고 우리는 여기서 '회전의 순환'을 끊는 행위나 결정에 대한 셸링의 사유가 '구체적 보편성'의 논리를 반복하고 있음을 볼 수 있는데, 거기서 공백은 자신의 명명행위와 직접적으로 일치하며, 명명된다는 사실에 의해 열리는 동시에 닫힌다. 즉, 이 결정에서 관건이 되는 것은 수축과 확장 사이의 '교대'가 아니라 그 둘 사이의

동시성이다. 우리는 언제나 '텅 빈' 주인기표의 각 진술이 '무언가'로 바뀌며, 이 무언가가 다시 그 뒤에 서 있는 '무'를 드러내는 것을 상상할 수 있다. 그러나 지젝은 셸링에 대한 재고찰을 통해 여전히 암묵적으로 실제성이 되는 잠재성이라는 모델(여기서는 마치 매번 이전의 비움을 채우거나 드러내는 것이 문제인 것 같다)에 기대고 있는 이 '악무한'을 깨뜨리고 싶어 한다. 그리고 그 대신, 앞서 살펴본 왕의 형상처럼,(*IR*, 87) 하나의 사물과 그 대립물 사이의 즉각적인 **등가성**(여기서 공백을 드러내는 것은 **곧** 그것을 채우는 일로서, 그것을 채우는 일은 **곧** 그것을 드러내는 일이다)을 상상한다.

지젝이 《나눌 수 없는 잔여》에서 행위와 그 행위의 '근거'의 관계라는 측면에서 사유하려고 시도하는 것이 바로 이 동시성과 같은 것이다. 행위의 근거는 무엇인가? 주지하다시피, 행위는 원초적이지 않다. 행위는 이미 존재하는 상황에 개입하는 것으로, 어떤 이유를 근거로 하여 착수된다. 그리고 행위의 근거는 다름 아닌 모든 행위가 고려하고자 하는 객관적이고 주관적인 다양한 요소로 정의할 수 있다. 그로부터 어떤 결과나 결론을 이끌어내기 위해 요약하고, 응축하고, 추상화한다는 의미에서 그것이 '수축한다'고 말할 수 있는 것은 이 요소들 때문이다. 즉, 행위는 근거를 '수축'하는데, 행위가 근거에 대해 책임을 진다는 법적 의미에서뿐만 아니라 니체의 영원 회귀 같은 어떤 것에서처럼 그것을 반복하고, 가정하고, 자신에게 결박한다는 의미에서 '수축'한다.(*IR*, 32) 그러나 지젝 역시 강조하듯이, 셸링의 사유는 생철학의 한 형태가 아니다. 그것은 어떤 실체적 삶의 본체에 대한 몰입의 문제가 아니다. 그 행위를 선행하는 이 근거는 물질적이지 않고 철저하게 논리적이다.(*IR*, 28) 오히려 행위에 선행하는 것이 근거라면, 이 근거는 행위 이전에 존재하지 않는다. 우리의 일반적인 사고에서 알 수 있듯이, 어떤 한 방식으로 우리가 어떤 선행 조건들을 참조하여 우리의 행동을 정당화하려고 한다면, 또 다른 방식으로 이러한 조건들은 우리의 행동에 의해 '취해질' 때까지 아무런 상관성도 갖지 못할 것이다. 다시 말하지만, 셸링이 '회전 운동'이라는 자신의 개념을 통해 사유하고자 하는 복잡한 요점은 행위가 근거 이전에 존재하지 않을 뿐만 아니라 근거도 행위 이전에 존재하지 않는다는 점이다. 행위 바깥에는 아무것도 없지만, 그럼에도 불구하고 행위는 수행적으로 완전하지 않으며, 스스로를 전부 설명할 수 있지도 않다. 행위는 필연적으로 그것을 정당화하는 주인기표로 이어질 수밖에 없고, 거기서는 아무것도 배제되지 않지만, 이 모든 것은(어떤 의미에서 정확하게는 '행위' 그 자체는) 어떤 근거가 있기 때문에 가능하다.[5] 지젝이 이 행위와 근거의 관계에서 말하고자 하는 것은 근거 바깥의 혹은 이전의 행위가 아니라 행위가 근거로 변하는 바로 그 순간에 누락된 '행위', 행위의 주인기표로의 전환을 가능케 하는 '행위'이다. 그가 사유하고자 하는 것은, 그의 표현을 빌리자면, 주인기표의 바로 그 '되기'로서의 행위이다.

이 모든 것을 다르게 표현할 수 있을까? 셸링의 철학에서 이 행위는 실제로 어떻게 더 자세하게 전개될까? 사실 셸링은 아주

놀랍게도 그의 《세계의 나이》 원고 중 하나에서 이른바 '세계의 공식'을 제시한다. 그 공식은 이렇다.

$$\left(\frac{A^3}{A^2 = (A=B)}\right)B$$

지젝은 이것이 어떻게 "이상적인 것(A)에서 실재(B)의 지속적인 '지양,' 실재의 이상적인 것으로의 점진적인 종속이 지양 과정의 배제된 근거로서 그 과정의 일관성을 보장하는 B라는 예외에 의존"(*IR*, 77)하는지를 보여준다고 묘사한다. 그러고 나서 그는 계속해서 구체화한다.

> 놓치지 말아야 할 핵심적 측면은 이 반복의 **자기관련성**이다. 두 극 사이의 주어진 관계('A'와 'B', 이상적 극과 실제적 극 사이)가 더 높은 힘으로 올라설 때, 두 극 중 하나는 새로운, 더 높은 극의 형식, 즉 중립적 매체로 설정된다. … 바로 이러한 자기관련성 때문에 우리는 여기서 다른 물질적 영역에서 스스로 반복되는 동일한 형식이 아니라 형식과 내용 사이의 끊임없는 상호변화, 즉 낮은 차원의 내용의 일부가 높은 차원의 형식적 원리가 되는 과정을 다루고 있는 것이다.(*IR*, 56)

여기서 우리의 입장은 도형 (A)로 바뀌기 위해 계속 수축되거나 지양되는 것은 행위 (B)의 근거이지만, 이는 오로지 또 다른 B를 생산하기 위해서, 누락하기 위해서라는 생각이다. 즉, 분자로서의 A=B의 각 등식은 분모로서의 B가 뒷받침하고 있으며, 이 B가 A와 등식인 것으로 나타날 때마다 이런 일이 발생한다. 따라서 방정식의 오른쪽에 있는 B는 B가 자기 왼쪽에 있는 A로 통과할 수 있도록 하는 근거이며, 그 왼쪽에 있는 A^2를 가능하게 하는 근거이며, 그 위에 있는 A^3를 가능하게 하는 근거이다. 그러나 다시 말하지만, 중요한 것은 이 B는 대리되기 전에는 존재하지 않으며, 자신을 대체하는 그 무언가의 효과로서만 생겨난다는 점이다. 그것은 오직 A를 가능하게 하거나 소급적으로 A의 결과로 보이는 것이다. 그리고 물론 어떤 것이 그 자체의 일부이면서 동시에 그 일부가 아니라는(A와 동등한 것이면서 동시에 A를 가능하게 하기 위해 배제되는 B) 이 생각은 우리가 1장에서 발화행위와 2장에서 적대성에 대해 말했던 것을 떠올리게 한다. 그것은 또한 앞서 우리가 벤야민의 메시아적 역사 관념에 대해 말한 것을 상기시킬 수밖에 없는데, 왜냐하면 비슷한 방식으로—그리고 《나눌 수 없는 잔여》는 결코 존재하지 않았던 과거(*IR*, 21~22)라는 측면에서 명시적으로 연관시키듯—여기서 끊임없이 다시 직조되고 있는 것은 동일한 근거 또는 과거 '그 자체'이기 때문이다. 즉, 셸링이 자신의 '세계의 공식'으로 말하고자 하는 것—벤야민이 과거와 현재 사이에 '연속체'를 가능하게 하는 미래에 대해 말한 것처럼—은 형상과 근거, A와 B 사이의 등가성을 만들어내는 지점 B이다. 그러나 이름이 붙여지는 순간 우리는 그것을 잃게 된다. 그것은 'A'와만 등가가 되고, 그것의 '무'는 무언가로 변한다. 우리는 그 지점이 '다시 표시'되지 않고는, 그것을 무언가가 대리하지 않고는 이 지점에 대해 말할 수 없다. 그러나 이 지점은 대리되기 전에는 존재하지 않으며, 오로지 그것의 상실로만 존재한다. **이것이** 바로 셸링의 '공식'이 삶을 포착하는 방식이며, 그의 '체계'가 도약하는 방식이다. 이는 행위 이전의 근거나 근거 이전의 행위의 문제가 아니다. 둘 다 한꺼번에 태어나고 그 과정은 결코 끝나지 않는다.

이 모든 것을 다시 한번 차근차근 말하자면, 셸링이 주장했듯이—그리고 이것은 바로 철학에서 '유한성'의 진정한 의미다. 셸링이 계몽주의 이후의 철학자인 이유도 여기에 있다—철학의 진정한 임무는 정말로 일종의 '수축'이다. 그 목표는 비판적으로 현실을 걸러내고, 경쟁하는 대안들 사이에서 선택하며, 상황이 달라질 수도 있다고 대놓고 상상하는 것이 아니라—셸링은 이 근본적으로 라이프니츠적인 개념과 단절한다(*K*, 81)—단순히 있는 그대로를 받아들이고, 긍정하는 것이다. 이것은 또한 우리가 보았듯이, 철학이 철학 이전의 것과 맺는 관계에 대한 지젝의 관념이기도 하다. 즉 각각의 연속적인 철학 체계는 이전의 체계를 반박하거나 그 체계에 반대되는 증거를 인용하기보다 그 전제의 바로 그 가장 마지막으로 가서 그것을 가장 멀리까지 밀어붙인다. 그러나 다시 말하지만, 존재하는 것의 바로 이 재표시 속에서 지젝이 '초월적'(*TN*, 3)이라고 부르는 어떤 공간이 열린다. 그것은 이전의 체계 바깥에 있는 인식되지 못하는 공간인 동시에 이 체계 안에서, 그 체계를 완성되게 만들어서 다른 것을 필요로 하지 않게 하는 공간이다. 이 시스템은 오직 어떤 '무'의 관점에서만 구성될 수 있으며, 이 '무'는 시스템 안에서 그것을 '재표시'하는 '무언가'가 되며, 그 '무언가'는 다시 또 다른 것이 그 **시스템**을 가능하게 하는 '무'를 '재표시'하는 것을 가능하게 하는 그런 식이다. 어떤 의미에서 우리는 이 근거에 비해 늘 너무 이르거나 너무 늦다. 이 근거는 항상 아직 아니거나 이미 재표시된다. 하지만 우리가 포착하고자 하는 것은 정확히 A와 B, 형상과 근거, 발화된 것과 발화행위의 등가성이다. 그러나 이것은 또 다른, '더 높은' 근거로부터만 이루어질 수 있으며, 이는 또 다른 근거를 누락할 수밖에 없다. 우리가 이 근거를 '초월적'이 아니라 '원-초월적'(*L*, 279)이라고 부르는 이유가 여기에 있는데, 이는 초월적인 것보다 더 초월적인 것, 즉 모든 '초월적인' 것이 명명될 수 있게 하는 것인 동시에 초월적인 것보다 덜 초월적인 것으로서, 그러한 '초월적인' 것은 그것이 분명하게 설명해주는 체계, 또 다른 체계에 의해 가능해지는 체계라는 측면에서만 명명될 수 있음을 보여준다.

이 장의 주제로 다시 한번 돌아가자면, 이 모든 것은 정확히 주인기표에 대한 행위의 관계와 같다. 행위는 단지 주인기표일 뿐이고, 주인기표가 될 수 있을 뿐이지만 (B가 오로지 A가 될 수 있는 것처럼), 이는 오로지 상징적 질서를 열어주고 또 이 상징 질서가 대리하는 어떤 '행위' 때문이다. 그러나 이 '행위'가 상징적 질서를 촉발한다면, 그것은 상징계 밖에서는 볼 수 없으며, 오직 행위와 관련해서만 표현될 수 있는 '실패'이다. 이러한 이유 때문에, 지젝은 《나눌 수 없는 잔여》에서 세계의 시작에 대한 셸링의 이러한 성찰을 라캉의 난해하기로 악명 높은 '성차 공식'(*IR*, 155~161)에 연결한다. 이는 지젝의 작업 전체에 걸쳐 (또는 점차적으로 그 작업에 스스로 부과하듯) 행위가 상징적 질서에 대한 하나의 남성적 '예외'로 생각되어서는 안 되고 '여성적' 방식으로 그것을 '비전체'로 만드는 것으로 간주되어야 하는 방식에 대해 언급하는 일이다. 즉, 행위는 상징적 질서의 외부에 존재하지 않는다. 왜냐하면 상징적 질서 바깥에는 아무것도 없기 때문이다. 이것이 바로 상징적 질서의 바깥에는 아무것도 없다는 말이 뜻하는 바이지만 그 행위는 상징적 질서 속에 일종의 '분열'을 도입한다. 그것은 어떤 실현되지 않은 잠재성이나 어떤 '진보적' 혹은 심지어 '혁명적'인 대의를 사태에 대립시키지 않는다. 오히려, 이렇게 말해도 된다면, 그 행위는 **사물들과 사물들 그 자체 사이에** 분열을 도입한다. 이는 예외와 규범, 혹은 부분과 전체 사이의 어떤 구분의 문제가 아니라, 세계가 모든 경우가 될 수 있게 하는 것, 세계가 보편이 될 수 있게 하는 바로 그것이 그 세계 바깥의 어떤 공간이며 그 세계를 뒤집거나 부정하는 것이라는 문제이다. 다시 말해, 자신이 '여성적'인 것에서 확인한다고 지젝이 말하는 것—그리고 이는 우리에게 셸링의 '세계의 공식'에서 A와 B 사이의 관계를 상기시켜야만 한다—은 '함수와 메타함수' 사이에서의 붕괴이다.(*IR*, 157) 우리에게 세계를 설명할 수 있게 해주는 것과 동일한 요소는 세계에 종속되어 있다. 프레임을 만드는 것은 프레임 되는 것으로 결말이 난다. 그리고 이것은 지젝의 후기 작업에서 그가 '생톰' 또는 '보편적 증상'(*T?*,

100)이라고 부르는 것으로 이어질 것이다. 그것은 상징적 질서에 대한 어떤 예외도 불가능하게 되는 일반화된 도착증 혹은 정신병의 상태이지만, 이는 오로지 전체 시스템이 이미 다름 아닌 예외로 가득 차 있기 때문이다. 등가 사슬의 각 요소는 전체 상징적 질서의 핵심열쇠가 되려고 시도하는데, 그렇기 때문에 아무것도 그렇게 되지 않는다. 위반할 것이 남아 있지 않거나 위반이 규범이 되는 그와 같은 상황—정확히 오늘날의 '포스트모던' 사회의 상황—에서 '행위'의 가능성은 무엇인가? 행위가 항상 벌어지고 있는 것처럼 보이는데도 여기에서 주어지지 않는 '행위'는 무엇인가? [물론 지젝 자신의 분석은 이에 근접하는데, 그 분석 역시 현대 자본주의의 전체 시스템을 여는 열쇠를 그 모든 "멍청한 세부사항"(*ME*, 175)에서 찾을 수 있다는 점에서 그렇다.]

그렇다면 오늘날 '행위'에 대해 어떻게 사유해야 할까? 지젝의 분석과 그가 묘사하는 포스트모던적 조건 사이의 차이점은 무엇일까? 바로 이 시점에서 우리는 이 '성차 공식'과 관련해서 행위를 사유함으로써 제기되는 셸링의 지극히 복잡한 요점으로 되돌아간다. 그리고 이 요점은 어쩌면 지젝이 다소 발 빠르게 다루기도 했다. 여기서 던지면서 시작했던 질문으로 시작해도 괜찮을 것이다. 행위나 결정과 그 행위나 결정이 단절하는 '회전운동'의 끊임없는 순환 사이의 진정한 차이는 무엇인가? 회전운동에 관해서는, 그 안에서 수축과 확장 사이의 **대립**이 존재하는 방식에 대해 언급했다. 그러나 그렇게 했다고 해서 그것이 실제로 어떻게 시작되는지를 설명할 수는 없는데—그렇지 않다면 아무 변화도 없는 '안정적 상태'로 남아 있을 것이다—왜냐하면 근거(확장)가 형상(축소)의 외적인 한계로 이해되는 한, 우리는 지금이 아니더라도 미래의 언젠가 이 근거가 소멸될 것이라고 상상해야만 할 것이기 때문이며, 더 이상 수축할 근거가 없을 것이기 때문이다. 역설적으로, 오직 근거의 형상으로의 전환 자체가 또 다른 근거를 만들어내거나 필요로 하는 한에서만 우리는 정지에 이르는 것이 아니라 개시되는 세계를 상상할 수 있다. 여기서 그 과정은 끝나지 않고, 사태는 변화하는데, 잠재적인 것에서 실제적인 것으로의 변환이라는 단순한 진화론적 의미에서가 아니라 끊임없는 '더 높은 힘으로의 상승', 즉 끝없는 일련의 **이중화**(이 과정에서는 동시에 아무것도 변하지 않고, 세계 그 자체는 결코 더 '진보'되지 않는다)라는 뜻에서 변화한다. 이를 우리는 회전운동과 반대되는 **충동**이라고 부를 수 있다. 그러나—그리고 이것은 가장 복잡한 논점이며, 1장의 '이원적 기표'의 몰락과 5장에서 버틀러 및 라클라우와 벌이는 지젝의 논쟁에서 보게 될 '두 개의 한계'의 문제로 우리를 되돌린다—만약 여기서 관건이 되는 것이 수축과 팽창, 무와 무엇, 공백과 공백을 대리하는 것의 이 **동시성**이라면, 이 동시성 역시 불가능하다. 우리는 내내 둘 중 하나 혹은 다른 하나를 가질 수 있을 뿐이다. 무언가로 채워지기 전의 공백 또는 공백을 드러내면서 채우는 것만을 가질 수 있다. 다시 말해—이것은 어쩌면 왜 셸링의 《세계의 나이》 원고 각각이 실패인지 설명해준다. 각각의 원고는 다른 방식으로 이 불가능한 동시성을 해결하려고 시도한다—우리는 오직 내내 회전

운동의 측면에서만 생각할 수 있기 때문에, 이는 회전 운동에 **반대하는** 문제가 아니다. 그리고 이는 예외의 관점에서 생각하지 않는 문제가 아니며, 그 분야의 나머지 부분과 구별되는 행위의 문제도 아니다. 오히려 진정한 역설—실제적 행위가 없는데도 행위의 존재를 주장하는 지젝의 입장의 의미—은 만일 지젝이 전체 체계를 대표하는 하나의 요소나 사례를 선택한다면, 이는 오로지 그러한 예외의 **불가능성**을 보여주기 위한 것일 따름일 뿐이다. 이것이 항상 선택의 문제, (어떤 명명된 대상의) 행위의 문제인 이유가 여기에 있으며, 이는 비록 이것이 명명될 수 없는 것을 가리킬 뿐일지라도, 아직 발생하지 않은 무언가를 언급하는 것일 뿐일지라도 그러하다. 다음 장에서 살펴보겠지만, 지젝의 정치학이 궁극적으로 **우연성**의 정치학인 이유가 여기에 있다. 그의 분석은 어떤 불신의 중지를 뚫고 나가야만 하는 방식이며, 그의 말로 풀이하자면, 그는 "자신이 무엇을 하고 있는지 잘 알고 있지만, 그럼에도 불구하고 여전히 그것을 하고 있다."(*SO*, 29)[6]

바디우

지젝은 이러한 아이디어의 많은 부분을 나중에 《까다로운 주체》에서 발전시킨다. 이 책은 우선 현대의 정치학과 사상에서 '주체'의 지속적인 중요성에 대한 논증—우리는 이 주체를 내내 '분열된 주체'라는 의미에서 상술하려고 노력해왔다—이지만,

그 다른 오랜 주제 중 하나는 어떤 이전의 행위를 대리하는 상징적 질서라는 개념이다. 이는 분명히 셸링에 관한 그의 전작에서 나온 것이지만, 항상 그렇게 언급되지는 않는다. 여기서는 단지 이것의 한 측면을 추적할 수 있다. 지젝은《까다로운 주체》에서 숭고가 사유되는 데 실패함으로써 어떤 본체적 이성을 가리키는 것이 아니라 오히려 이성 자체의 실패를 암시한다고 주장한다. "숭고는 그 극단에서, 괴물적인 것에 접근한다는 점에서 이성의 이념들에 의해 이미 감춰지고, '고급화된' 심연을 가리킨다."(*TS*, 39) 이를 통해 그는 칸트와 헤겔을 구분 짓게 되는데, 칸트에서 숭고가 또 다른, 본체적 차원, 즉 이성(남성적)의 예외를 암시하는 반면, 헤겔에서는 단지 현상적인 것과 이성 그 자체를 가능하게 하는 것, 그리하여 그것들을 '비전체'(여성적인)로 만드는 것일 뿐이다. 그리하여 하이데거가《칸트와 형이상학의 문제》에서 칸트의 두《비판》을 비판하면서 지적한 "초월적으로 구성된 현실에 선행하는 기이한 X",(*TS*, 55) 즉 우리가 '유사-초월적'이라고 부른 것과의 연관이 생겨난다. 마지막으로 지젝은 현실을 설정하는 이 숭고한 '자유 행위'와 벤야민의 메시아적 역사의 비전을 결합한다. "(혁명적 잠재력의) 과잉/결핍은 주체의 인식 능력을 초과하는 '객관적인 것'의 일부가 아니다. 오히려 대상 안에 있는 주체 자신의 흔적(그의 짓눌린 희망과 욕망)으로 구성된다."(*TS*, 89~90) 즉, 이제 우리는 과거의 혁명적 잠재력/분열, 즉 설명될 수 없는 유일한 사건이 바로 주체가 역사를 되돌아보고 그것을 자신의 이미지로 구성하려는 결정 그 자체(이 혁명적 잠재력을 오직 상실된 것으로 볼 수밖에 없는 되돌아보기)임을 알 수 있다. 되돌아보면서 이 돌이킬 수 없는 조건을 초래하는 바로 그 주체가 스스로 과거에 분열을 도입한다.

지젝이 《까다로운 주체》의 〈진리의 정치학〉 장에서 현대 프랑스 정치철학자 알랭 바디우를 다룬 것을 통해 확인할 수 있는 것이 바로 이 반칸트적 헤겔의 사유, 즉 예외가 아니라 비전체의 측면에서 행위를 사유하는 작업이다. 지젝은 자신의 반해체주의적 입장에 걸맞게 바디우를 원칙적으로 승인하는데, 그 이유는 단순하게 말하자면 (지젝과 바디우 모두 해체를 규정함에 있어서 **단순하다고** 할 수 있다), 바디우가 '진리'의 개념을 복원하기 때문이다. 바디우는 진리가 너무 복잡해서 완전히 알 수 없다는 해체론의 궁극적으로 '상식적'인 진리 개념을 공격한다.(*TS*, 133) 지젝이 이야기하듯,

> 우리는 바디우와 해체주의적 허구주의를 구분하는 간극, 곧 '복수의 진리'(또는 오히려 '진리-효과')라는 관념에 대한 바디우의 근본적 반대를 곧바로 파악할 수 있다. 진리는 우연적이다. 진리는 구체적인 역사적 상황에 달려 있다. 진리는 이 상황의 진리이다. 하지만, 모든 구체적이고 우연적인 역사적 상황에는 하나의 유일한 진리만이 존재하며, 그 진리는 일단 발화되고 발설되면, 그 자체의 지표와 그 진리에 의해 전복된 분야의 허위성의 지표로 기능한다.(*TS*, 131)

이와는 반대로, 데리다가 옹호하는 무한한 '복잡성'은 이러한 '발설하기'의 가능성을 막는다. 우리가 자유롭기를 원한다면 본체적인 것이 알 수 없는 상태로 있어야 할 필요성처럼, 데리다에게 행위는 결코 확정적으로 성취될 수 없다. 칸트가 프랑스 혁명에 대해 언급했던 것처럼, 데리다에게도 이념으로서의 행위에 대한 열정이 있으며 이는 그것을 실제로 수행하는 사람들에 대한 의심과 병행한다. 그것은 결국 행위의 현실과 그 결과에 대한 히스테리적인 거부이다. 바디우에 따르면, 데리다에게 우리와 행위 사이에는 항상 간극이 남아 있어야만 한다.(*TS*, 133~134)

그렇다면 바디우에게 있어 반대되는 진리 또는 진리-사건이란 무엇일까? 그것은 우리가 셸링과 관련하여 이전에 이야기했던 것과 비슷하다. 그에게 있어 창시 행위나 결정과 마찬가지로, 진리란 현존하는 상황이 대리하는 공백을 드러내는 것이다. 진리는 현재의 상징적 질서를 가능하게 하기 위해 배제된 것을 대체하는 것이다. 지젝이 바디우를 요약하면서 이야기하듯, 그것은 무로부터 출현하며 스스로를 "모든 상황의 공백에, 그 공백의 내재적 비일관성 및/또는 그 과잉에" 부착한다. "사건은 상황의 진리로서 '공식적' 상황이 '억압'해야만 했던 것을 가시화/가독화한다."(*TS*, 130) 따라서 몇 가지 예를 들자면, 프랑스 혁명은 군림하는 군주제의 권력을 보장했던 검열과 억압을 만천하에 폭로했다. 러시아 혁명은 차르주의를 뒷받침했던 경제적 착취를 드러낸다. 그러나 다시 말하지만, 이 진리-사건 이전에 이 공백은 보이지 않는다. 바디우의 표현을 빌자면 '고유하지' 않고, '셈해질 수' 없다.(*TS*, 129) 행위의 경우에서 이미 보았듯이, 그것은 단순히 앞선 질서에 있는 어떤 부재나 애매함을 확인한 뒤 옮기기로 결정하는 문제가 아니다. 오히려 바로 행위 그 자체가 이러한 부재를 초래한다. 이것이 바로 행위 혹은 진리-사건의 자기 충족적 또는 수행적 본성이다. 그 이유는 기존의 상징적 지평에서는 볼 수 없고, 그 안에 이미 결부되어 있는 사람들만이 볼 수 있다. [바디우/지젝이 가장 좋아하는 이것의 사례는 프랑스 역사학자 프랑수아 푸레가 프랑스 대혁명을 두고 그 무엇으로 결집되지 않는 단지 서로 무관한 사건들의 연속에 불과하다고 치부해버린 반면, 그 사건들에 휘말린 사람들에게는 이 동일한 사태들이 전적으로 의미 있는 통일성과 일관성을 지니는 경우이다.(*TS*, 136)] 이에 따르자면, 사건으로 대표되는 대의에 충실한 사람들의 임무는 두말없는 독단주의로 그 진리에 충실하고, 그 사건의 모든 결과들을 발전시키거나 설명하려고 노력하는 일이다. 지젝이 서술하듯이, "주체를 정의하는 것은 진리에 대한 충실성이다. 주체는 사건 이후에 도래하며 자신의 상황 속에서 진리의 흔적을 꾸준히 분별한다."(*TS*, 130)

진리-사건이 상황에 부착되어, 사건의 '질서'를 그것에 대비해볼 수 있는 그 공백을 드러낸다는 이 생각은 지젝과 매우 가까운 것임이 분명하다. 하지만 그는 궁극적으로 이에 동의하지 않는다. 그렇다면 바디우의 '진리-사건' 개념과 지젝의 '행위' 개념의 차이점은 무엇일까? 지젝이 둘 사이에 놓으려고 하는 그 구별의 근거는 무엇일까? 한편에서 지젝은 바디우와 동의한다. 이전 상황의 결정 불가능성/공백은 후속되는 행위의 주목을 받기 전까지는 존재하지 않는다. 벤야민과 마찬가지로, 우리는 결코 그 공허나 대안 그 자체를 실제로 가지고 있지 않다. 그것은 오로지 소급적으로만, 그 상실의 효과 자체로만 존재한다. "순수 다수의 위상과 그 공백 또한 결정 불가능하고 순전히 '매개적'이다. 그것은 항상 소급적으로만, 즉 그것을 해체하는 결정의 행위를 통해서만 그 자체로 인식되기 때문에, 우리는 그것과 '지금' 결코 마주치지 않는다."(*TS*, 137~138) 그러나 이 공백이 그저 가상적일 뿐이라면, 그 명명의 소급효과라면, 그것은 단순히 그 주인기표와 동일하지는 않다. 데리다의 경우처럼 우리가 항상 사건을 놓치는 것이 아니라면, 이는 바디우의 경우처럼 사건과 직접적으로 동일시하는 문제가 아니다. 이것이 바로 지젝/라캉의 입장과 바디우가 구별되는 점이다. 바디우에게 있어 이 공백의 개방은 그것을 봉합하는 주인기표와 분리될 수 없다. "상황을 닫고/결정하는 제스처는 (다시) 상황을 (소급적으로) 개방하는 제스처와 절대적으로 일치한다."(*TS*, 138) 반면에 지젝에게는 이를테면 정신분석의 해석적 개입—즉, 행위—은 새로운 상징적 질서, 새로운 진리-사건을 설정하지 않는다. 그것은 오히려 진리-사건을 준비하기 위해 마당을 깨끗하게 닦아낸다. 그가 서술하듯,

라캉에게 부정성, 철회의 부정적 제스처는 대의와 열정적으로

> 동일시하려는 그 어떤 긍정적 제스처도 선행한다. 부정성은 열정적 동일시의 (불)가능성의 조건으로 기능한다. 다시 말해, 부정성은 근거를 마련하고, 동일시의 공간을 열어주지만, 동시에 동일시에 의해 혼란스러워지고 동일시를 훼손한다.(*TS*, 154)

그러나 이 대목에서 알 수 있듯이, 여기서 관건이 되는 구별은 바디우에서 오직 소급적으로만 발생하는 부정성에 대립하는 라캉의 '선행하는' 부정성에 대한 단순한 긍정보다 훨씬 더 복잡하다. 지젝이 인정하듯, 이 공백은 라캉에서도 주인기표와 완전히 무관하지 않으며, 그 기표를 '가능하게' 하는 동시에 그로 인해 '혼란스러워'진다. 그렇다면, 다시 말하지만, 그들 사이의 차이는 무엇**인가**? 사실 지젝은 바디우에 대해 또 다른, 어쩌면 예상치 못한 비판을 한다. 우리는 앞서 그가 바디우를 데리다의 '칸트주의'와 그의 결코 현실화되거나 존재론화될 수 없는 어떤 '숭고한' 사건의 개념에 맞세우는 것을 보았다. 그리고 이에 맞서 그는 바디우의 사건과의 절대적 동일시를 그 사건의 명명행위와 병치시켰다. 그러나 우리는 또한 지젝이 바디우가 행위에 대한 동일한 칸트적 '배반'(*TS*, 159)을 하며, 행위와 사이비 행위를 구별해야 할 동일한 필요성(*TS*, 128)을 제기하고, 행위가 그 고유 명칭을 부여받았는지에 대한 동일한 끝없는 의문(*L*, 272)을 던지며, 앞에서 살펴본 회전 운동과 아주 흡사하게도 심지어 법과 그 위반 사이의 바울 이전의 순환성을 반복한다고(*TS*, 150~151) 비판하는 것을 볼 수 있다.[7] 어떻게 이런 일이? 바디우에게 왜 이런 문제가 있다는 것일까? 그것은 그가 어떤 상황의 공백을 그것에 뒤따르는 주인기표 또는 진리-사건에 의해서만 드러나는 것으로 말하지만, 이 공백은 여전히 논리적으로 그에 선행하는 것으로 나타나기 때문이다. 이 공백과의 어떠한 관계도 항상 배반의 가능성에 시달리는 이유, 이 공백과의 그 어떠한 주체적 동일시도 항상 주체와 공백을 모두 '존재론화'할 위험이 있는 이유도 이 때문이다.(*TS*, 159) 이는 이 공백을 하나의 **예외**로, 즉 상징적 질서를 깨뜨리거나 그 질서의 바깥에 있는 것으로 계속 이해하는 일이다. 그리고 이는 그 어떤 주체적 행동이나 결정도 이미 구성된 상징적 질서 내에서만 발생하는 것으로, 그 질서 내에서의 일탈로, 이 전체 질서와 그 결과로서의 자유가 오직 어떤 선행하는 '행위'나 '결정'에 의해서만 가능하다는 셸링적이고 헤겔적인 생각에 대립하는 것으로 이해하길 지속하는 일이다.

지젝과 바디우가 논쟁하는 이 '주체'는 무엇인가? 적어도 지젝에게 그것은 어떤 (선재하는) 대의(원인)에 충실한 주체가 아니라, 그 자체로 **곧** 대의인 주체이다. (바디우가 이 대의에 의한 어떤 호명의 관점에서 말한다면, 지젝이 상상하는 관계는 훨씬 더 밀착되어 있다.) 그가 서술하듯,

> 주체를 구조의 구성적 공백과 동일시하는 일, 그러한 동일시는 순전히 부정적인 방식이기는 하지만 이미 주체를 '존재론화'한다. 즉, 그 동일시는 주체를 구조와 완전히 동질의 실체로, 필연적이고 선험적인 것의 질서('주체 없이는 구조도 없다')에 속하

는 실체로 변환시킨다.(*TS*, 159)

그리고 이 언어는 우리에게 마땅히 셸링적 '수축'을 상기시킨다. 여기서 그것은 주체가 동일시하는 선험적 공백이나 대의가 아니라—또는 숭고에 대한 어떤 독해에서처럼, 우리가 그것을 파악하지 못하는 무능력에 의해 드러나는 것—오직 주체로 인해, 그 공백과 우리의 주체적 동일시로 인해 생겨나는 것이다. 전체 상징적 질서는 이 주체를 대신하지만, 이 주체는 또한 이러한 대리행위 이전에 존재하지 않을 것이다. 그리고 이것이 바로 지젝이 바디우에 반대하여 펼치는 공백과 주인기표의 동시성의 진짜 의미이다. 즉 이는 상징적 질서 내에서 발생하는 공백이나 사건의 문제가 아니라 상징적 질서 그 자체인 공백이나 사건, 상징적 질서를 '비전체'로 만들면서 그 질서의 무한한 확장을 추동하는 공백이나 사건의 문제이다. 이런 의미에서 우리는 지젝이 《까다로운 주체》와 다른 곳에서 말하는, 항구적으로 자기 자신을 따라잡으려고 노력하는 주체의 '순환성'을 이해해야만 한다.(*TS*, 159, *TN*, 171) 그것은 단순히 이미 구성된 주체가 그 상징적 동일성을 취하거나 맞서 싸우는 어떤 '회전 운동'이 아닌바, 우리가 살펴본 것처럼 그것은 상징계에 필수적인 '내재적 위반'일 뿐이다. (지젝은 이런 입장을 사도 바울이 단절하고 바디우가 여전히 반복하는 법과 위반의 변증법에 비교한다.) 오히려, 그것은 '비전체'의 주체의 문제인데, 이 주체는 바로 그 상징적 동일시의 순간에 이를 가능케 하는 주체적 행위를 누락한다. 그것은 주체 대상징계의 문제가 아니라 주체 대 주체의 문제이다. (진리-효과라고 불리는 그 어떤 것이라도 포함하는) 상징계와의 어떤 주체적 동일시가 아니라 대의로서의 주체(그러한 어떤 진리-효과가 그에 대한 반응으로 생겨나며, 그것을 대체하려고 시도하는 분열 또는 결핍으로서의 주체)의 문제이다.(*TS*, 159)

사실, 이 '순환성' 또는 '주기'의 또 다른 이름은 **죽음충동**이다. 즉, 죽음충동은 어떤 종결지점이나 부정성이 아니라 불멸의 생명으로 이해해야 한다. 죽음충동은 스스로를 부재하는 것으로 표시하기 위해 항상 다시 돌아오는 것이다. 그리고 이 충동은 지젝이 그의 저작에 두루 걸쳐서 언급하는 모든 위대한 윤리적 인물들—콜로누스의 오이디푸스, 안티고네, 시뉴 드 쿠퐁텐, 심지어 라캉—에게서 볼 수 있는데, 그들은 상황이 아무리 변해도, 그 누가 자신들에 맞서도, 자신의 욕망과 타협하기를 거부하고, 자신의 원래 입장을 계속 고수한다.(*TS*, 154~155, 160~161) 그리나 결정적으로 그들은 이런 방식으로 계속 돌아올 수 있는데, 그 까닭은 아직 해야 할 일이 남아 있기 때문이 아니라—다시 말하지만, 이것은 무언가 잠재적인 것이 현실화된다는 측면에서 이해되어야 하는 것이 전혀 아니다—자신들의 목표를 달성하려는 시도 자체가 처리되어야 할 일로 이어지기 때문이며, 그들이 바로잡으려고 하는 혼란이 바로 자기 자신이기 때문이다. 이 인물들은 '죽음충동'을 증언하지만, 이 죽음충동은 무언가 저 너머의 것이 아니라 행위의 (실패)를 통해 드러나는 그 무엇이다.[8] '죽음충동'—상징적 철회—은 행위의 '선행조건'이지만, 행위의 외부에서 파악될 수 없으며, 오직 행위의 결과로서만 발생한다(그렇지 않다면 우리는 그것을 단지 사전에 진술 가능한 또 하나의 상징적 동일시, 단지 불가피하게 타협될 수 있을 뿐인 대의로 환원할 것이다). 어쩌면 좀 더 미묘하게는, 지젝은 바디우의 '진리-사건'이나 예외로서의 대의에 직접적으로 반대하는 것이 아니라, 그것을 가능하게 하는 것, 즉 그것의 '초월적' 조건이라는 의미에서가 아니라, 그것을 개시할 뿐만 아니라 그것을 통해서만 확인되는 그 무엇(거듭 말하면, 일종의 헤겔적 숭고나 데리다적 '유사초월'의 관점에서 생각할 수도 있다)으로 사유하고자 한다. 지젝이 서술하듯,

> 이런 정확한 의미에서, 행위는 (헤게모니적 동일시를 완성하기 위한, 진리에 관한 충실성에 관여하기 위한) 결정의 근거가 되는 죽음충동의 차원과 관련되지만, 그것으로 환원될 수는 없다. 따라서 라캉의 죽음충동—바디우가 단호하게 반대하는 범주—은 따라서 다시 존재와 사건 사이의 일종의 '사라지는 매개자'이다. '존재'(확립된 존재론적 질서)와 사건에 대한 충실성 속에서 혼란스러워하는 주체를 구성하는 '부정적' 제스처가 존재한다.(*TS*, 160)

이와 같이 죽음충동과 그것을 대리하는 것 사이의, "중지-철회-모순의 부정적 제스처와 그 공백을 채우는 긍정적 제스처"(*TS*, 160) 사이의 '최소한의 거리'를 주장하는 것은 지젝에게 윤리적 중요성을 갖는다. 우선, 그것은 진리-사건(의 상징적 차

원)이 최종적이거나 확정적인 것이 아니라는 주장이다. 진리-사건의 '이전'에 그것을 가능하게 하는 동시에 불가능하게 만드는 '틈새' 또는 '공백'이 있으며, 그것은 "진리-사건을 위한 공간을 열어주고 지탱하지만, 그 과잉은 항상 그것을 약화시킬 위협이 된다."(*TS*, 161) 그리고 지젝에게 있어 이러한 차원을 대변하려는 시도는 불가피하게 칸트적 광신(열광)이나 신비한 '내세'와의 직접적 융합에 대한 믿음으로 빠질 위험에 처할 수 있지만, 어떤 진정한 윤리학을 가능하게 하는 것도 또한 오직 이 차원이며, 어떤 제시된 진리-사건 또는 주인기표에 대해 끊임없이 질문을 하게 만드는 것도 바로 이 차원이다. 그가 말하듯, (홀로코스트에서 스탈린주의에 이르는) 20세기의 진정한 재앙은 저 너머에 대한 유혹에 굴복해서가 아니라 그것에 맞서기를 거부한 데서 비롯되었다.(*TS*, 161) 지젝은 이러한 질문의 제기가 (바디우주의적) 주인에 대립되는 분석자의 태도를 특징짓는다고 보며, 이는 항상 "(사건의) 상징화의 필연성과 불가능성(궁극적 실패)의 동시성"을 보전한다.(*TS*, 165) 그러나 다시 말하지만, '철회'의 간극과 마찬가지로, 이 '너머'의 궁극적 위상은 설명을 필요로 한다. 이를 통해 우리는 지젝이 어떻게 본체적 사물에 이르는 모종의 직접적 접근이라는 유혹을 피할 수 있는지에 대한 단서를 얻게 될 것이다. 지젝에게 이 '너머'는 바디우에게 있어서와 마찬가지로, 단순히 주인기표의 외부나 이전이나 심지어 소급적 효과도 아니다. 오히려 그것은 주인기표, 주인기표와 동시에 생겨나는 것이다. 바디우에게는, 다시 말해, 어떤 상징적 명명에도 궁극적인 한계가 있으며, 칸트적 방식으로 이는 우리가 결코 진리를 명명하려고 해서는 안 된다는 것을 의미한다.(*TS*, 166~167) 그러나 칸트와 마찬가지로—이것이 헤겔의 유명한 칸트 비판이다—바디우는 이 예외가 무엇인지 언급하자마자 그것을 스스로 명명해야만 하며, 따라서 그가 경고한 바로 그 한계를 넘어간다(이것은 사실 바울이 진단하는 법과 그 위반 사이의 순환성이다). 정치에서의 공동체, 사랑에서의 성적 주이상스, 예술에서의 아름다움 등이 그것들이다.…(*TS*, 167) 지젝에게는, 이 숭고한 명명불가능성과 이에 대한 궁극적 배반을 피하는 유일한 방법은 이름 지을 수 없는 유일한 것이 오직 **행위** 그 자체, 다른 모든 것이 명명될 수 있게 허용하는 그 무엇이라고 말하는 것이다. 지젝이 이야기하듯, "그래서— 간결하게 말하자면—라캉에게 부정적 차원에서의 진정한 행위 자체, 즉 명명에 선행하는 '대상'의 실재로서의 행위는 궁극적으로 **명명불가능한** 것이다."(*TS*, 167)

따라서 지젝은 데리다와 바디우 사이를 '매개하려고' 시도하는 것으로 보일 수 있다. 즉 연기되고 도달할 수 없는 것으로서의 행위와 오직 상징계 안에서만 존재하는 것으로서의 행위 사이, 상징계를 선행하며 상징계 바깥에 있는 공백과 상징계의 소급적 효과에 불과한 공백 사이를 매개하려고 한다. 앞서 증명하려고 했듯, 이 두 가지 대안에 반대해서 지젝은 행위와 공백, 주인기표와 오브제 아의 **동시성**을 사유하고자 한다. 그럼에도 불구하고 우리는 지젝이 때때로 다른 사람을 비난할 때 문제 삼는 것과 동일한 실수를 스스로 저지르지는 않는지 궁금할 수 있다. 그가 특유의 지젝적 방식으로 근본적으로 논쟁하고 있는 인물이 혹시 자기 자신은 아닌지 말이다. 왜냐하면 우리는 지젝이 존재에 관한 긍정적 지식의 질서와 완전히 다른 진리-사건 간의 구분법을 유지한다—어쩌면 약간 다른 측면에서—는 점에서 여전히 지극히 칸트적이라고 말할 수 있기 때문이다.(*TS*, 166) 행위를 가능하게 하는 동시에 불가능하게 하고, 행위를 허용하면서도 행위로 인해 모호하게 되는 공백에 관한 지젝의 그 모든 논의에도 불구하고, 이 둘 사이에 여전히 어떤 구별이 있는 것은 아닌가 하는 의문이 들 수 있다. 즉, 지젝이 "어떤 새로운 주인기표의 개입을 통한 '새로운 조화'의 (실정적) 성립보다 (부정적) 행위의 우선성"(*TS*, 159)에 관해 말할 때, 우리는 이를 어떻게 이해해야 할까? 혹은 "그 중핵에 있는 공백, 채워지기 전의 이 공백에 대한 참조"(*TS*, 160)로서의 행위의 경우는? 또는, 실제로, "중지-철회-모순의 부정적 제스처와 그 공백을 채우는 긍정적 제스처"(*TS*, 160) 사이의 '최소한의 거리'의 경우는? 이 우선성 혹은 간극은, 그것 이전에 공백이 생겨나서 그 공백의 채움으로 이어지는 어떤 논리적이거나 시간적인 연속 또는 원인을 가리키는가, 아니면 셸링의 저 두 극점의 '연쇄'(*IR*, 56) 또는 '결정불가능성'(*IR*, 29)과 아주 흡사한 죽음충동의 '간극'(*TS*, 165)인가? 이 모든 것은 단지 동시성, 즉 두 개의 다른 것이 동시에 현전하는 역설을 표현하기가 어려워 생긴 결과일까? 이는 어쩌면 단순한 트집으로 보일 수도 있지만, 신 자신에 이르기까지 행위는 두 죽음 사이에서 발생한다고 말하는 것의 정확한 의미에서부터(*SO*, 134~136, *TS*, 152~158) 행위에는 두 개의 뚜렷한 '계기'가 있다는 생각, 하나는 현존하는 상징적 질서의 내부에서 발생하며 다른 하나는 이 질서의 재의미화를 수행한다(*TS*, 72, *CHU*, 108~112)는 생각에 이르기까지, 그리고 정신 내부에 두 개의 트라우마가 있다는 관념, 하나는 상호심리적이자 비역사적이며 다른 하나는 현실적이자 역사적이라는 관념(*FA*, 92~94)에 이르기까지, 만물은 신 자신을 포함하여 신에게 의존한다. 거듭 말하지만, 지젝의 텍스트에 대한 더디고 침착한 해명을 통해 해결해야 할 질문은 지젝이 각각의 경우에 두 가지 차원 사이의 시간적/논리적 구분을 제시하고 있는지, 그런 경우 그가 데리다와 바디우에서 영리하게 진단해낸 바로 그 난제들에 빠지게 되는지 여부이다. 또는 우리가 '환상'의 형태로만 설립적 '사건'을 파악할 수 있는 것과 같은 방식으로, 그가 상징적 질서 내에서 수행하는 것이 궁극적으로 불가능함에도 불구하고 그것들의 대립을 해체하려고 시도하고 있는 것은 아닌지 여부이다.(*FA*, 73) 우리는 4장에서 이 질문들을 다시 다룰 것인데, 이는 주인기표와 오브제 아 사이의 관계를 좀 더 명확하게 하기 위한 노력인 동시에 그렇게 하고자 하는, 앞선 두 장에 이은 세 번째의 실패한 시도이다.

4장

'부정의 부정'

앞 장의 말미에서 우리는 지젝의 작업에서 경험적인 것과 초월적인 것 사이의 **간극**, 즉 실제적인 죽음과 상징적인 죽음 사이, 우발적인 트라우마와 그것이 대체하는 더 깊은 트라우마 사이, 상징적 질서 안에서 발생하는 부정과 상징적 질서의 토대가 되는 부정 사이의 간극의 여러 사례를 살펴보았다. 지젝은 이 간극을 유지하고, 계속 열어두어야 한다고 주장한다. 《우연성 헤게모니 보편성》에서 그는 이데올로기적 투쟁이 그 안에서 벌이지는 보편성과 이 텅 빈 영역을 가능하게 하는 배제를 구분하는 일의 중요성에 대해 이야기한다. 따라서 라캉은 칸트적 형식주의의 바로 정반대이다. (형식주의라는 말로 우리가 그 우발적 내용의 선험자 역할을 하는 어떤 형식적 틀의 부과를 이해한다면 말이다.) 라캉은 텅 비어 있고 보편적인 형식을 구성하는 어떤 외상적인 '내용'의 배제를 주제화하라고 우리에게 요구한다.(*CHU*, 111)

《환상의 돌림병》에서, 지젝은 컴퓨터 게임과 같은 것들에서 상징계와 실재가 결합될 때 초래되는 잠재적 정신병에 대해 경고한다. "흔히 말하듯이, 가상현실은 일종의 오웰식 잘못된 명칭이다. 그것이 부상함으로써 위협받는 것은 바로 상징적 실재와 공존하는 가상성의 차원 그 자체이다."(*PF*, 135) 그리고 《연약한 절대성》에서 그는 평범한 사물들을 이 신성한 장소로 끌어올려 이 공간을 열어두려는 현대 예술가들의 시도를 환영한다. "배설물적 대상을 전시하고, [상징적] 승화의 논리를 훼손하기는커녕 그 논리를 수호하려고 필사적으로 시도하는 것은 바로 오늘날의 예술가들이다."(*FA*, 32)

이 모든 것은 우리가 지젝에서 확인하는 또 다른 '간극,' 즉 다음과 같은 질문의 형태로 생겨나는 간극과 관련이 없지 않다. 상징계에 있는 어떤 교착에 대응하여 발생하는 것이 실재인가, 아니면 실재의 어떤 교착에 대응하여 발생하는 것이 상징계인가? 지젝이 관념론으로 간주하는 것은 첫 번째 관점이고, 두 번째 관점은 유물론으로 간주한다.(*FA*, 91~92) 따라서 《나눌 수 없는 잔여》에서 그는 프랑스 문학 이론가 장-자크 르세르클을 반박하면서 대타자(상징적 질서로서의 언어)보다 라랑그(의미 없는, 무의미화 차원의 언어)에 우선순위를 두었다. "라캉은 반복적으로 문자의 향유-의미(주이-상스)가 남근적 배제("상징적 거세")의 작동을 통해 대타자의 담론적 질서를 출현시키는 일종의 기반이라고 주장했다."(*IR*, 109) 《연약한 절대성》에서 그는 마찬가지로, 실재의 모든 재현은 실재로부터 우리를 보호할 뿐, 그 트라우마적인 충격을 놓친다고 주장할 수 있다. "완전한 파국의 이미지는 실재에 접근하는 길을 열어주기는커녕 실재에 **대항하는** 보호막으로 기능할 수 있다."(*FA*, 78) 그리고 《그들은 자기가 하는 일을 알지 못하나이다》에서 그는 상징적 질서란 그 자체로 어떤 저변의 트라우마에 대한 반응, 즉 어떤 선행하는 상징화 불가능한 실재를 보충하려는 시도에 불과하다고 주장하게 된다.

> 정신분석학 분야에서 그러한 소급적 인과성의 가장 유명한 사례는 물론 '늑대 인간'의 경우로서, 그는 프로이트의 러시아 분석자로서 어린 시절 부모의 성교 장면을 목격했다. 그 이후 그의 모든 증상 형성은 이 원초적 장면을 현재의, 공시적 상징 네트워크에 통합하고, 거기에 의미를 부여함으로써 그 트라우마적 충격을 봉쇄하기 위한 수많은 노력에 다름 아니었다.(*TK*, 202)

이 구절들은 의심할 여지없이 우리가 밝혀낸 것보다 너 복잡하다. 그리고 우리는 지젝이 다른 곳에서 (그리고 이 구절들에서도) 상징계와 실재 사이에서 그 둘을 넘나드는 단순한 대안을 제시하는 일에 **맞서** 논쟁하고 있다고 주장할 수 있다. 그럼에도 불구하고 우리는 상징계와 실재를 계속 구분함으로써—공백은 채워지기 전에 존재한다는 것, 실재의 교착상태가 상징계로 이어진다는 것, 실재는 상징계에 의해 고도화된다는 것을 제시함으로써—지젝이 칸트주의자가 될 위험을 무릅쓴다고 말할 수 있다. 바디우와 데리다에 대한 탁월한 비판에도 불구하고, 우리는 그가 어쩌면 그들과 똑같이 '형식주의'를 되풀이한다고 말해야겠다. 즉, 지젝이 이 구절들에서 파악하지 못하는 것은 상징계가 **곧** 실재라는 것, 공백은 채워지기 전에는 존재하지 않는다는 것, 실재는 정의상 상실되거나 '고도화'될 수 없다는 것이다. 그리고 이것이 바로 '부정의 부정'이라는 헤겔적 관념이 의미하는 바이며, 이는 이번 장의 주제이자 주인기표와 행위 사이의 관계에 대해 말하려는 세 번째 시도이다. '부정의 부정'이란 무엇인가? 그것은 행위가 주인기표의 '부정'으로 간주될 수 있다면, 이 '부정'은 자체가 '부정'되어 주인기표의 일부로 드러나야 한다는 생각이다. 하지만 이 '부정의 부정'이 주인기표의 바깥에는 아무것도 없다는 것을 의미한다면, 그것은 또한 우리로 하여금 이 주인기표가 전부가 아니며, 그것은 오직 행위의 '부정'의 '부정'으로서만 가능하다는 점을 사유할 수 있게 해준다. 이것은 우리가 '상실의 상실'이라고 부를 수 있는 것으로서의 '부정의 부정'(*CHU*, 258)이다. 체계에는 아무런 상실도, 아무런 타자도 없는 동시에 상실 너머의 상실, 모든 실제적 상실이 대리할 수밖에 없는 상실이 존재한다. 행위는 단지 상실을 허용하는 '내재적 위반'일 뿐이기 때문에 체계와 대립하지 않으며, 오히려 체계 그 자체**이다**.(*ME*, 55~57, *PF*, 18~27, *CHU*, 218~219) 체계 그 자체와 행위를 전유하는 체계의 무한한 능력은 어떤 선행하는 '행위'의 '규범화'(*TS*, 153) 또는 '실증화'(*TS*, 234)로서만 가능하다.

행위에 대한 이러한 재사유는 다시 윤리적, 정치적 행동을 위한 기반에 대한 일정한 재개념화로 이어진다. 기존 질서에 대한 예외로서의 행위라는 개념을 없애면서, 지젝은 미래에 달성해야 할 어떤 목표에 인도되는 계몽주의적 행위 관념을 제거한다. 오히려, 가능성의 '유사초월적' 조건—우리가 말해왔던 이 간극 또는 부정—은 다른 곳이 아니라 바로 **여기에** 있다. 세상을 어떤 다른 것으로 바꾸는 일이 아니라 세상을 **이미 있는** 그대로 만드는 것이 문제일 것이다. 그것은 타자를 세계에 대립시키는 일이 아니라 세계가 이미 자기 자신의 타자임을 보여주는 것, 즉 세계는 세계가 탄생하기 전에 발생한 분열에 기초해서만 가능한 것임을 보여주는 일이다. [지젝은 여기서 결코 도래하지 않을 유사 메시아적 미래에 대한 사유와 이미 일어난 파국을 구분한다.(*TS*, 71, *B*, 125)] 그리고 이는 우리가 투쟁하고 죽는 사회적 또는 정치적 **대의**라는 개념에 대한 지젝의 일정한 재개념화로 이어질 것이다. 왜냐하면 '부정'으로서의 행위를 없애는 방향과 발을 맞추어서, 지젝은 또한 대의를 이해하는 일반적인 방식도 없애고 싶어하기 때문이다. 그는 대의가 현실과 무관한 환상이라는 관념(*T?*, 111~112)과 대의는 항상 현실에 의해 타협된다는 관념(*TS*, 165) 모두를 없애고 싶어 한다. 실제로, 안티고네에서 메데이아로 충성심이 전환하는 것과 상응하여, 지젝은 궁극적으로 다른 모든 것의 근거가 되는 예외, 다른 모든 것이 그것을 대리할 뿐인 것으로서의 대의에 대한 관념 전체를 거부하게 될 것이다. 즉, 그는 희생으로서의 대의, 즉 어떠한 대상도 충실하게 표상할 수 없는 것이라는 근대적, 계몽주의적 관념 전체를 거부하고, 희생의 희생으로서의 대의라는 포스트모던적, 탈전체주의적 개념을 옹호할 것인데, 여기서 대의에 대한 우리의 궁극적인 충실성은 대의를 포기할 것을 요구한다.

이 대의에 대해 지젝이 말한 내용을 살펴보면, 항상 모종의 '마치 ~처럼'으로 점철—이것은 분명히 칸트에게 빚을 지고 있다—되어 있음을 알게 된다.(*L*, 259) 그러나 이념의 규제적 본성을 가리키는 칸트적 '마치 ~처럼'의 가설적 성격과는 달리, 지젝에게서 이는 우리가 대의에 동기화되어 행동할 때 '마치' 특정 사태가 **이미** 그러했다는 듯이 행동하는 방식에 대해 말하기 위함이었다. 그러나 동시에 이것은 사물이 이미 이렇게 되어 있지 **않다**는 것을 인정하는 것이기도 하다. 우리가 사물이 이미 그렇게 되어 있다고 말한 대로 존재한다는 것을 알기 때문에 행동할 수 있다면, 우리가 행동하고 난 이후까지는 사물 역시 이와 같은 상태로 존재하지는 않을 것이다. 다시 말해서, 이 대의의 '마치 ~처럼'은 단순히 현실의 재표시, 반복이다. 그것은 이미 있는 것을 바꾸거나 거기에 무엇을 더하려는 것이 아니라 단지 이미 존재하는 것을 등록한다.(*TS*, 129, *CHU*, 131) 그러나 현실을 다시 표시한다는 것은 이미 그 안에 어떤 공간을 열고, 그것에 대한 또 다른 설명을 제공하는 것인데, 바로 이 공간이 대의의 공간이다. 우리는 항상 무엇이 가능한 것을 만드는지, 무엇이 사물을 있는 그대로 있게 하는지, 세계를 있는 그대로 있게 하기 위해 무엇이 배제되는지에 대해 말하려고 노력하는데, 이것이 바로 대의 그 자체다.

이 모든 것을 더 명확하게 하기 위해 우리는 여기서 지젝의 수많은 구체적인 정치적 결정과 개입을 살펴보겠다. 1장에서 〈왜 모든 행위는 반복인가?〉와 관련해 말했던 것으로 돌아가면, 상징계를 벗어나려는 모든 시도가 결국 상징계를 반복할 뿐이라고 하더라도, 비록 우리가 두 개의 주인기표 사이에서 선택할 수 있을 뿐이라도, 지젝이 이야기하듯 행위의 목적은 "근본적 선택을 유지"(*B*, 122)하기, 즉 상징계에서 배제된 것을 가장 잘 대변하는 주인기표를 선택하는 일이다.[1] 그러나 결정적으로—칸트 및 데리다와 벌인 지젝의 논쟁으로 돌아가자면—이것은 선택을 연기하는 것이 아니라 선택을 통해서만 확인될 수 있다. 오직 어떤 선택을 통해서만 우리는 선택될 수 없는 것을 사유할 수 있다. 이 모든 것이 여전히 모호하거나 불분명하게 들린다면, 이 장에서 지젝의 실제 정치적 '선택' 중 두 가지를 좀 더 자세히 살펴보자. 첫 번째는 1990년대 발칸 전쟁 동안 그가 나토(NATO)의 군사력과 심지어 폭격을 옹호한 일이다. 이것이 그 상황에 대한 해석적 **개입**이라는 점을 유념해야만 하는데, 왜냐하면 지젝이 처음 이러한 행동을 촉구하기 시작했을 당시에는 그것이 나토의 공식적 정책의 일부가 아니었기 때문이다. 그리고 지젝은 매우 구체적인 이유를 들어 자신의 주장을 뒷받침한다. 그러나 동시에 그는 이 군사 옵션이 최선의 대안이 아니며 우리가 진정으로 원하는 것을 대신할 뿐이라고 지적하면서 이 군사 옵션을 **비판한다**. 두 번째로 살펴볼 사례는 2001년 9월 11일 세계무역센터에 대한 테러 공격을 두고 나온 지젝의 반응인데, 여기서도 역시 테러의 유혹을 거부하면서도 '테러리즘' 및 '테러와의 전쟁'이라는 단순한 대안에 반대하는 논리를 펼친다.

즉, 그는 항상 대안들 사이에서 선택해야만 하지만, 이 사안에서 그는 정확히 그중 어떤 선택이 무엇이 이 선택에 선행하고 무엇이 이 선택에 의해 배제되는지를 가장 잘 생각할 수 있게 하는지에 의탁한다.

이 장에서는 주인기표와 행위 간의 관계를 규정하는 이 '부정의 부정'의 결과를 추적한다. 주인기표는 행위와 같지도 다르지도 않지만, 그 '부정'의 '부정'으로 드러나기 때문에, 주인기표의 바깥에 아무것도 없다 해도 그것은 '비전체'이다. 그리고 이 여성적 '비전체'가 지젝의 작업에서, 즉 섹슈얼리티의 영역뿐 아니라 윤리학, 정치학, 심지어 경제학에서도 점차 핵심으로 떠오르고 있다. (그리고 그의 사유가 어떻게 보편성을 허용하는 남성적인 '예외'로부터 예외가 없는 여성적인 '비전체'에 이르는지 보여주면서 이러한 모든 문제에 대한 지젝의 사유를 추적하는 것은 매우 중요한 일이 될 것이다.) 우리가 제시하듯, 이는 사회적 행동의 완전히 다른 모델을 함의한다. 그것은 더 이상 초월적 가능성이나 잠재적인 것의 실제적인 실현의 문제가 아니라 초월적인 것이 이미 경험적이라는 생각, 잠재적인 것이 이미 실제적이라는 생각, 즉 우리가 '성차 공식'(*IR*, 157)의 여성적 측면에서 이미 확인했던 차원과 메타차원 사이의 구별의 '유사초월적' 붕괴라는 생각에 훨씬 더 이끌리게 될 것이다. 그러나 다시 말하지만, 이것은 무관심을 호소하거나 초월적인 것과 경험적인 것 사이의 구별의 제거를 향한 호소로 이해되어서는 안 된다. 오히려 지젝이 기독교에 대해 말하듯, 오직 메시아가 이미 도래했다는 점을 기반으로

해서만 우리는 거듭날 수 있다. 또는 그가 지적하듯, "진정한 철학의 경우 모든 것은 이미 이루어졌다. 파악하기 어려운 것은 이 개념이 어떻게 관여된 활동을 막지 못할 뿐만 아니라 실질적으로 그것을 뒷받침하는가"(*B*, 125)이다. 세상은 모든 실재하는 경우이며 동시에—심지어 먼 미래에서의 어떠한 화해의 가능성과도 반대로—결코 완전히 실현될 수 없고, 항상 일종의 대의나 충동에 의해 분열된다. 그리고 우리는 여기서 이 '비전체' 또는 '부정의 부정'의 논리를 세 가지 서로 다른 영역에서 묘사하려고 하는데, 그 논리가 주지하다시피 처음 발견된 곳에서부터 가장 광범위한 결과들로, 그 가장 영적이고 비세속적인 것에서부터 가장 물질적이고 실용적인 것으로, 즉 여성적인 것, 기독교와 사랑, 그리고 정치와 경제에서 어떻게 펼쳐지는지 그 윤곽을 그리고자 한다. 그렇게 함으로써 우리는 최근에 상당한 논의가 이루어진 '라캉적' 정치학이 아니라 '여성적' 또는 심지어 특별히 '지젝적인' 윤리와 정치의 개요를 판별할 수 있을 것이다.

안티고네와 메데이아

여기서 우리는 '비전체'라는 표현을 제대로 설명하지 않고 사용해왔다. 이 개념은 원래 칸트와 헤겔에 관한 논의 과정에서 제기되었지만, 지젝에서는 칸트의 수학적 숭고와 역동적 숭고를 구분하기 위해 처음 등장한다.(*TN*, 53~58) 사실, '비전체' 개념은 궁극적으로는 라캉의 '성차 공식'의 여성적 측면에서 도출된다. 이 공식의 남성적인 측면에는 예외에 의해 보장되는 보편성이 있다. 모든 다른 사람들이 속해 있는 남근적 질서 내에 속하지 않는 한 명의 개인이 존재하기 때문이다. 이것의 문화적 사례로는 다른 모든 남성은 거세의 한계 내에서 활동해야 하는 반면 모든 여성을 직접적으로 즐길 수 있다고 가정되는 이른바 원초적 아버지가 있다. 그러나 우리는 또한 궁정 연애의 귀부인이나 필름 느와르의 팜므 파탈도 생각할 수 있는데, 그녀 역시 상징적 교환의 법칙 바깥에 있는 반면 다른 모든 여성은 그 안에 있기 때문이다. 그 공식의 여성적 측면에서 보면, 반대로 상징적 질서 바깥에 있는 여성이 아무도 없기에 그녀는 그 질서 안에서 비전체이다. 그러나 이것은 매우 신중하게 이해되어야 한다. 지젝은 《나눌 수 없는 잔여》에서 이 공식을 정교하게 설명하면서 이 여성적 측면에 대한 두 가지 일반적인 오독에 대해 주의를 환기시킨다. 첫 번째는 다시 일부 여성(또는 여성 그 자체)을 상징적 질서의 외부에 있는 것으로 이해하는 입장이다. 이는 아마도 줄리아 크리스테바나 일부 뉴에이지 페미니스트와 같은 이론가들이 일삼는 것과 유사한 입장으로서 그들은 여성이 '재현 불가능'하다고 말한다. 지젝이 이야기하듯, 이것은 여성을 일반적인 규칙에 속하지 않는 것으로 생각하려는 기본적인 남성적 환상을 반복하는 것일 뿐이다.(*IR*, 159~160) 두 번째, 더 미묘한 오독은 어떤 특정한 여성을 상징적 질서 바깥에 있는 것으로 주장하는 것이 아니라 여성의 어떤 특정한 **일부**(*IR*, 156)가 상징계 외부에 있다고 본다. 여기서는 남성적 환상을 직접적으로 반복하지는 않지만 다른 방식으로 그것을 재연한다. 남성적 측면에서는 분열이 외부에 있는 반면, 여성적 측면에서는 분열이 **내부에** 있다. 일종의 파악할 수 없는 아이러니를 통해, 여성은 상징적인 질서와 거리를 두게 된다. 다시 칸트식 비유로 돌아가면, 제시되는 것은 남성적인 것의 범위를 영구적으로 벗어난 모종의 '여성 그 자체' 이다. 그녀의 겉모습이나 베일 아래에는 항상 무언가가, 그녀에 대해 알려질 수 없는 무언가가 있는데, '여성적 가장feminine masquerade'이라는 잘 알려진 개념을 잠시 거론해보자.(*IR*, 158)

이와 관련하여, 주지하다시피 여성적 윤리와 정치학의 가장 위대한 인물인 안티고네를 고려하는 일은 흥미롭다. 크레온 왕이 오빠 폴리네이케스의 장례를 허용하지 않는 것에 반대하는 안티고네의 행동에 대한 고전적인 정신분석학적 읽기는 라캉의《윤리학》으로서, 그녀의 행동들이 선의 윤리를 넘어선 지점을 가리킨다고 해석한다.(*S7*, 240) 안티고네는 가족과 친구들의 촉구에 반대하여 오빠를 제대로 묻어주겠다는 자신의 결정에 집착하며, 이로 인해 야기될 사회적 혼란에 대한 왕의 경고, 그리고 어쩌면 상황에 대한 '객관적' 분석조차도 무시한다. 라캉에 의해—그리고 그와 생각이 같은 지젝에 의해—드러난 이 행위의 의미는 진정한 윤리적 행위는 기존의 사회적 합의를 따르지 않고, 일반적으로 선하다고 받아들여지는 것에 순응하지 않으며, 그 자체가 선한 것이 무엇인지를 규정한다는 것이다. 이는 기존 상징적 질서 내에서 생겨나지 않고 오히려 상징적 질서를 생산하며, 그 질서를 정당화할 수 있는 조건들을 만들어낸다. 그리고 지젝은 행위의 이러한 양상에 대해 다시 한번 자신이 전형적인 해체 전략인 연기延期와 수동성으로 간주하는 것을 비판할 수 있게 해주는 관점에서 언급하는데, 모든 행위가 '타자'를 존재론화하고 타협할 수밖에 없다는 해체적 믿음에 대해 이는 궁극적으로 행위를 끝까지 추구하지 않고 미루기 위한 변명일 뿐이라고 비판한다. 그가《전체주의가 어쨌다구?》에서 행위와 근거 사이에 성립하는 수행적 '등가성'에 대해 서술하듯,

> 안티고네는 매개와 화해의 행위자인 제3의 존재로서의 대타자를 무색하게 하는, 사물로서의 대타자에 대한 배타적이고 비타협적인 집착을 대표하는 것이 아닐까? … 라캉의 관점에서 볼 때, 이 '타자성에 대한 존중'은 **행위에 맞서는 저항의 힘**, 무조건적인 것과 조건화된 것, 윤리적 것과 정치적인 것(칸트적 용어로 말하자면 본체적인 것과 현상적인 것) 사이의 '미친' 단락에 맞서는 힘인데, 이거야말로 진짜 행위**이다**.(*T?*, 158, 160)

그러나 이 구절은 매우 신중하게 읽어야 한다. 왜냐하면 지젝 작업의 이 단계에서 이는 안티고네에 대한 태도에서 모종의 변화를 표상하기 때문이다. 지젝은 자신의 경력의 대부분 동안 안티고네를 인정했지만,《전체주의가 어쨌다구?》바로 직전 시기에 그는 그녀의 행동에 대해 다시 거리를 두면서, 그 행동들로 인해 우리가 근거와 근거되는 것, 조건화된 것과 조건 없는 것 사이의 '단락'을 결국 보지 못한다고 주장했다. 즉, 행위와의 전

적인 동일시가 아니라 행위로부터의 분리가 문제다. 행위는 **예외**로서, 인간적인 것보다 더 고차원의 원리에서 비롯된 것으로 파악된다(그리고 그녀 오빠에 대한 환기를 넘어 안티고네가 또한 신들의 이름으로 말한다는 점을 기억하는 일도 중요하다). 다시 말해, 완전히 성공적이거나 성취된 행위는 지속적으로 불가능한 것으로, 존재의 또 다른, 초월적 질서로부터의 신호로 이해된다. 여기서 칸트적 공백이 다시 제시되는데, '선'은 추상적이고 궁극적으로 도달할 수 없는 원리, 우리가 인간인 한 성취할 수 없는 원리로 간주된다. 우리는 여성적인 수학적 숭고의 '선한 무한성'이 아니라 남성적인 역동적 숭고의 '나쁜 무한성'만 마주할 것이다.(*TN*, 55~57, *TS*, 166) 그것은 '두 개의 죽음 사이'의 '나쁜 무한성'으로서, 그것들이 서로 다른 것으로 이해되는 한, 우리는 하나의 (불멸의) 사물을 위해 모든 (세속적인) 사물들을 포기한다. 지젝이 앞선 《연약한 절대성》에서 서술하듯,

> 전통적 (전근대적) 행위에서, 주체는 자신에게 삶 그 자체보다 더 중요한 대의-사물을 위해 모든 것(모든 '병리적'인 것들)을 희생한다. 죽음으로 정죄된 안티고네는 자신의 죽음의 가능성으로 인해 자신이 경험할 수 없게 될 모든 것들(결혼, 자녀 등)을 열거한다. 이것이 바로 예외(우리 행위의 목적이 되는 사물, 그리고 정확하게는 희생되지 않는 것)를 통해 우리가 희생하는 '나쁜 무한성'이다. 여기서 그 구조는 칸트적 숭고의 구조이다. 희생된 경험적/병리적 대상의 압도적인 무한성은 부정적인 방

식으로 엄청나고 이해 불가능한 사물, 우리가 그것을 위해 대상들을 희생하는 사물의 차원을 불러낸다. … **이** 안티고네가 탁월한 **남성적** 환상이라고 굳이 덧붙일 필요가 있을까?(*FA*, 154)

다시 말해—앞서 우리가 '성차 공식'의 여성적 측면을 오독하는 다양한 방식에 대해 말했던 것으로 돌아가면—우리는 여기서 안티고네의 대의에 대한 '무조건적인' 주장을 상징계를 재편성하는 그 무엇이 아니라 상징계를 허용하거나 공고히 하는 것으로 보게 된다. 그녀의 '행위'는 상징계와 결별하는 것이 아니라 상징계에 필수적인 '내재적 위반'으로 이해되는 셈이다. 왜냐하면 어떤 의미에서 안티고네는 체제 그 자체의 이름으로만 그 체제에 항거하는 것이기 때문이다.[2] '초월' 개념이 스스로 설명해야 할 것에 의해 결정되는 칸트식 방식을 두고 헤겔이 비판한 것과 똑같이, 안티고네는 결국 체제가 그 자체의 기준에 부합하지 않는다고 비난할 뿐이다. 즉, 그녀는 시스템의 추상성을 구체적인 예외에 소환함으로써 **유보하고** 시스템과 (비록 시스템의 이름으로 그렇게 하지만) 거리를 **유지한다**. 그러나 우리가 주인기표의 경우에서 보았듯, 시스템과의 가장 심오한 동일시의 형식이 바로 시스템으로부터의 거리두기다. 지젝이 《연약한 절대성》에서 이야기하듯, "공적 권력과 그 내재적 위반 사이의 관계에 있는 기본적인 역설은 주체가 오로지 그리고 정확히 권력과 완전히 동일시하지 않는 한에서만, 실제로 권력(의 거미줄에 사로잡힌 채) '안에' 존재한다는 것이다."(*FA*, 148) 그리고 성차 공식의 여성적 측면에 대한 오독에 대해 우리가 말했던 것으로 돌아가면, 이 모든 것을 이해하는 다른 방법은, 안티고네가 마치 여성이 '보편적' 인간가치의 수호자인 것처럼 어떤 특별하게 **여성적인** 도덕적 입장이라는 이름으로 자신의 일을 수행한다고 보는 것이다.(*FA*, 155) 그러나 다시 말하지만, 이 '여성성'은 오직 보수적으로만 주장될 수 있기에, 체계의 잘못된 표상에 맞서 체계 자체를 보존할 뿐이다. 즉, 안티고네가 결혼과 자녀의 가능성을 희생한다면, 그럼에도 불구하고 그녀는 오직 **가족**의 이름으로만 그렇게 한다. 하지만 그런 한에서, 안티고네는 대의와 전적으로 동일시하지 않는다. 그녀가 권력에 대한 모종의 예외를 제시하듯, 자신의 입장을 관철하는 데 있어 그녀가 결코 포기하지 않을 어떤 것들이 존재한다. 지젝이 안티고네와 그리스 비극의 다른 위대한 인물, 즉 자기 자식들의 이름으로 바로 이 자식들을 희생하면서 마감한 메데이아를 대조하면서 서술하듯,

> 어떻게 권력과 싸울 수 있을까? 권력에 의해 위협받는 오래된 유기적 관습에 충실하거나, 권력 자체를 능가하는 폭력을 통해서? 두 가지 여성성의 버전이 있다. 안티고네는 여전히 국가권력이라는 공적 공간의 보편성에 대항하는 특정한 가족적 뿌리를 대변하는 것으로 읽힐 수 있다. 반대로 메데이아는 보편적 권력 자체를 능가하는 보편성이다.(*B*, 158)

비교를 명확히 하자면, 안티고네는 특정한 무언가의 이름으로 권력에 반대한다. 그녀는 권력의 보편성의 **예외**(권력에서 누락된 그 무엇)를 제시한다. 메데이아는 이와는 정반대로, 구체적인 어떤 것을 예컨대 너무 보편적이라는 이유로 권력에 대립시키는 것이 아니라, 권력이 모종의 예외를 두는 한 권력의 이른바 보편성은 여전히 너무 특수하다고 주장한다. 안티고네는 대의의 이름으로 모든 것을 희생할 준비가 되어 있고, 메데이아는 **무**(無)의 이름으로 자신의 대의를 희생할 준비가 되어 있다. (여기에 예외를 생각하는 두 가지 다른 방식이 있다. 안티고네에게 예외는 보편성에 반대되며 보편성을 허용하는 것이고, 메데이아에게 예외는 보편성의 **실패**의 소급효과로서만 발생한다.) 그러나 이 점을 사유하기 위해, 지젝이 《믿음에 관하여》에서 일련의 점진적으로 더 복잡한 희생의 논리, 즉 각각의 논리가 대타자의 허구를 생산하거나 유지하는 데 목적이 있는 희생의 논리를 설명한 것을 다시 떠올려보자.(*B*, 69~78) 왜냐하면 이것이 바로 안티고네가 자신의 희생을 통해 우리에게 납득시키려고 하는 것으로 이해될 수 있기 때문이다. 즉 그것이 정확히 희생**이며**, 자신이 옳았다는 것이 증명될 '최후의 심판'이 있을 것이라는 생각이다. 그리고 바로 이 정도까지 안티고네는 자신의 대의와 완전히 동일시하지는 않는다. 그 희생은 근본적으로 자기 오빠에 대한 어떤 정의로움이 아니라 자신을 움직이게 하는 세상의 어떤 심층의 질서나 정의가 있다는 것을 증명하기 위함이다. 하지만 《전체주의가 어쨌다구?》에서 안티고네에 대한 좀 더 최근의 '긍정적' 독해의 일환으로서, 지젝은 여기에 또 다른 변형을 가해서 안티고네가 자신의 행동을 통해 드러낸다고 할 수 있는 것은 '타자'가 없다는 것, 즉 우리가 동일시하는 이 '타자'는 그 끔찍한 개방성 속에서 '자유의 심연'일 뿐이라고 주장한다. 거기서 그가 이 '다른' 안티고네에 대해 기록하듯,

> 다시 말하지만, 행위의 순간에, 이 광기의 순간에 주체는 타자-사물의 부재를 가정한다. 즉 타자의 어떤 부름에 대해서도 반응하지 않는 완전한 자유라는 점을 가정한다. 이 행위는 이 이중적 불가능성/한계의 수용과 관계한다. 우리의 경험적 우주는 불완전하지만, 이는 이 우주를 지탱하는 **또 다른** '진정한' 현실이 있다는 뜻은 아니다.(*T?*, 175)

그러나 다시 말하지만, 이 발언은 매우 신중하게 이해해야 한다. 안티고네의 희생은 타자의 결핍을 은폐하기 위한 시도라는 뜻이라기보다, 타자가 없기 때문에 이 희생이 가능할 뿐만 아니라 이 희생은 오직 타자에 이를 수밖에 없다는 것이다. 다시 말해, 안티고네의 행동에 대한 이 대안적 읽기에서 그녀는 이미 확립된 가치에 호소하지 않고, 자신의 이름으로 체제에 이의를 제기하지 않지만, 자신의 희생이 있기 **전까지는** 이와 같은 타자가 없음을 알고 있다. 셸링에서 보았던 것과 비슷한 방식으로, 마치 시스템은 이미 '잠재적으로' 자리 잡지만 안티고네의 자유로운 희생이 있기 전까지는 실제로 존재하지 않는 것처럼 보인

다. 즉, 우리가 타자와 거리를 둔다고 해서 시스템을 약화시키지는 않는데, 왜냐하면 이는 그 시스템을 이미 존재하는 것으로 상상하는 일일 뿐이며, 결국 그것을 허용하는 예외를 만들어낼 수 있을 뿐이기 때문이다. 오히려, 우리가 타자와 완전히 동일시해야만 그것이 (아직) 존재하지 않는다는 것을 드러낼 수 있다.

이쯤에서 메데이아로 눈을 돌려 그녀가 어떤 방식으로 안티고네를 '넘어서'는지, 아니 적어도 우리가 여기서 설명하고자 하는 역설적 논리에 더 가까운지 살펴보자. 지젝이 안티고네와 대비해서 메데이아에 대해 말하는 것은 무엇인가? 메데이아의 핵심적 측면—그것은 바로 '자기 자신에 대한 타격'으로서, 우리는 다음과 같은 다른 많은 윤리적 사례들에서 이를 발견할 수 있다. 예컨대 〈랜섬〉(*CHU*, 122), 〈유주얼 서스펙트〉(*CHU*, 122), 〈파이트 클럽〉(*L*, 252~253), 《한 여인의 초상》의 이사벨 아처(*B*, 75), 〈브라이드셰드 재방문〉(*B*, 149)의 줄리아 모트램—은 자신의 대의인 아이들을 죽인다는 점이다. 그녀는 안티고네가 집착하는 것으로 보이는 예외를 희생한다. 아니, 가장 신랄한 형태로 표현하자면, 그녀는 자신의 대의를 구하기 위해 자신의 대의를 희생한다. 그녀의 대의는 어떤 구체적 대상에 사로잡힌 것이 아니라 어떤 특정한 대상도 넘어서는 것이다. 지젝에게 이것은 특유하게 '여성적'일 뿐만 아니라 독특하게 현대적인(포스트모던적이라고 할 수도 있는) 희생의 형태이기도 하다. 그가 메데이아에 대해 서술하듯,

> 근대적 윤리의 성좌에서, 우리는 **사물의 이 예외**를 중지시킨다. … 자신의 내재적 예외로서 여성이라는 윤리적 인물에 의존하는 권력 투쟁의 이러한 ('남성적') 보편성과는 대조적으로, ('여성적') 윤리적 행위의 참모습은 이 예외의 중지와 연관된다.(*FA*, 154~155)

이는 대의의 이름으로 피고들이 필연적으로 자신의 예외성, 즉 대타자로부터 자신들이 희생당하고 있다는 인정을 포기해야만 했던 스탈린주의적 명목 재판에서도 확인할 수 있는 (탈)근대성이다. [그들은 스탈린이 사적으로 자신들의 무죄를 인정한다면 공개적으로 스스로를 자기비판할 준비가 꽤 되어 있었지만, 이를 거부한 것이야말로 바로 스탈린의 '위대성'이다.(*T?*, 107~108)] 다시 말해, 그들을 궁극적 희생으로부터 막아줄 것이 아무것도 없었다. 앞에서 말한 것을 반복하자면, 적어도 자신들의 행동 없이는 이 대의가 텅 비었거나 존재하지 않는다는 것을 깨달은 바로 그 순간에 그들이 필연적으로 대의와 완전히 동일시하는 일이 벌어졌다. 그리고 이 시점에서야말로 그들은 더 이상 '두 죽음 사이'가 아니었는데, 왜냐하면 그들은 필멸의 생물학적 생명을 불멸의 대의와 교환하거나 대의에 의한 '상징적 궁핍' 혹은 버림받음 후에도 살아갈 수는 없었기 때문이다.(*T?*, 96~97)[3]

하지만 이 모든 것에서 타자가 없다는 사실은 무엇을 의미할까? 메데이아가 안티고네의 예외를 '넘어' 자신의 대의마저 희생한다는 말은 무엇을 의미할까? 어떤 의미에서 메데이아는 권력을 능가하여 '폭력적'이거나 '보편화'하는가? 우리가 말하려는 것은 대의와의 주저 없는 동일시에서, 개방되어버린 것은 대의의 '외부'나 '반대'가 아니라 대의가 발설되도록 하는 그 무엇, 즉 대의가 발설되는 장소이다. (자신은 이미 존재하는 어떤 대의를 따르고 있다거나 그 대의 바깥의 어떤 예외를 붙잡고 있다고 말할 수 있는 안티고네와는 대조적으로, 여기서 우리는 정확히 대의에는 예외가 없다는 사실, 우리는 완전히 그 안에 사로잡혀 있으며, 우리 없이는 대의가 존재하지 않을 것이라는 사실, 즉 그것은 우리에 의해 '설정'되고 '발화'된다는 사실을 종합하려고 한다.) 이는 대의와 결별—주인기표나 전이에서처럼, 우리는 또 다른 대의의 이름으로만 어떤 대의와 결별할 수 있다—하는 문제라기보다 어떤 대의라도 뒷받침하는 '대의,' 모든 대의가 대리하고자 하는 '대의'의 문제이다. 즉, 대의는 항상 일종의 예외, 모든 것이 그것을 대리하는 그 무엇으로 명명되어야 하지만, 그 대의는 다시 또 다른 대의를 대신할 뿐이며, 그것이 다시 표시될 수 있게 한다. 이것이 바로 메데이아가 권력을 능가하여 '폭력적'이고 '보편적'이라는 말로 지젝이 궁극적으로 뜻하는 바이다. 그녀는 권력이 여전히 너무 특수하며, 여전히 너무 예외적이며, 여전히 그것이 저항하는 것에 의거해 정의되는 일이 너무 많다는 것을 드러낸다. 이는 상징적 질서에 반대하거나 그 질서에 어떤 타자를 제시하는 것이 아니라, 그 질서가 **이미** 타자로서 불완전하며, 그것이 대타자를 대리하는 한에서만 가능함을 제시할 뿐이다. 그것은 상징적인 질서를 '위반'하는 것이 아니라 마치 그것이 **이미** 위반된 것처럼 '행동'하는 것이다. 따라서 우리는 이제 '허용된 것'을 행하지만 완전히 다른 이유로 행한다. 그것은 절대적인 차이에 이르는 절대적인 식별이다.(*FA*, 147~188, *T?*, 171~172) 메데이아에게서 순수한 선함이 악마적 악함(가짜로 순응하거나 잘못된 이유로 옳은 일을 하는 것)과 구별되지 않는 이유이다.[4] 다시 말하지만, 결정적이지만 이해하기 어려운 점은 메데이아는 안티고네와 달리 또 다른 더 상위의 법의 이름을 걸고 자신의 일을 하는 것이 아니라는 것인데, 왜냐하면 그녀는 존재하는 것의 외부에 서 있지 않기 때문이다. 이는 법 그 자체의 이름으로 그 법에 맞서는 안티고네(마치 그 법이 그 자신의 예외 밖에서 그 자체로 진술될 수 있는 것처럼)와 '무' 혹은 충동이 법(애초부터 그 자신의 예외로서의 법)의 밑바탕에 있음을 증명하는 메데이아 사이의 미묘한 차이점이다.

이 모든 것을 다르게 정리하자면, 지젝이 여기서 원하는 것이 정말로 대의의 포기인지 아니면 대의의 희생인지 의아할 것이다. 왜냐하면 이러한 포기는 결국에는 불가능하기 때문이다. 대의는 결코 완전히 포기할 수 없는데 왜냐하면—정확히 주인기표처럼—이 포기가 **바로** 대의이기 때문이다. 이것이 바로 안티고네와 메데이아 사이의 최종적 차이이다. 즉, 대의가 항상 자기 너머의 무언가, 그것이 배반이 되는 그 무엇을 암시하는 것처럼—안티고네의 칸트적/히스테리적인 측면으로서, 타협에 대한 그녀의 거부감은 그 어떤 것도 진정으로 자신을 만족시킬 수 없다는 두려움에 의해 은밀히 작동한다—메데이아는 대의가 계속 되돌아오기 때문에 그녀 나름으로 희생을 되풀이해야만 한다. 그리고 다시 말하지만, 이것이 대의의 진정한 의미로서, 어떤 것(예외)이 자기 자신에게로 끊임없이 굽어져 오도록 하는 데 일종의 '비전체'를 도입하는 일이다. (대의에 의해) 다시 표시되지 않고는 어떠한 종류의 유한성이나 내재성(비-대의)도 우리는 가질 수 없다. 알렌카 주판치치는 지젝이 편집한《성화》에 실린 에세이에서 이렇게 말한다. "유한한 모든 것에 내재화되어 이 유한한 것을 개방하며, 이 유한성을 무한하게 만드는 것은 예외이다."(*S*, 289) 즉, 대의의 '무한성'은 단순히 다른 어떤 공간이 아니라 현상적인 것이 모든 경우에 해당함을 뜻하는 것, 즉 현상적인 것이 '무한'하다는 것을 뜻한다. '비전체'인 것을 가능하게 하는 것으로서의 대의는 또한 그 비전체를 '전체'가 되게 하며 그 자신의 대의가 되게 한다. 어떤 의미에서 그것은 재표시의 논리이지만, 이 재표시의 논리는 그 자체에 무한히 적용된다. 따라서 이는 궁극적으로 헤겔을 칸트나 메데이아나 안티고네에 대립시키는 문제가 아니다. 오히려 어쩌면 헤겔과 메데이아는 칸트와 안티고네를 '전체'가 될 수 있게 하는 그 '비전체'일 수 있다. 그들은 저 '사라지는 매개자들'인데, 이는 우리가 이제부터 칸트, 안티고네, 그리고 남성적 예외라는 관점에서만 생각할 수 있다는 뜻이다.

우리는 이 모든 것을 영화에서 이 여성적 윤리의 가장 위대한 두 가지 의심할 여지없는 사례에서 확인한다. 킹 비더의 〈스텔라 댈러스〉와 라스 폰 트리에의 〈브레이킹 더 웨이브〉가 그것들이다. 첫 번째는 하층 계급 여성인 스텔라 댈러스(바바라 스탠윅 분)의 이야기로서, 그녀는 상류층 남성과 결혼하지만 그에게 환멸을 느끼고 멀어지고 만다. 그녀는 그가 자신의 첫사랑과 다시 만나게 해주기 위해 그와 이혼하는데, 그는 자신의 아버지가 파산하는 바람에 그녀와 억지로 헤어져야만 했던 것이다. 그 와중에 스텔라는 자신의 딸 로렐과 함께 세상을 등지고 떠난다. 하지만 결국 스텔라는 로렐을 포기하고, 로렐 역시 스텔라에게 너무도 실망스러웠던 상류계급과의 결혼에 마찬가지로 진입하게 된다. 그럼에도 불구하고 영화의 유명한 마지막 장면에서, 스텔라는 모든 것을 잃고 자기 딸에게 버림받은 후, 빛나는 광채를 발산하며 카메라의 시야에서 벗어나 새롭고 낯선 세계로 발을 내딛는다. 이 영화가 제기하는 심오한 수수께끼는 바로 이것이다. 왜? 왜 가장 밑바닥 상태여야 할 이 시점에 스텔라는 그렇게 행복할까? 이 질문에 대한 답을 찾기 위해 우리는 에세이 〈더! 멜로드라마에서 위엄까지〉에서 조앤 코프젝이 쓴 〈스텔라 댈러스〉에 대한 기막힌 읽기를 따라가보련다. 코프젝은 이 영화에 대한 일반적인 해석에서 스텔라가 일종의 **신경증자**로 간주된다는 점을 지적하는 것으로 시작한다. 안티고네처럼 그녀는 딸에게 유리한 짝을 만들기 위해 딸이라는 대의에 집착함으로써 세상의 '모든 것'을 거부하게 된다. 그녀는—앞서 '희생'의 논리를 통해 살펴본 것처럼—세상의 근본 질서인 대타자가 존재한다는 것을, (자신의 불행한 경험에도 불구하고 결혼에 대한 그녀의 원래 믿음이 틀리지 않았다는 것을) 증명하고자 모든 것을 희생할 것이다. 실제로 코프젝은 스텔라가 남근적 힘과 위력에 대한 이 환상을 살리기 위해 자신의 소원한 남편을 그가 결혼하려고 했던 여자에게 되돌리려 한다고 암시하면서, 대부분의 경우보다 이 주장을 더욱 발전시킨다.('MM', 263) 즉, 다른 선량한 신경증자와 마찬가지로 스텔라는 자신의 낭만적 실패 (예를 들어, 공감력 많고 선량한 에드먼을 포기한 일)를 조직하여 그녀의 신념이 시험대에 들게 할 필요가 없도록 만든다. 그녀는 사회에서 직접적으로 성취하는 것보다 사회에 대해 불평하는 데서 더 큰 즐거움을 얻는다.

그러나 코프젝은 이러한 읽기—보편적 질서를 허용하는 '예외'라는 관념이 동반하는 이 근본적으로 남성적인 독해—에 반대하여, 영화의 마지막 장면에서 우리는 스텔라를 세상으로부터 **떨어져 나와** 세상과 자신을 분리하는 것이 아니라 세상과 **다시 합류하여** 다시 그 일부가 되는 것으로 이해해야 한다고 주장한다. 그녀는 더 이상 도덕적으로 '우월'하거나 다른 사람들과 다르길 원치 않고, 익명으로 군중 속에 섞여 있고자 한다. 그리고 이것이 바로 우리가 남근적이지 않은 주이상스라고 부를 수 있는 것, 즉 이 시점에서 그녀의 몸을 타고 흐르는 듯한 특별한 여성적 쾌락, 천천히 퍼져나가는 미소의 원인이라고 코프젝은 도발적으로 주장한다. 그것은—우리가 〈왜 모든 행위는 반복인가?〉에서 보았던 상징적 질서 바깥의 정신병적 지점으로 우리를 돌려놓는다—스텔라가 어머니와 아내로서 실패한 것으로 판단되어 남근의 지배를 받는 인물이 더 이상 아니며, 동시에 상징적 질서에 합류할지 (자기 결정을 반복할지) 판단함에 있어 지금보다 더 이상 자유롭고, 더 이상 능력을 갖출 수는 없게 되는 방식을 사유하기 시작하는 일이다. 코프젝이 지적하듯,

> 들리는 소리는 무언가 명령이나 일종의 성적 외침과 같은 '더!'라는 말이다. 이 외침은 상징계와 실재 간의 어떤 동시성의 결핍이 아니라 그것들의 육체적/형식적 결합을 표시한다. 하지만 외침은 발언이 아니며, 절대적 전체, 예외 없는 우주를 묘사하지 않는다. 그 외침은 말하라는 명령이다. 그 외침은 우리에게 모든 것을 말하라고, 모든 특이점에 대해 예외 없이 말하라고 명령한다.('MM', 269~270)

코프젝이 암시하듯, 상징계와 실재 간의 구분이 무너짐으로써 스텔라는 아마도 신경증적이라기보다는 정신병자적일 티이다. 정신병자가 말 그대로 머릿속에서 목소리를 듣는 것과 아주 흡사한 방식으로 상징계와 실재 사이에는 일종의 등가성이 성립하지만, 꼭 그렇지는 않다. 코프젝은 사실 이 둘 간의 직접적인 일치나 등가성을 말하는 것이 아니라 그것들의 '육체적/형식적 결합'에 대해 이야기한다. 즉, 이는 이 둘을 동등하게 만드는 일의 최종적 **불가능성**, 즉 오직 실재로 인해서만 상징계가 전체가 되는 방식의 불가능성에 대해 말하는 일이 될 것이다. 그러나 그것은 또한 이 실재를 사유하려는 무한한 임무, 즉 실재가 항상 특정한 것임을 보여주기 위해 끊임없이 그 어떤 보편이라고 여

겨지는 것을 그 자체로 접어 넣는 일에 대해 말하는 것이기도 하다. 다르게 표현하자면, 코프젝이 여기서 말하는 것은 발화된 그 무엇이 아니라 발화행위 그 자체, 계속해서 발언할 필요성 그 자체이다. 그리고 아주 이상하게도 코프젝이 이를 설명하기 위해 사용하는 다른 단어는 '사랑'인데, 이는 라캉이 "자신에게 없는 것을 주는 일"('MM', 269)이라고 유명하게 정의한 바 있다. 그리고 이것은 또한 이른바 히스테리적인 희생과 스텔라가 맺는 관계를 사유하는 또 다른 방식일 수도 있다. 희생되는 것은 단지 그것이 희생되었음의 사후효과에 불과하다는 것, 사물이 가치를 갖는 상징적 질서는 오직 아무런 목적 없는 '자유로운' 희생 이후에야 생겨난다는 것이다. 이는 스텔라가 마침내 희생을 거부하는—그녀는 정신병자가 아니다—문제가 아니라, 그녀가 희생하는 것이 오직 상실로서만 존재한다는 것을 그녀가 인식하는 문제, 다시 말해 이 상징적 질서가 그녀 없이는 존재하지 않는다는 것을 아는 문제다.[5]

영화 〈브레이킹 더 웨이브〉에서도 정신병과 여성적 주이상스 사이의 연관성을 확인할 수 있다. 이 영화는 산업재해로 불구가 된 굴착기 노동자 얀과 결혼한 순진하고 순박한 젊은 여성 베스(에밀리 왓슨 분)의 이야기를 다룬다. 영화의 끔찍한 클라이맥스에서 낯선 사람과 성행위를 하면 얀을 치료할 수 있다고 믿는 베스는, 자신을 기다리고 있는 운명을 미리 알고도 전에 매를 맞은 적이 있었던 배를 향해 항해한다. 이 장면의 놀라운 측면은 이 시점에 이르러 얀은 이미 그녀를 버렸으며 그녀를 정신병원에 입원시키는 서류에 서명했다는 사실이다. 그럼에도 불구하고 그녀는 나아간다. 그리고 이 영화의 마지막 장면에서 우리는 얀이 실제로 치료되었음을 알게 된다. 이제 죽은 베스의 모습은 하늘에서 울리는 교회 종소리를 담은 불가능한 부감 쇼트에 의해 암시되는데, 이는 그녀가 생활하는 엄격한 종교 공동체의 율법에 어긋나며, 거기서 타종은 금지되었다. 여기서도 다시 한번 베스는 남성의 정력에 대한 신화를 유지하기 위해 자신을 희생하는 한에서(자기 남편에게 마치 그 스스로도 성행위를 할 수 있다는 점을 알려주기 위해 그녀는 성행위를 수행한다) **신경증적**이거나, 기적을 만들어낼 수 있는 신과 자신이 직접 접촉한다고 믿는 한에서 **정신병적**이라고 말하고 싶은 유혹이 있다. (실제로 그녀는 영화 내내 신과 대화를 나눈다.) 그러나 〈스텔라 댈러스〉의 경우와 마찬가지로, 〈브레이킹 더 웨이브〉의 절대적으로 결정적인 측면은 얀/신이 그녀를 버린 후에도 여전히 베스가 자신의 희생을 이어간다는 점이다. 정확히 베스의 이 자유로운 믿음의 행위만이, 그 믿음에서 자신을 예외로 두지 않는다는 점(그녀는 얀이 치료되는 것을 못 본 채 죽는다)이 바로 기적으로 이어진다. 그리고 다시 한번, 수수께끼 같은 사실은 그녀의 마지막 운명의 바로 그 순간에, 즉 자신이 묻히게 될 무덤을 향해 걸어가는 안티고네처럼 그녀가 죽게 될 배를 향해 항해할 때, 그녀의 얼굴에 아름다운 미소가 스친다는 것이다. 이것이 바로 여성적 주이상스의 이미지이다. 그녀는 공동체로부터 외면되고 남편으로부터 버림받은 채 완전히 버려진 존재인 동시에 그 어떤 상징적 규칙에 의해서도 가장 제약받지 않고 완전히 결정되지 않는 존재가 된다. 또는 지젝이 이 영화에 대한 에세이 〈죽음과 처녀〉에서 말하듯, 베스는 "타자를 위해 고통받는 것이 아니라 그를 위해 즐기는"(*ZR*, 214) 존재다. 라캉이 분석한 베르니니의 〈성 테레사〉 조각상처럼, 그녀의 미소는 "자기 자신의 대의가 되는"(*AF*, 85) 일에 타자가 필요하지 않은 성자의 미소이다. 왜냐하면 그녀는 자신이 신의 존재의 증명에 필요한 유일한 증거임을 알기 때문이다.

유대교와 기독교

코프젝은 〈스텔라 댈러스〉에 관한 에세이에서 사랑이 '예외 없이 모든 특이점'을 말하라는 명령이라고 얘기한다. 이는 언뜻 모순되거나 반직관적으로 보인다. 우리는 사랑—예를 들어 동료 인간에 대한 사랑—을 보편적인 것으로, 예외를 허용하지 않는 것으로 간주한다. 그러나 지젝은 동의하지 않는다. 그에게 있어서 사랑의 결정적인 측면—혹은 적어도 그가 옹호하는 유형인 기독교적 사랑—은 바로 그것이 매우 편파적**이고** 구체적이라는 점이다. 모든 사람을 똑같이 사랑하는 것이 아니라, 항상 더 세밀하고 세분화된 구분을 도입한다. 그런데 정확히 어떤 근거로 이렇게 할까? 그 사랑은 타자를 단순히 그들의 개체성이나 특이성 때문에(우리와 다르다는 이유로) 사랑하는 것이 아니라,(*FA*, 125) 오히려 그들 자신을 넘어서게 만드는 것 때문에(자기 자신들과 다르다는 이유로) 사랑한다.(*L*, 214~215) 이것이 우리로 하여금 생각하게 만드는 것은—항상 좀 더 특이성 있게 말하고, 예외를 배제하라는 코프젝의 명령에 따라—여기서 관건이 어떤 상징적 정체성을 넘어서는 특수성, 그 정체성이 깃들어 있는 인물을 계속 분열시키는 어떤 '증상'이나 '틱'이라는 점이다. 오직 이런 방식으로만—전체가 없다는 것을 의미하는 '특정한 절대성'을 감안함으로써만—사랑은 보편적일 수 있다. 이것이 유대교와 대립하는 기독교의 진정한 '보편성'이다.(*TS*, 226) 기독교가 유대교보다 더 구체적인 이유도 여기에 있다. (그것은 단지 어떤 '선택된 사람들'이나 일정한 외부의 의식을 따르는 것이 아니라, 우리가 항상 못 미친다는 일종의 내적 믿음에 근거를 둔다.) 그러나 이는 기독교가 또한 더 보편적인 이유이기도 하다(**누구나** 하나님의 은총에 감동될 수 있고, **누구나** 회심하거나 '거듭날' 수 있다). 그것은 또한 노동자 계급과 대립되는 프롤레타리아드의 '보편성'이기도 하다.(*TS*, 227) 노동계급의 개념은 프롤레타리아트의 개념과 대립되어 너무 객관적이고 존재론적이며, 어떤 면에서는 너무 폐쇄적인데, 이는 더 이상 객관적인 경제적 동일시의 문제가 아닐 뿐더러 누구나(지식인, 실업자, 이주민) 속할 수 있고, 현실 어디에도 존재하지 않으며, 경험적으로 정의될 수 없는 것이기도 하다.

하지만 무엇보다도 지젝이 유대교의 많은 측면들을 **승인한다**는 점을 유념할 필요가 있다. 유대교는 세속적이고 실용적인 종교이다. (이로부터 유대인에 대한 틀에 박힌 반유대주의적 상투적 관념이 나오는데, 그들은 자신들의 상업적 활동을 종교적 신념과 조화시킬 수 있다는 것이다.) 율법은 토라에 명확하게 명시되어 있으며, 유대인이 되는 것은 그 율법을 따르는 문제일 뿐이다. 지젝이 옹호하는 정치의 형태—정당의 노선을 따르는 조직화된 정치—와 마찬가지로, 유대교에 있어서도 우리의 믿음이 아니라 **행동**이 문제이다. "유대인들은 자신들의 믿음을 **선언**할 필요가 없는데, 그들은 그 믿음을 실천으로 직접 보여준다."(*B*, 129) 유대교에는 지젝이 좋아하는 일종의 '내재성,' 즉 '내세적인 것'에 대한 거부가 있다. 실제로, 언뜻 봐서는 기독교는 지젝이 옹호하는 것과 **덜** 유사하게 나타날 수 있다. 결국 기독교는 무엇보다도 죄와 이중의미의 종교이며, 끝없는 해석과 죄에 대한 추적의 종교이다. 그것은 '내재적 위반'의 종교로서, 우리는 항상 법을 제대로 따르지 못하거나 잘못된 이유로 법을 따르는 것에 대한 죄책감에 사로잡혀 있다.(*TS*, 148~151) 유대교의 즉자성과 최종적으로 비권위주의적 본질—유대교의 율법은 모든 사람이 이해할 수 있도록 공개적으로 명시된다—과는 반대로, 기독교의 역사를 특징짓는 것은 끊임없는 교리 논쟁과 분파주의, 우리의 신에 대한 관계를 매개하기 위한 복잡한 위계질서의 필요성이다. 그럼에도 불구하고 지젝은 계속해서 이렇게 주장한다. 우리에게 정치학을 위한 실천적 모델을 제시하는 것은 기독교이며, 초자아적 타자(죄책감 및 양심의 가책)와 단호히 결별하는 것도 기독교라는 얘기다. 어째서 그러한가? 어떻게 유대교가 아닌 기독교가 대타자의 비존재를 사유하는 데 있어서 가장 멀리까지 나아가는 것일까? 어떻게 우리를 계속해서 권력에 결박시키는 '내재적 위반'을 더 잘 피하는 것이 기독교일까?

이 질문에 대한 답은 유대인의 **우상파괴**의 필요성, 즉 신상숭배의 금지에서 찾을 수 있다. 왜냐하면 유대교에서는 비록 모든 것이 분명하게 드러날 수 있다고 하더라도, 즉 명백한 초자아가 없다고 하더라도, 그럼에도 하나의 예외, 부정되어야만 하는 한 가지, 즉 율법 자체의 창설이라는 한 가지 예외가 있음이 암시되기 때문이다.(*B*, 137) 그리고 지젝은 이보다 더 나아가서—불가능한 것을 가능해 보이는 무언가로 전환시키는 프로이트의 금지 이론의 경우와 마찬가지로—유대교가 신상을 금지하는 것은 신의 이미지 너머에 어떤 신이, 표상되지 **않아야 하는** 무언가가 있다는 인상을 준다고 주장한다.(*B*, 130~132) 다시 말해서—그리고 여기서 일종의 남성적 논리와의 유비가 분명해져야만 한다—유대교의 '보편성,' 유대교가 타자를 필요로 하지 않는다는 사실은 오직 어떤 예외가 있기 때문에, 언급될 수 없는 한 가지(율법의 창설)가 있기 때문에 가능하다. 지젝이 기독교와 유대교의 차이에 관한 가장 자세한 설명이 담긴 자신의 저서 《믿음에 관하여》에서 서술하듯, "유대교는 그 공적 담론이 그것의 외설적이고 기이한 분신의 유령적 그림자, 그 과도한 위반적, 설립적, 폭력적, 제스처의 유령적 그림자에 귀신 들린 종교이다."(*B*, 137) 그럼에도 불구하고 기독교는 계속해서 우리에게 죄와 양심의 가책의 종교로 다가올 수밖에 없다. 그 안에서, 의미는 항상 이중화되며, 아무것도 보이는 것과 같지 않다. 그러나 그 법이 궁극적으로 알 수 없는 것이라면, 그 법이 우리의 **외부에** 있기 때문이 아니라(법이 아니라면 유대교에서 적어도 법의 기원의 경우처럼), 그 법이 우리의 **내부**에 있고, 우리가 그에 대해 책임이 있기 때문이다. 이것이 바로 헤겔이 도출한 칸트적 도덕 주체의 '초월적' 본질이다.(*IR*, 169, *PF*, 221~222, *TS*, 365~366) 그러나 이것은 또한 기독교 종교에서는 비록 숨을 곳이 없고, 우리는 항상 법에 미치지 못하며, 법을 따르는 와중에도 법을 어긴다고 하더라도, 그 법이 **우리에 의해** 상정되는 한, 우리는 또한 절대적으로 자유롭고, 완전히 미결정 상태이며, 매 순간 '다시 태어난다.' 또는 지젝의 약간 축약된 용어로 표현하자면, 기독교의 실제 내용은 그 내용이 **우리에 의해** 서술된다는 점만 빼면 결국에는 유대교와 같다. 그가 이야기하듯, "믿음의 내용에 관해서 우리는 발화행위의 기독교적 입장을 유지하면서 유대인이 되어야만 한다."(*B*, 141) 그러나 다시 한번—'전체'와 '비전체' 사이의 연관으로 돌아가면—이 발화행위가 단순히 유대교의 금지에서처럼 언급될 수 없는 어떤 예외가 아니라, 우리가 기독교의 본질에 관해 완전히 말할 수 없을 뿐만 아니라 우리가 그 본질에 의해 항상 판단되고 있다는 것도 뜻하는 일종의 항구적인 이중화임을 깨닫는 일이 중요하다.

지젝은 종종 율법과 죄 사이의—심지어 발화된 것과 발화행위 간의—구별을 기독교가 극복한 일을 두고 '새로운 시작,' '판의 깔끔한 정리'라는 용어로 묘사할 것이다.(*TS*, 153, *B*, 144) 그러나 이것이 무엇을 의미하는지 정확히 아는 것이 중요하다. 그것은 우리가 어떠한 상징적 해명도 영원히 피할 수 있고, 우리의 빚을 무기한 미룰 수 있으며, 갑자기 모든 것이 가치 없이 무효화된다는 것을 뜻하지 않는다. 첫 번째 차원에서 그것은 우리의 행동의 근거가 우리에 앞서 존재하는 것이 아니라 우리가 행동할 때마다 다시 시작되며, 오직 주체에 의해 자유롭게 설정된 결과로서만 발생한다는 것을 의미한다. 이를 설명하기 위해, 행위와 신념의 '분열'에 대한 유대교와 기독교의 관념의 차이를 살펴보자. 지젝은 《믿음에 관하여》에서 유명한 예수회의 격언을 인용한다. "그러므로 여기 행동의 첫 번째 규칙이 있습니다. 당신의 사업의 성공은 전적으로 당신에게 달려 있지 결코 신에게 달려 있지 않다고 가정하고/믿으십시오. 하지만 그럼에도, 신만이 모든 것을 이룰 수 있고 당신 자신은 아무것도 할 수 없다는 듯이 행동하시오."(*B*, 125) 그런 다음 그는 이 말이 이와 비슷해 보이는 (그리고 통상적인) 것과 구별되어야 한다고 경고한다. "신이 당신의 손을 인도한다는 것을 믿으시오, 그러나 모든 것이 당신에게 달려 있는 것처럼 행동하시오."(*B*, 126) 무엇이 다른가? 후자의 경우, 우리 자신에게 의존하는 것처럼 보이지만, 우리가 여전히 은밀하게 타자에 의존한다는 일종의 물신주의적 '분열'이 있다. 우리는 노력하는 시늉을 하지만, 결국 모든 것이 '우리 손에서 벗어나' 있다는 것을 알고 있다. 실제로, 이러한 태도는 자신이 선의 이름으로 말한다고 믿었기 때문에 완전히 행위에 투신하지는 않았던 안티고네의 태도와 비교될 수도 있다. 그리고 우리는 이것을 대타자를 제거하는 듯 보이는 유대교에서도 볼 수 있다. 우리의 신념이 우리의 행위에 놓여 있다는 점에 대한 강조에도 불구하고, 유대교는 이 상징적 질서가 이미 존재하며 단지 우리에 의해 작동한다고 여전히 가정한다. 유대교는 상징적 질서가 **어떻게** 실제로 생겨나는지에 대한 질문—이미 살펴보았듯, 유대교가 금지하는 것은 바로 이것이다—을 제기하지 않는다. 이와 대조적으로 기독교에서는—그리고 다시 한번 이것은 우리 믿음의 본질과 관련해서 우리는 유대인이어야 하지만 그 신념의 발화의 입장과 관련해서는 기독교인이어야 한다는 지젝의 발언을 어떻게 이해할 것인가 하는 문제이다—만일 기독교가 행위와 신념 사이의 물신주의적 분열을 거부하고 결국 우리 행위의 현실성을 부정한다면, 그것은 단순히 우리 행위의 문제가 아니라 우리 신념의 문제이기도 하다. 왜 아직도 이런 믿음의 문제가 제기되는가? 이러한 기독교적 태도는 일반적인 물신주의적 분열의 **전도**라고 말할 수 있다. 즉, 믿음은 대의의 예외이거나 기적적인 중지로 이해된다(이로부터 우리가 **불신**의 중지에 대해 말하는 방식이 연유한다). 우리는 행위로 시작한다고 생각하지만 언제나 믿음으로 끝난다. 반대로 기독교의 경우—그리고 우리는 여기서 셸링이 수행한 유사한 반전(*IR*, 16)과의 연결을 볼 수 있다—우리는 믿음에서 시작하여 행위로 끝을 맺는다. 이것은 우리의 믿음이 기존의 행위 영역에 개입하는가 하는 문제가 아니라, 행위 그 자체가 특정한 믿음 없이는 어떻게 가능하지 않은가에 관한 질문이다. 오직 행위만이 존재하지만, 이는 오직 믿음 때문에, 즉 이러한 행위의 예외는 아니지만 정확히 행위를 '비전체'로 만드는 믿음이 존재하기 때문이다.

객관적인 것의 '주체적' 불완전성, 즉 본체의 '주체화'에 대한 이 주장이야말로 지젝의 작업이 주는 심오하게 헤겔적인 교훈이다.(*B*, 146, *L*, 179~180) 의심할 여지없이, 이 '주체'를 **욕망**의 끝없는 환유와 같은 경우에서처럼 다른 모든 것이 그것을 대리하는 일종의 예외로 이해하려는 유혹이 있다. 하지만 지젝은 자신의 연구가 발전함에 따라, 이 '한계'를 충동(*TN*, 128~130)의 측면에서 다시 쓰려고 노력한다. 이 논증의 타래를 하나로 묶으면, 우리는 아마도 주인기표(예외에 의해 보장되는 보편성)에 의해 조직된 세계로부터 '증상'이나 '생톰'(예외가 아니라 존재에 분할을 도입하는 것)에 의해 조직된 세계로 넘어가야 할 것이다. 이는 예외의 문제가 아니라 예외(주인기표)를 명명할 수 있게 하는 어떤 '무'의 문제이다.(*TS*, 105, *B*, 93) 이것은 다시 말하지만, 유대교에 반대되는 기독교의 교훈으로서 "숭고[예수의 형상을 한 하나님]와 일상적 객체[인간] 사이의 일치, 나아가 동일성"을 주장한다.(*B*, 92) 기독교에서 신은 단순히 '초월적'인 예외, 즉 지상의 삶을 일종의 그림자나 끝없는 기다림으로 환원하면서, 인간을 대신하는 인간 너머의 그 무엇이 아니다. 오히려 기독교에서는 이미 파국이 벌어졌고, 신은 이미 지상에 재림한다.(*B*, 126) 그리고 이것은 신—모든 참된 보편처럼, 모든 참된 대의처럼—이 어떤 금지된 예외나 재현될 수 없는 것이 아니라는 얘기다. 그는 이 세계와 다른 모든 곳 사이의 분열을 도입하는 존재가 아니다. 대신 그는 이 세계와 **세계 그 자체**, 인간과 **인간 그 자체** 사이에 분열을 도입하는 존재이다. 지젝이 《믿음에 관하여》에서 서술하듯(그리고 이것은 '구체적 보편성'에서 보편적인 것이 개별적인 존재를 개별적이지 못하게 만들 뿐이며, 보편적인 것 그 자체는 그 개별적인 것 중 하나에 불과하다는 점과 철저하게 유사하다),

> 예수는 신이 스스로 과잉/잔여, 즉 그것으로 인해 인간이 정확히 결코 완전히 인간이 될 수 없는 '너무 많은 짐'을 떠안는 한에서 온전히 인간이다. 예수의 공식은 인간은 곧 신(사람=신)이 아니라, 인간은 곧 인간(사람=사람)이라는 것으로서, 신적인 차원은 오직 사람이 자신의 완전한 정체성에 도달하는 것을 방해하는 '그 무엇'으로만 개입한다.(*B*, 131~132)

그리고 '부정의 부정'이라는 개념으로 돌아가면, 여기서 인간은 예수에 의해 보충되는 것과 같지 않고, 마치 사물을 넘어서는 어떤 비밀스러운 차원이 있는 것과 같지 않다. 이것은 헤겔이 거부하는 칸트적인 숭고다. 그보다는 이 '실패'가 바로 사물 자체**이다.** 이 다른 차원은 먼저 도래하는 것이 아니라 (실재가 상징계의 외부에 존재하는 것이 아니라 상징계 내에서 생겨나는 한계를 통해서만 볼 수 있는 것처럼) 사물의 '실패'를 통해서만 확인될 수 있는 동시에(실재로 인해) 사물은 항상 그들 스스로만의 '실패'이기도 하다. 앞서 살펴본 유대인의 '물신'의 경우처럼,(*SO*, 126) 그러나 일반화되면, 모든 것은 그 자체인 동시에 그 자체의 실패, 오직 존재하는 것 그리고 다른 무엇일 뿐이다. 이 다른 영역은 지젝이 세계의 **중첩**reduplicatio 혹은 기입의 공간이라고 부르는 것으로서 찡그림(*B*, 80), 미소(*B*, 98), 스쳐가는 친절함(*L*, 202)이다. … 정확히 멜로드라마의 끝에 등장하는 저 여자들의 얼굴이라고 말할 수 있다.

이 지섬에서 우리는 유대교와 기독교의 비교에서 아마도 가장 복잡한 문제로 다시 돌아온다. 명백한 의미에서, 율법을 명시적으로 진술하고 해석을 제한하는 (아마도 금지하는) 유대교는 지젝이 원하는 상태, 타자가 존재하지 않는 상태에 훨씬 더 가까워 보인다고 말할 수 있다. 실제로, 이는 치료가 끝날 무렵 분석가의 말을 다른 방식으로 보려고 하지 않고 문자 그대로 받아들이려는 순간에 훨씬 더 가까워 보인다.(*FA*, 139~140) 그러나 사실 지젝은 율법과 죄 사이의 이러한 변증법을 넘어설 수 있는 것은 오직 기독교라고, 명백한 의미 뒤에 항상 다른 의미가 존재하는 문제를 해결할 수 있는 것도 기독교라고 주장한다. 그렇다면 질문은 이렇다. 끊임없는 해석과 '새로운 시작'이 있는 기독교는 어떻게 이렇게 무관심한 충동, '허용된 것'의 단순한 실천이 될 수 있을까?(*FA*, 147) 모든 것이 예외이고, 모든 것이 '생톰'인데 어떻게 이것이 가능한가?(*FA*, 115~116, *T?*, 100) 그리고 그 답은, **'허용된 것'을 실천하는 일이 상징적 질서를 따르는 것인지 그 질서를 만들어내는 것인지 결정 불가능하기 때문이다. 그 행위가 선험적 보증을 따르는 것인지 아니면 이 보증이 오직 행위 다음에 생겨나는 것인지 결정할 수 없다.** 지젝이 어느 정도 해석을 '넘어서는' 행위 (종교적 신념 때문에 목숨을 걸고서라도 수혈을 거부하는 여성의 경우처럼)에 대해 말할 때 의미하는 바가 바로 이것이다.(*FA*, 137~141) 그 행위가 해석 불가능하다는 것이 아니라—우리는 항상 그것이 '잘못된' 이유로 말해질 수 있음을 보여줄 수 있다—그것이 **어떻게** 해석될지 우리가 알 수 없다는 것이다. 이것은 아는 것과 믿는 것 사이의 물신주의적 분열, 우리 행동의 상징적 결과에 대해 신경 쓰고 싶지 않다는 태도가 아니다. 이는 오히려 (이미 알다시피) 상징적 질서가 우리가 그것과 접촉한 **후에야** 존재하기 때문에 발생한다. 즉 어떤 의미에서 지젝은 여기서 유대인의 직사주의(발화된 율법)와 기독교의 금지된 잔여의 참작(율법의 발화장소)을 화해시킬 수 있다. 그러나 이 다른 장소를 **예외**(유대인의 응답)로 생각하는 것이 아니라, 이미 자기 자신의 예외인 **존재**로 생각하는 것이다. 상징적 질서의 **모든** 측면은 그것이 비롯되는 곳의 외부에 있는 장소를 암시한다. 또는 바로 그 장소**이다.**

이것을 어떻게 개념화해야 할까? 기독교에서 법의 타자, 존재하는 것의 타자는 없다. 하지만 동시에 (유대교에서 여전히 그렇듯이) 더 이상 사회 현실에 대한 환상적 대리보충으로 볼 수 없는, 하나의 불가능한 '다른 공간'이 열린다.(*FA*, 158) 지젝은 이를 두고 마치 남성적 예외의 논리와 마침내 결별하는 것처럼, 혹은 이 남성적 논리가 선행하는 여성적 논리에 대한 응답으로 생겨난다는 것을 드러내듯이 말한다.(*B*, 97) 그러나 이는 너무 단순하다. 사실, 오직 예외만이 있을 뿐인데, 대의가 오직 주인기표일 뿐인 것과 같다. 유일한 차이점은 기독교적/여성적 진영에서 보면 이러한 유대적/남성적 예외는 항상 모든 발화된 것의 배후에 있는 발화행위를 찾으려는 시도를 통해 극한까지 밀어붙여진다는 것이다. 이것이 바로 충동이자 기독교의 '새 시작'이다. 차이의 최종적인 지양이 아니라 차이를 향한 부단한 노력이다. 그것은 상징계 내에서 발화행위를 발화된 것과 일치시키려는 바로 그 시도이며, '이항적 기표의 몰락' 이전에 '강요된 선택'을 반복하려는 시도이다. 즉, 이 행위는 그 자체로 반복이며, 그 행위로서의 위상은 오직 그 반복에 있다. 지젝이 왜 기독교적 사랑이 그 동시적인 결합과 해체를 통하는 힘든 작업인지, 왜 그 사랑은 꼭 한 번만 혹은 즉각적으로 생겨나지 않고 바로 그 지속과 헌신으로만 증명되는지 언급하는 이유가 여기에 있다.(*FA*, 129) 다시 말하지만, 기독교적 충동이 만물은 이미 있는 그대로의 모습이라고 말하는 바에 기초하여 진행된다면, 그 목표 역시 만물을 그렇게 만드는 것이다. 충동은 결코 끝날 수 없는데—윤리적 영웅들이 영원히 계속될 것이라고 전에 우리가 말했듯이—왜냐하면 충동에는 극복해야 할 어떤 외적 한계가 있기 때문이 아니라, 충동이 등가물을 가질 수 있게 하는 바로 그것이 항상 일종의 '예외'로서 남아 있고, 지속되기 때문이다. 그리고 **이** 간극—메워야 할 공백의 틈새가 아니라 어떤 동시성의 간극—은 곧 충동의 '간극'이며, 충동이 극복하고자 하는 동시에 영속화하려는 '간극'이다.(*B*, 95~97)

지젝이 기독교적 사랑, 즉 '존재하는 것'이 '비전체'임을 의미하는 모종의 '무'로서의 사랑을 말하는 것은 최종적으로 바로 이런 의미에서다. 그가 《연약한 절대성》에서 서술하듯, "사랑은 모든 지식의 예외가 아니라, 정확히 지식의 모든 시리즈/분야조차 불완전하게 하는 '무'이다."(*FA*, 146) 즉, 우리가 방금 충동에 대해 말한 것을 반복하자면, 사랑이 항상 사랑을 찾고 있거나 사랑을 위해 일하는 것이라면, 이 사랑을 위한 일은 이미 사랑이다. [그리고 이런 의미에서 주지하다시피 지젝은 자유를 위해 노력하는 것이 자유(*TN*, 1558)이며 행복의 추구가 이미 행복(L, 260)이라고 말할 수 있다.] 이와 유사한 것—거듭 말하면, 행위와 반복의 등가성—을 러시아의 혁명가들이 점령이 성공한 후 거의 곧바로 겨울왕궁을 다시 습격했던 방식에서 다시 한번 확인할 수 있다.(*L*, 260) 혁명이 애초부터 또 다른 혁명의 반복—프랑스는 로마의 반복, 러시아는 프랑스의 반복—으로 인식되는 방식에 관해 여기서 의문이 제기될 뿐만 아니라, 왜 혁명은 끊임없이 반복되어야 하며, 반복되기 전에는 존재하지 않는지에 관한 의문도 제기된다. 이것은 지젝이 '마치 ~처럼'과 혁명이라는 개념 사이에 성립시키는 연관성이다. 혁명을 이미 일어난 것처럼 이해하는 동시에 '아직' 혁명이 아닌 것처럼, '마치' 혁명인 것처럼 이해하는 것이다. 그리고 이 동시적 등가성과 비등가성은 욕망의 논리가 아니라 충동의 논리다. 어떤 대상도 우리를 만족시킬 수 없고 우리는 항상 다음 대상으로 나아가며, 일종의 반복을 만들어내는 욕망의 단순한 유예와는 달리, 일종의 반복을 통해 새로운 것을 만들어낼 수 있는 것은 오로지 충동의 '등가물'이다. 우리는 지젝의 유구한 헤겔주의적 테마로 돌아가게 되는데, 이 테마는 잃어버린 대상을 찾으려는 바로 그 시도가 그 대상을 초래하며, 그 대상이 이미 발견되지 않았다면 그 대상을 찾지도 않았을 것이라는 점이다.(*SO*, 160~161, *TK*, 170~171) 그것은 단순히 우리가 찾고 있는 것을 우리가 가지고 있다는 얘기가 아니라, 우리가 찾는 것을 우리가 이미 가지고 있음을 깨달으며, 우리의 현재 상태가 그것 때문이 아니라면 설명될 수 없다는 것을 깨닫는다는 얘기다.(*SO*, 217~218, *TK*, 165~166, *TN*, 147~150) 이것은 다시 우리가 '마치 ~처럼'으로 뜻하는 바이다. 이는 모종의 투사, 부인, 불신의 중지인 동시에 그리고 오직 '허용되는 것'만을 행하는 일이다. 이 행위는 불가능하거나 연기된 것이 아니라 이미 존재하고 있는 것을 따르는 일인 동시에 결코 완성될 수 없는 일이다. 결론적으로 말하자면, 세상이 실제로 존재하는 방식이 충동의 끝없는 중첩에 역행하는 것이 아니라 그것과 분리될 수 없는 이유가 바로 여기에 있다. 만약 충동의 중첩이 우리를 시작했던 지점으로 다시 돌려놓는다면(모든 행위가 단지 반복일 뿐이라면), 매번 다시 시작하는 이 지점 역시 필연적으로 미완성이고, 차이 나며, 오직 이 반복 때문에 가능하다(모든 반복은 행위다). 셸링의 '세계의 공식'과 마찬가지로, 우리가 매번 누락된 것에 대해 이야기하려고 할 때 끊임없는 "고차원의 힘으로의 상승"이 존재하는 동시에 우리는 언제나 처음 시작했던 곳으로 되돌아간다.

'비전체'의 정치

이러한 '유토피아주의'는 지젝의 작업에서 또한 좀 더 직접적인 '정치적' 형태를 띠기도 한다. 하지만 그렇다고 해서 유토피아주의가 단순히 스스로를 '현실화'하거나 '현실'로 이행한다는 뜻은 아니다. 유토피아주의의 목표는 즉각적으로 실행되는 것이 아니다. 분명히 이러한 이유 때문에 논평자들은 자주 지젝의 구체적인 정치적 제안의 '비현실성'에 대해 불평한다. 예를 들어,《우연성 헤게모니 보편성》의 한 응답에서 라클라우는 이렇게 쓴다. "지젝은 포스트모더니즘의 주창자들이 '그 핵심에 있는 단념, 즉 자본주의를 '진행 중인 유일한 경기'로 받아들이는 태도를 시야에서 지워버렸다'고 주장한다. … 이와 같은 주장의 난점은 그 주장이 완전히 아무 의미도 없다는 점이다."(*CHU*, 205~206) 또는 로버트 S. 보인턴은《링구아 프랑카》에 실린 〈지젝을 즐겨라!〉라는 논문에서 이렇게 쓴다. "철학으로서 지젝의 주장은 기가 막히지만, 사회적 처방으로는 '꿈'이라는 표현이 적절할 것 같다."[6] 실제로 지젝 자신도 다른 이론가들의 작업에 대해 이런 종류의 주장을 되풀이할 터이다. 예를 들어, 그는 마이클 하트와 안토니오 네그리의《제국》을 두고 "형식적 공허함과 불가능한 급진화"(*L*, 331)라고 비판할 것이다. 그러나 이 모든 것은 철학의 본질적인 과제를 이해하려는 것이지, 철학의 구체적인 힘과 속성을 파악하려는 것이 아니다. 이는 철학의 본질적인 **추상화 과정**을 이해하려는 것이 아니다. 지젝은 제임슨을 재미 있게 인용하여, 철학은 이탈리아가 아니라 이탈리아라는 관념과 관련이 있다는 취지로 말한다.(*TN*, 2) 또는 이는 철학의 특별한 형태의 **실제성** 즉 계몽주의 이후의 모든 철학들이 어떤 초월적 '보편성'에서 그들의 아이디어를 도출하길 거부하는 태도를 확인하려는 것도 아니다.(*AF*, 28)[7] 그러니 이 모든 것을 좀 더 자세하게 다루기 위해 지젝이 제안한 것 중 하나만 살펴보자. 마이크로소프트와 같은 기업의 '우두머리를 잘라서' 원하는 모든 사람이 자유롭게 이용할 수 있게 하거나, 또는 마이크로소프트는 **이미** 사회화되었기 때문에 그렇게 할 필요가 없다고 생각하는 것이다.(*TS*, 350, *L*, 293) 어떤 의미에서 이는 분명히 사실이 아니다. 마이크로소프트와 같은 회사는 오늘날의 '마찰 없는 자본주의'의 바로 그 구현체다.(*L*, 278) 그러나 또 다른 의미에서—이전의 부정이 '규범화'되는 것으로서의 긍정적 질서에 관해 지젝이 언급한 것으로 돌아가면—우리는 마이크로소프트가 이전의 사회화(빌 게이츠의 해커로서의 초기 경력이나 마이크로소프트에 대한 지속적인 해킹 같은 사회화)에 기초하거나 그것을 억압하는 것으로 **볼 수** 있다.

이러한 맥락에서 지젝은 자기 작업의 특정 지점에서 마르크스의 《포이어바흐에 관한 테제》의 유명한 논제 11번을 환기시킨다. "철학자들은 지금까지 오직 세계를 해석했다. 중요한 것은 세계를 변화시키는 것이다." 그러나 지젝은 이를 뒤집는다. 그에게는 세계에 관해 사유하는 것이 세상을 바꾸는 일이다.(*PF*, 91) 그러나 이것은 무엇을 말하고자 하는가? 사유가 현실의 일부라는 암시는 무슨 의미인가?《까다로운 주체》에서 지젝은 프랑스 혁명을 맞이했던 '열광'에 대한 칸트의 잘 알려진 반응(*TS*, 139~140)을 살펴본다. 일반적으로 읽히는 방식은 보수주의적인 칸트가 이 숭고한 감정은 인정했지만, 그 감정이 표상하는 것은 인정하지 않았다는 식이다. 즉 이 감정의 대상과 너무 가깝게 동일시되는 것을 경계함으로써 어떠한 실제적 사회적 변화도 불가능하게 만들었다는 것이다. 그러나 칸트의 진짜 요점은 비록 잘못 인도되었지만 이 '열광'은 자유의 형식이라는 것, 그것이 감지하는 어떤 대상을 넘어 이 '열광'이라는 사실 자체가 일종의 혁명이라는 것이다. 그리고 이것이야말로 발화된 것과 발화행위의 등가성에 아주 가까운 사유의 힘으로서, 지젝의 저작 전반에 걸쳐 활약한다. 이런 의미에서 사유는 힘이고, 자유를 증언하며, 체현된 자유 그 자체이다. 이런 의미에서 지젝은 사유가 스스로를 참으로 만든다고 말할 수 있다. 그리고 **이것이** 바로 마이크로소프트가 사회화되었다고 생각하는 것은 그것이 사회화되었다는 것**이다**는 말이 뜻하는 바이다. 그리고 이 사유의 자유야말로 사회화인데, 사회화가 프랑스 혁명의 궁극적 성공인 것과 같은 이치다. 그리고 **이것이** 바로 '초월적인 것'으로서의 칸트의 자유개념에 대한 헤겔의 비판이 밝히고자 하는 점이다. 칸트가 자유를 이 세계의 관점에서만 특징지을 수 있는 한, '자유'는 칸트가 말하는 것보다 더 '초월적'일 뿐만 아니라, 자유가 자유에 대한 칸트의 사유 자체에서 증명되는 한, 자유는 전혀 '초월적'이지 않다. 즉, 헤겔은 칸트를 능가하는 것이 목표가 아니라,

칸트가 실제로 한 그 어떤 말이 아니라 그가 그것을 말하는 행위에서 그의 문제들에 대한 해결책을 자신이 이미 찾았음을 제시하고 싶어 한다.(*TS*, 60~61, 84~86)

그러나 다시 말하지만, 이 모든 것은 매우 신중하게 이해되어야 한다. 자유가 초월적이지 않다는 헤겔의 논증의 궁극적 핵심은 자유가 (칸트의 경우처럼) 실현 불가능하거나 (바디우의 경우처럼) 그저 그 현실화와 동등한 것도 아니라는 점이다. 오히려 자유는 지금 여기 존재하면서도 결코 실현될 수 없다. 우선, 우리가 보았듯이, 자유를 위해 일하고, 글을 쓰고, 생각하는 것이 **곧** 자유다. 자유는 다른 곳에 존재하는 것이 아니라 매 순간 포착되어야 한다. 이 점이 바로 지젝이 러시아 혁명 직전 레닌과 멘셰비키와의 결별에 대한 그의 설명에서 강조하는 점이다. 이는 '객관적' 조건이 갖춰질 때까지 기다렸다가 행동을 결정하는 문제가 아니었다.(*T?*, 114~117, *B*, 84) 오히려 상황을 '예외'로 본—항상 '예외적'인 것으로—레닌의 관념은 자신의 행동을 정당화할 수 있는 상황이 올 때까지 기다릴 필요가 없고, **지금** 행동해도 된다는 것을 의미했다. 역설적이게도, 레닌이 상황을 '예외적'이라고 생각한 관념이야말로 그가 자신의 시간을 온전히 차지할 수 있다는 것, 즉 현재 외에는 다른 순간이 없다는 것을 의미했다. 지젝이 (브레히트와 레닌에 이어) 자기비하하는 대부분의 좌파보다 보수주의자들을 승인할 수 있는 것도 이런 이유 때문이다. 적어도 그들은 자신들의 목표를 달성하기 위해 실제로 정권을 잡고, 어려운 결정을 내릴 준비가 되어 있기 때문이다. 이것이 그가 레닌의 궁극적인 혁명의 탈정치화, 혁명을 과학자들과 관료들에게 넘겨준 일을 지지하는 데까지 나아갈 수 있는 이유이다.(*L*, 272) 이것이 정말로 그가 라캉(과 사도 바울)에게서 마음에 들어 하는 것인데, 지젝은 정신분석의 진리가 라캉의 세미나에서만큼이나 조직적 논문들에서도 발견될 수 있다고 지적한다. 즉, 지젝은 그의 저작 전반에 걸쳐 바로 그 **당**이라는 용어를 사용한다. 예를 들어, 《문 앞의 혁명》에서 그는 '정신분석적 연합체'와 '전복적인 반(半)합법 정치조직'(*L*, 309)에 대해 이야기한다. 당은 혁명을 제도화하고, 구조화하며, '자발성'과 '대중적 정서'의 이데올로기를 깨뜨린다는 의미에서 혁명을 **형식화한다**.(*L*, 187) 그리고 지젝에게 '테러리즘'이란 이렇게 모든 (정치적) 수단을 다하길 거부하는 일일 뿐이다. 즉 당 조직화의 필요성을 피하는 일로서, 이 조직화는 타협이 아니라 진정한 글로벌 혁명이 취할 수 있는 유일한 형태이며, 자본주의에 대한 모든 대안이 취할 수 있는 형태이다.(*L*, 270)

그러나 이 '내재성'과 동시에 또 하나 주목해야 할 무언가가 있다. 그것은 레닌의 실제적 실천, 레닌의 마르크스의 제도화에 대한 강조에도 불구하고, 그러한 '레닌주의'를 넘어서는 어떤 '레닌', 즉 '스탈린'을 넘어서는 '레닌'이 존재한다는 생각이다. 즉, 마르크스주의의 운명이 제도화되는 것이라면, 그것은 또한 제도화를 영원히 불완전하게 만드는 것이기도 하다. 마르크스주의가 절대적으로 자기규정적이라면, 그것은 또한 모든 지점에서 열려 있으며, 거기서 기적이 정말 일어나는 철학이다. 즉 혁명이 시작될 무렵의 레닌과 마찬가지로, 그것은 결코 '객관적' 상황의 문제가 아니라 항상 미지의 세계로의 어떤 도약의 문제이기도 하다. 스탈린주의와 작금의 '제3의 길' 정치를 궁극적으로 비난하는 이유는 이 때문인데, 둘 모두 일종의 '도착증'으로서, 거기서는 권력이 그 자체로 추구된다. 실제로 우리는 초월적인 것과 내재적인 것, 행위와 상징계 사이의 이러한 관계를 정치와 경제의 관계라는 측면에서 다시 설명할 수 있다. 정치가 현실화와 실제화의 과정이 동반되는 경제를 필요로 한다면, 경제는 그 나름으로 정치를 필요로 하는데, 정치란 바로 계획되거나 설명될 수 없는 것(즉, 대타자의 불완전성이나 부재)을 사유하는 방식이다. 지젝이 충격적인 은유로 말한 것처럼, 정치와 경제의 관계는 '두 얼굴 또는 꽃병'이라는 유명한 착시현상과 같다.(*L*, 271) 각각은 예외 없이 각 분야를 총체화하여, 우리에게 다른 것을 볼 여지를 남기지 않는데, 이는 오직 타사 때문이다. 각각은 타자가 '비전체'임을 의미한다. 다시 말해, 이러한 정치(또는 경제학)의 형식화는 일종의 **충동**이다. 그것이 완전히 자신을 설명하는 (자기 자신의 지양이다) 바로 그 순간에 항상 더 할 일이 있다. 그것이 항상 레닌을 '반복'하는 문제인 이유가 여기에 있다.(*L*, 11, 310) 우리는 무언가를 반복하는데, 그것이 미완성인 한에서, 그것이 아직 일어나지 않은 한에서 반복한다.

예를 들어 이 '비전체'라는 말은 지젝이 자본주의에 대해 언급하는 여러 발언들에서 찾아볼 수 있다. 들뢰즈와 과타리의 《안티-오이디푸스》를 좇아 지젝은《정치경제학 비판 개요》에 있는 마르크스의 위대한 진술, 즉 자본주의의 유일한 한계는 자본주의 그 자체라는 말로 시작한다.(*TS*, 358, *FA*, 17, *L*, 274~275) 이것은 우리가 윤곽을 그리려고 했던 것과 바로 마찬가지로, 자본주의에 대한 단순한 예외(혁명, 파국적 파괴 혹은 붕괴)라는 어떤 '남성적' 개념과는 달리, 그 안에 일종의 '여성적' 비전체(자본주의에는 한계가 없을 뿐만 아니라 자본주의는 그 자체의 한계다)가 존재한다는 것으로 이해될 수 있다. 이것은 매우 의도적인 것으로 해석되어야 한다. 어떤 의미에서는—'성차 공식'의 여성적 측면에 대한 다양한 오독과 마찬가지로—이것을 자본주의에 어떤 실제적인 바깥이 있는 듯이, 어떤 진짜 한계가 있는 듯이 생각하고픈 유혹이 있다. 실제로, 이와는 반대로 이 한계의 바로 그 결과는 한계가 없다는 것, 자본주의에는 바깥이 없다는 점이다. 그리고 지젝이 서술하듯, 이는 자본주의에 대한 모든 비판은 오직 '개혁주의적'일 뿐이며 자본주의는 모든 위기를 새로운 투자의 기회로 전환시킨다는 의미이다.(*L*, 277) 들뢰즈와 과타리가 이미 분명히 밝혔듯, 이는 자본주의를 어떤 '부정적' 입장에서 비판하는 문제가 아니다. 하지만 이것은 또한 마르크스를 비롯한 많은 논평가들이 한때 믿었던 것처럼, 우리가 이 한계 없이는 '자본주의'의 역동성을 가질 수 없다는 의미이기도 하다.(*TN*, 209~210, *FA* 17~18, *B*, 18~19, *L*, 274~275) 다시 말하면 자본주의에 아무런 바깥이나 한계가 없고, 어떠한 객관적인 파괴나 붕괴가 없다면, 자본주의는 또한 아무것도 아니며, 내면도 없다. 붕괴는 이미 벌어졌다. 앞서 '구체적 보편성'에 관해 전에 말한 것으로 돌아가자면, 이는 자본주의의 '보편성'뿐만 아니라, 자본주의가 그 일부일 뿐이고 자본주의를 '비전체'로 만드는 더 넓은 '보편성'—계급투쟁이라고 부르자—의 문제이다.(*L*, 267~268)

지젝이 자본주의에 대한 예측 가능한 대안이 없더라도 파국은 여전히 일어날 것이라고 말할 수 있는 이유—이것은 의심할 여지없이 여기서 그의 가장 복잡한 제스처이다—가 여기 있다. 지젝에게 진정한 유토피아주의자는 자본주의의 종말이 일어날 것이라고 믿는 사람들이 아니라, 자본주의의 종말이 일어나지 않을 것이라고 믿는 사람들이다(즉, 이미 일어나지는 않았다고 믿는 사람들이다).(*CHU*, 324)

우리가 지젝의 실제적 정치적 결정에서 발견하는 '결정 불가능성'을 설명하는 것은 바로 이와 같은 것이다. 우리가 보여주려고 노력했듯, 그것은 항상 진정한 사유에 의해 열린 어떤 '분열'의 문제였다. 존재하는 것의 이 분열, 우리의 필연적으로 강요된 선택의 기저에 깔려 있는 적대성을 드러내는 것, 이것이 바로 정치 담론에서 사유가 작동하는 실제 방식이며, 이는 어떤 미리 진술 가능한 정치 프로그램을 제시하는 어떤 상식적인 관념에 반대된다. 칸트 윤리학에서 가져온 이 관념은 우리가 항상 이미 잘못이며, 모든 선택이 올바르지 않다는 생각이다. 라캉의 정신병 연구에서 가져온 이 관념은 약간은 '더 나은' 강요된 선택의 '나쁜 면'에 선행하는 항상 '더 나쁜 면'이 존재한다는 생각이다.(*TS*, 377) 그러나 이것을 더 자세히 분석하기 위해 지젝의 최근 정치적 개입 중 두 가지를 살펴보자. 첫 번째는 1990년대 발칸 전쟁 중 코소보에 대한 나토의 폭격에 관한 것이고, 두 번째는 세계무역센터에 대한 9월 11일 테러리스트의 공격에 관한 것이다. 두 경우 모두 그 '의견'에 대해 강력한 반응을 불러일으켰지만, 그 개입의 진정으로 급진적인 면—이 점이 바로 알았든 몰랐든 대부분의 사람들이 반응했던 측면이다—은 그 의견들이 '해결책'을 제시하지 않고 편을 가르는 유혹을 피한다는 점이다. 또는 더 정확히 말하면, 갈등의 양측 모두에서 현재 제시된 모든 해결책은 가능한 최선의 결과가 아니라 '나쁜' 것으로 보인다는 것이다. 즉, 발칸 반도에서 나토의 '평화유지' 임무와 관련하여 지젝은 군사적 옵션 그 자체에 반대하지는 않는다. 그가 이야기하듯, "나는 오히려 평화주의적 입장—"더 많은 폭탄과 살상은 평화를 가져오지 못한다"—이 가짜이며, 우리는 군사주의적 평화주의라는 역설을 영웅적으로 지지해야 한다고 생각한다."(*FA*, 57) 그러나 그는 또한 이 대안도 의문시하는데, 그 명백한 선별성과 서방과의 전략적 이해관계와의 결속 때문만이 아니라 그것이 '탈정치화된 보편적 인권'(*FA*, 57)이라는 이름으로 행해지는 방식 때문이기도 하다. 이는 자신이 돕고 있다고 주장하는 바로 그 사람들을 실질적으로 무력화시킨다. 9월 11일의 테러 공격에 대해서 지젝은 모종의 '실재의 장엄한 효과'에 대한 그들의 욕망,(*DR!*, 10) '병적인 죽음의 문화, 폭력적인 죽음으로 자신의 삶의 절정을 성취하려는 태도'(*DR!*, 141) 같은 말을 통해 납치범들의 행위로 단순하게 이행하는 것을 비난한다. 그러나 그는 또한 자신은 어떻게든 그 행동의 결과로부터 면역되어 있다는 미국적 환상,(*DR!*, 17~19, 26~27) 이것이 어떻게든 비교할 수 없거나 예외적인 폭력 행위였다는 믿음,(*DR!*, 49, 125~126, 137) 적절한 정치적 분석의 대체와 그것이 도식적인 '테러와의 전쟁'에 끼친 영향(*DR!*, 107~108, 149~150)에 대해 비난한다.

지젝의 주장처럼, 현재 상황에서는 모든 대안이 근본적으로 동일하기 때문에 우리에게 진정한 선택의 여지가 없다. 지젝이 《실재의 사막》에서 '테러리즘'과 '테러와의 전쟁' 사이의 가상적 선택에 대해 서술하듯이, "바로 이렇게 선택이 겉으로 투명한 바로 그 순간에 신비화가 총체적이다. 우리에게 제안된 선택은 진짜 선택이 아니다."(*DR!*, 54) 그리고 실제로 지젝이 테러리즘이라고 부르는 것은 기존의 상징적 질서를 깨뜨리는 진정한 행위에 직면하지 않기 위해 기존의 대안으로 서둘러 달려가는 일이다. 즉, 코소보와 관련하여, 지젝은 "[나토가 개입하는] '새로운 세계 질서'와 이에 반대하는 신인종주의적 민족주의자들" 사이의 선택이라는 '이중 협박'을 피하고자 한다.('DB', 82) 9월 11일과 관련해서는 단순한 "[테러범들의 동기에 대한] 비난과 미국은 무죄라는 노골적인 이데올로기적 주장" 및 "아랍 극단주의라는 더 깊은 사회-정치적 원인에 대한 (마치 그것이 벌어진 일에 대한 변명이라도 된다는 듯한) 면죄부적 분석과 미국은 궁극적으로 받아 마땅한 일을 당했다는 주장"(*DR*, 50)을 모두 거부한다. 그러나 만약 우리가 여기서 가장 덜 '나쁜' 선택만을 생각할 수 있다면, 비판적 사고의 역할은 다른 선택을 열어두는 것, 기존의 대안이 전부가 아니라는 것, 현재의 '강요된 선택'이 대체하고 배제하는 또 다른 대안이 있다는 것을 보여주는 일이다. 이것은 단지 두 대안이 너무 극단적임을 입증하고 그것들 사이에서 더 온건한 선택을 유도하려는 '중간자' 역할을 하는 데 불과한 것이 아니다.('HR', 14) 오히려 상황에 대한 올바른 정치적 분석의 임무는 여기에 중립적 입장은 없다는 것, 우리는 항상 지속적인 투쟁에 연루되어 있다는 것,(*DR*, 57) 우리는 언제나 편을 들어야 한다는 사실을 입증하는 일이다. 그러나 우리가 또한 해야 할 일은 이 보편성을 옹호하여 말하는 것, 무엇이 배제됨으로써 이러한 선택을 낳으며, 우리가 오직 둘 중 한쪽 편만 택할 수 있도록 보장하는지 사유하는 일**이다**.('HR', 23) 즉, 이 '보편성'을 오직 현재 존재하는 상징적 지평의 관점에서만 표현할 수 있다면—우리가 미국 자체를 겨냥해 '테러와의 전쟁을 확장하는 일'에 대해서만 언급할 수 있다고 지젝이 말하듯(*DR*, 125~126)—이는 여기서 무엇이 배제되는지, 어떤 다른 가능성이 이 '보편성'을 가능하게 하는지, 이 '보편성'은 왜 아직 진정으로 보편적이지 않은지 사유하는 문제이기도 하다.

이 모든 것의 귀결은 무엇일까? 앞서 말했듯, 그것은 대안들 사이에서 선택하는 문제가 아니다(또는 최종적으로, 현재 자주 통용되지 않는 대안의 선택 문제도 아니다). 이것은 단지 존재하는 것의 반영(헤겔의 칸트 비판)일 수도 있고 혹은 승자의 역사에 속하는 것의 반영(벤야민의 역사주의 비판)일 수도 있다. 그러나 이는 선택을 거부하는 문제도 아니다(어떤 의미에서 우리는 오직 기존의 선택지 안에서만 일할 수 있다. 강요된 선택을 반복함으로써, 현재의 체제 안에서 선택을 함으로써만 우리는 무엇이 선택될 수 없는지 가리킬 수 있다). 우리가 분명히 하려고 노력했듯, 지젝은 미리 윤곽을 잡을 수 있는 일관된 정치적이고 윤리적인 프로그램을 제공하지 않는다. 그는 이런 의미에서 '보편'에서 파생되는 정치를 믿지 않는다. 오히려 그의 개입은 항상 구체적으로 역사적이며 맥락적으로 결정된다. 실제로 지젝이 우리에게 말하는 것은 그러한 개입이 반드시 취해야만 하는 **형식**이다. 이것은 다시 그가 말하는 '형식주의'(*L*, 185~190, 272, 312)의 의미로서, 이는 반드시 '칸트적' 방식으로 읽어야 한다. 칸트가 자신의 윤리학에서 우리에게 제시하는 것은 어떤 특정한 내용이 아니라 특정한 정치적 또는 윤리적 행위가 취해야만 하는 **형식**일 뿐이다. 그리고 지젝에게 올바른 정치적 '선택'이 취해야 하는 적절한 형식은 '근본적인 선택을 유지하는 것'(*B*, 122)이다. 그 행위는 모든 선택에 내재되어 있는 적대성을 가리키고, 가시화해야 한다. 그리고 이 '형식주의'는 지젝에게 매우 중요한 사유의 체계, 즉 마르크스주의와 정신분석에서 확인할 수 있다. 이 둘은 모든 것을 포괄하는 세계관을 제공하지 않는다. (그것들에 대한 일부 해석에도 불구하고) 그것들이 미리 제시하는 식별 가능한 프로그램이나 절차는 없다. 그리고 그것들 바깥에는 아무것도 없고, 그것들이 언급하지 못하는 것도 없다. 심지어 그것들의 예외, 저항 또는 모순조차도 그것들에 의해 성찰된다.(*ME*, 181~183, *T?*, 228) 다시 말해, 그것들은 특정한 내용을 제시하는 것이 아니라 오로지 '형식'만을 제시하고, 어떤 것에 대해 말하는 것이 아니라 모든 것이 대리하고 있는 '무'에 대해서만 말하기에, 그것들은 오로지 추종될 수 있거나 (결코 제대로 추종될 수 없을) 뿐이다. 그들에게는 예외가 없을 뿐만 아니라 우리는 그것들이 무엇인지 결코 정확하게 말할 수 없다. 그것들은 어떤 것을 세상에 대립시키거나 세상에 대한 어떤 예외를 제시하지 않고 세상에 모종의 '분열'을 도입한다.

여기서 결론을 내리자면, 이것은 지젝의 (특정 정치적 결정뿐만 아니라) 전체 시스템에도 적용되지 않을까? 그의 비판자들이 지적했듯이, 지젝의 전체 프로젝트는 일련의 예시들에 불과하며, 예시에 의해 끊임없이 지시되고, 예시들 속에서 거의 길을 잃는 듯하다. 철학적으로 이해하면 그 예시들은 논증을 혼란으로 이끄는 것 그 자체로 정의될 수 있다.(*TK*, 40~41) 그러나 동시에, 앞서 지적했듯이, 우리는 지젝이 항상 '같은' 것을 말하고 있다는 의심할 여지없는 느낌, 즉 그가 무엇에 관해 실제로 말하더라도 그는 항상 '같은' 요점으로 끝을 맺는다는 느낌을 갖게 된다. 그리고 역설적이게도—그러나 이것이 모든 진정한 철학적 체계의 진리이다—이 끝없는 '말하기', 구체성에 대한 이 절대적인 관심이 가능한 것은 그가 항상 같은 말을 하기 때문**이다**. 지젝이 말하는 과학적 방법의 '변증법'(*K*, 25~27)에서 그는 자신의 작업에서 정확히 특이한 것과 보편적인 것을 통합하고자 한다. 그러나 이를 넘어서서—그리고 마지막으로 이거야말로 그를 읽는 일의 가장 놀라운 점인데—이렇게 항상 같은 말을 반복하는 일은 지젝이 자신의 이전 입장에 반박하면서 끊임없이 스스로 모순을 일으키고 있다는 사실과 분리할 수 없다. 그도 인정했듯, 적어도 이 점에 있어서 그는 일관성이 있다. 즉, '자기 자신에 대한 공격'이라는 윤리적 실천에 대한 정확한 재연에 있어서 우리는, 지젝이 다른 얘기를 함에도 불구하고 혹은 심지어 모순된 말을 하고 있음에도 불구하고가 아니라, 근본적으로 **할 말이 없기 때문에** 동일한 것을 말하고 있다는 절대적으로 기이한 느낌을 갖게 된다.(*L*, 226~227, 252~253)

이게 무슨 뜻일까? 이 모든 것은 우리가 내내 말했던 '행위'와 어떻게 유사한가? 알렌카 주판치치는《실재의 윤리》에서 행위를 사례와 규칙, 설명과 처방, 발화된 것과 발화행위를 하나로 모으는 시도라고 이론화한다. 하지만 그녀가 말하듯, 둘 사이의 **차이** 자체를 드러내거나 만들어내는 것이 바로 이러한 결합이다. 그녀가 서술하듯,

> 행위를 [진술과 발화행위의 단순한 결합이 아닌] 또 하나의, 전도된 관점으로 자리매김하는 것이 가능하다. 즉 이 분열을 완전히 드러내는 것, 이 분열을 현전하게 하는 것은 정확히 행위, ('성공적인') 행위이다. 이러한 관점에서 보면, 성공적인 행위의 정의는 거짓말쟁이의 역설과 정확하게 유사한 형태로 구조되어 있다고 할 것이다. 이 구조는 '나는 거짓말을 하고 있다'고 말하는 거짓말쟁이, 즉 불가능한 것을 발설함으로써 진술의 차원과 발화행위의 차원 사이의, 전환사 '나'와 기표 '나는 거짓말을 하고 있다' 사이의 분열을 완전히 드러내는 그 거짓말쟁이

가 불러일으키는 것과 동일한 구조이다.(*ER*, 103)

그래서 지젝이 말을 뒤집고 자신이 틀렸다고 인정할 때, 그는 실질적으로 이 "나는 거짓말을 하고 있다"는 말을 하고 있는 셈이다. 즉, 지젝이 자신의 작업에서 말하고자 하는 것—주판치치가 발화된 것과 발화행위 사이의 분열이 아니라 그것들을 하나로 모으는 일의 최종적 불가능성에 대해 주장하고 있는 것으로 이해되어야 하는 이유가 여기 있다—은 발화된 것과 발화행위의 등가성이다. 그는 발화된 것을 발화행위로 만들기 위해 애쓰고 있다. 그는 '이항적 기표의 몰락' 이전, 상징계로 들어가기 위한 강요된 선택 이전의 그 순간을 사유하고자 한다. 하지만 그것은 언제나 '나'에서 '나는 거짓말을 하고 있다'로의 전환처럼 **여기서** 누락된 어떤 발화행위의 문제이다. 어떤 등가성이 형성됨과 동시에 또 다른 차이가 발생한다. 우리는 (동일한) 실종된 발화행위—이는 다시 '더 고차원의 힘'(*AF*, 85)을 향해 지속적으로 상승하는 여정에 나선 주체이다—를 항상 사유하려고 노력한다. 분석가는—주인과 대립적으로—항상 이 동일한 (실종된) 발화행위의 자리를 차지하기 위해 노력한다.(*B*, 109)

이 모든 것을 다르게 표현하면, 발화된 것과 발화행위 사이의 구별이 '붕괴'되면서, "신성한 법과 그 유일한 지지대는 동일한 차원을 점하게 된다."(*ER*, 234) 그리고 **충동**은 "배제된 대상이 다른 ("보통의") 대상들 사이에서 나타날 때"(*ER*, 244) 등장한다. 그러나 "[충동]이 기대는 대상"이 항상 누락되어 있는 한,(*B*,

92) 이는 언제나 이 등가성이 언급되기 위해 무엇이 배제되는지의 문제이다. 바로 이 순간 우리는 우리의 대의를 포기해야만 하며, 어떤 대상에 대해 "이것은 그게 아니다!"(*ER*, 244)라고 말해야만 한다. 그리고 다시 한번—이것은 대의가 유도하는 '분열'이다—우리가 순수한 공백 상태의 대의를 따를 수밖에 없는 것도 바로 이 지점이다. 대의의 '허무함'은 거기에 예외가 없다는 것을 의미한다. 대의는 항상 결핍되어 있지만, 이것이 **바로** 대의이다. 바로 이 지점에서 대의는 주판치치가 말한 것처럼 '신탁적',(*ER*, 164) 즉 수학적 실재라고 말할 수 있는 것이 된다. 그것은 더 이상 발화된 어떤 것의 문제가 아니라 오직 그것의 발화행위—'점점 더 많은' 끝없는 예시들—의 문제일 뿐이지만, 그 때문에 더욱더 위력을 발휘한다. 항상 "이것은 그게 아니다!"라는 말로 특징되며, 따라서 항상 그 자체의 예외에 의해 증명되는 특권을 유지하는 욕망에 대립하여, 충동은 "이것은 그것이(아니)다!"라는 불가능한 동시성, 즉 자기 자신의 규칙의 첫 번째 예외가 되는 항구적인 적대성, 발화된 것과 발화행위를 동등하게 만드는 일이 내포하는 모순이다. (이것이 왜 우리가 발화된 것과 발화행위를 등가적인 것으로 만드는 데 실패할 것을 미리 아는 문제가 아닌지 그 이유이기도 하다. 이는 그 어떤 물신주의적 분열의 문제도 아닌데, 왜냐하면 이러한 분열은 이러한 오직 의도된 등가성에 의해서만 발생하기 때문이다.)[8] 이것이 바로 대문자 **이론의 대의 혹은 충동**이 작동하는 진짜 방식이다. 주판치치가 언급하듯, 충동은 "[욕망의] 결핍에서 스스로를 빼는 것"(*ER*, 242)이다. 다시 말해, 충

동에는 (욕망과 달리) 결핍이 없는 동시에 충동은 욕망의 결핍이 대신할 수밖에 없는 (욕망의 결핍을 가능하게 하는) 바로 그 결핍이다. 충동은 결코 결핍되지 않는 것, 회피될 수 없는 것이자, 아무것도 결여되지 않았을 때에도 결여된 것, 존재하는 것은 이미 무언가 다른 것임을 뜻하는 그 무엇이다. 충동은 최종적으로 욕망에 대립하는 것이 아니라 그것의 '타자' 또는 '예외'가 대신하는 것이며, 그 '내재적 위반'을 가능하게 하는 것이다. 어떤 의미에서, 이 "나는 거짓말을 하고 있다" 혹은 도움을 거절하며 죽어가는 여인의 행위처럼, 지젝의 전체 목표는 해석을 넘어서는 것이다. "나는 거짓말을 하고 있다"에는 아무런 발화행위도 없고, 아무런 이중의 의미도 없다. 그것의 발화행위는 곧 그 발화된 것**이다**. 그리고 이는 순수한 발화행위다. 거기에는 항상 무언가가 누락되어 있다. 지젝의 이론적 대의 또는 충동은—여기서 우리는 라캉이 아니라 스티븐 킹(*TK*, cvi-vii)을 참조한다—"쓰여지(지 않)기를 멈추지 않는 것"이라고 말할 수 있다.

5장

지젝의 비판, 지젝에 대한 비판

만일 중립적이고 한발 물러난 입장에서 객관적으로 사실을 진술한다는 의미라면 사유는 결코 **비평**의 문제가 아니다. 사유는 상징적 구성 바깥에 존재하는 검증 가능한 '현실'이 있는 것처럼 타자와 논쟁하지 않는다. 각각의 주장의 진실이 결정되는 어떤 '최후의 심판'이 있는 것처럼 타자와 논쟁하지 않는다. 오히려 진정한 비평의 행위에서 우리는 타자에 반대하는 것이 아니라, 타자로부터 어떤 '내적' 모순을 이끌어내고, 타자가 말하는 모든 것을 반복하지만 완전히 다른 이유로 그렇게 한다. 우리는 타자에 대해 경험적인 이의를 제기하지 않고 타자의 담론의 '초월적' 조건, 즉 타자 속에 있는 '타자 자신 이상'의 것을 제시한다. 이제, 이 타자 속의 '타자 자신 이상의 것'은 타자에게로 귀환할 수밖에 없다. 우리의 비평은 타자가 이미 말하고 있는 것과 같을 수밖에 없고, 타자는 이미 우리의 비평에 응답하고 있는 것으로 보일 수밖에 없다. 그러나 동시에 우리는 우리가 말하려는 것이 이미 타자에게 있지 **않다**고, 타자는 단순히 우리의 비판적 방법을 반영하는 것이 **아니**라고 생각하고자 할 수도 있다. 그리고 이는 비평가와 비평가가 비평하는 대상과의 **관계**에 양자를 넘어서는 어떤 것이 있다는 점, 비평가가 작품에 이미 존재하지 **않는** 것을 볼 수 있다는 점, 작품이 비평가에게 이미 알려지지 **않은** 어떤 것에 관해 말할 수 있다는 점을 암시하는 일이다. 이러한 타자와의 관계야말로 어쩌면 모든 중요한 이론의 진정한 창조과정이며, 그 이론을 항구적으로 '반시대적으로' 만들어서 그것을 파악하려는 시도가 너무 빠르거나 너무 늦어지게 한다. 다르게 말하자면, 외부의 관점에서 진술된 그 어떤 영원한 진리와도 달리, 모든 이론의 진리—〈왜 모든 행위는 반복인가?〉에서처럼—는 오직 그 해석자와 맺는 관계 안에서만 그리고 오로지 이 관계의 시간 동안에만 존재한다.

이 점은 《우연성 헤게모니 보편성》에서 버틀러, 라클라우, 지젝 사이의 일련의 상호 논쟁에서 확인할 수 있다. 한편으로는 거기서의 각 독해를 모두 **오독**으로, 사실을 완전히 잘못 파악한 것으로 치부하기 쉽다. (사실, 이는 그들 각자가 상대방을 비난하는 근거이다.) 다른 한편으로 우리는 이러한 독해에 비추어서만 이 점을 말할 수 있는데, 만약 그들이 자신들의 용어로 논의 대상을 바꾸려고 한다면 우리는 사정이 그렇지 **않다**는 것을 알게 된다. 그러나 이를 넘어서, 이 일련의 상호 비난을 통해, 이 오류의 '형식적 외피'로 인해 은폐된 점은 각자가 궁극적으로 '같은' 것을 말하고 있다는 사실이다. 그들 모두에게는 공통적인 어떤 사안들이 있는데, 각자가 이 사안들을 체화하는 동시에 부인하는 것처럼 보이며, 상대방을 비난하는 동시에 상대로부터 비난받는다. 이 공통점은 무엇일 수 있을까? 어떤 근거로 우리는 그토록 분명하게 상반되는 이들을 함께 모을 수 있을까? 즉 상징계의 패러디적인 재의미화를 주장하는 해체주의적 페미니스트인 버틀러, 사회적인 것의 진보적인 재직조화를 주장하는 급진적 민주주의자 라클라우, 그리고 현상적으로는 이 둘 모두를 논박하면서 상징계 및 사회적인 것 모두와 완전히 단절하려는 어떤 사유 불가능한 '행위'를 지지하는 것처럼 보이는 라캉주의적 마르크스주의자 지젝을? "예시화의 심급을 초과하는"(*CHU*, 273) 위압적인 정치적 논리라고 지젝을 비난하는 버틀러, "구조적 결정과 문화적 특수성 사이의 경직된 대립"(*CHU*, 189)이라고 버틀러를 비난하는 라클라우, 그리고 "정치적 참여의 불가능한 목표와 그것의 좀 더 온건한 실현가능한 내용"(*CHU*, 316) 사이의 간극을 이론화하는 데 칸트적 '체념'이 있다고 라클라우를 비난하는 지젝 사이에 어떤 접점이 있을 수 있을까?

따라서 《우연성 헤게모니 보편성》의 세 참여자 사이에는 어떤 항구적인 '적대성'이 존재한다. 그것은 작업 외적인 단순한 의견의 불일치 그 이상으로서 각자가 서로에 대해 제기하는 비난이기 때문이다. 그러나 그것은 작업에 내재적이지도 않은데, 서로가 상대방과 맺는 관계 속에서만 발생하기 때문이다. 오히려 그 적대성은 각 작업이 스스로를 구성하는 데 필요한 것, 다른 작업에게 말 걸 수 있게 하는 것이자 그 작업을 외부로 개방하여 다른 사람들이 그것에 대해 말할 수 있게 하는 그 무엇이다. 이것이 바로 우리가 실재로서의 작업과 타자의 관계라고 부를 수 있는 것이다.(*CHU*, 213) 즉《우연성 헤게모니 보편성》의 대화에서 우리가 다양하게 볼 수 있는 것은 각 대담자가 타자와의 어떤 관계도 부정함으로써 자신을 구성하려는 시도(상상적), 타자에 대한 이 관계를 고려하려는 시도(상징적), 이 타자와의 관계를 고려할 수 없다는 최종적 불가능성(실재)이다. 그들 모두를 사로잡는 것, 각자가 제거하려고 시도하지만 자신들을 가능하게 하기에 제거할 수 없는 '증상'은 바로 상대방과의 관계 그 자체, 즉 그들이 서로 구별 불가능하다는 사실이다. 그러나 이 점을 지젝의 관점에서 우선 고려해보면, 버틀러와의 논쟁에서 그는 어떤 '몰역사성'에 대해 비난하는데, 상징계의 임의성과 구성성을 불러내는 주체에 의한 패러디적 재연이라는 그녀의 개념에서 질문되지 않는 한 가지가 있고 그것이 바로 이 주체와 상징계의 관계라는 것이다. 수행적 자기 변신에 대한 그 모든 강조에도 불구하고, 버틀러가 궁극적으로 상징계의 본질적 조건은 그대로 둔 채 상징계 내에서의 '내재적 위반'에 불과한 것을 제시한다는 얘기다. 지젝이 서술하듯,

> 버틀러 자신이 주체의 개입을 기본적인 '열정적 애착'의 중복된 재의미화/대체행위로 제한하는데, 이는 따라서 그 주체성의 바로 그 제한/조건으로 존속한다. [버틀러에게는], 나의 정체성을 미리 결정짓는 '상징적 본질'을 재의미화/대체하는 일은 가능하지만 그것을 완전히 앞지르기 위함은 아닌데, 완전한 탈출은 나의 상징적 정체성의 정신병적 상실을 수반할 수 있기

때문이다.(*CHU*, 221~222)

마찬가지로, 라클라우와 관련하여 그가 현재의 상징 질서 내에서 벌어지는 무한한 치환의 가능성을 상상할 순 있지만, 무엇이 이를 가능케 하는지는 생각할 수 없다고 지젝은 주장한다. 즉, 지젝은 경쟁하는 주인기표들의 투쟁이 거기에 맞서서 진행되는 필연적으로 심문되지 않은 배경이 있는 한에서, 라클라우에 모종의 '형식주의'가 있다고 비난하는 셈이다. 그가 서술하듯,

> [버틀러와 라클라우]는 모두 추상적인 선험적 형식 모델(헤게모니, 젠더 수행성…)을 제안하는데, 이 모델은 자기 틀 안에 완전한 우연성(헤게모니를 위한 싸움의 결과가 어떻게 될지 아무런 보장도 없고, 성적 형성에는 아무런 최종 근거도 없다)을 허용한다. … 사회적 영역의 어떤 선험적 형식적 매트릭스를 제시한다는 의미에서 라클라우의 헤게모니 이론은 '형식주의적'이지 않은가? 언제나 어떤 헤게모니적 텅 빈 기표가 존재할 것인바 변화하는 것은 그 내용일 뿐이다.(*CHU*, 111)

버틀러와 라클라우는 그들 나름으로 지젝에 대해 거의 동일한 비판을 가한다. 버틀러는 전에 《의미를 체현하는 육체》에서 거론했던 지적을 반향하면서, 지젝이 그녀 자신이 배제한다고 주장하는 '실재'를 단순히 상징계의 바깥에 있는 것으로 이해하는 한 '비역사주의'라고 비난한다.[1] '팔루스'와 '근본적 결핍'이라

는 고정된 범주를 지닌 정신분석에 전형적으로 나타나는 '본질주의'의 태도로 지젝은 우발적인 역사적 조건을 초시간적 필수조건으로 세울 뿐만 아니라, 제대로 이름 붙여질 수 없는 것에 이름을 붙이려고 노력한다. 고전적 정신분석의 두 가지 대립된 성은 중립적이거나 설명적인 것이 아니라 오늘날의 유동적이고 탈-오이디푸스적 성 정체성을 암묵적으로 규범화하고 변화시킨다. 버틀러가 지적하듯,

> 만약 성차가 이러한 유사-초월적 지위를 즐긴다면, 성차의 모든 구체적인 공식들(성차의 이차적 형태들)은 더 근원적인 공식을 다시 참조할 뿐만 아니라, 그 표현 자체에 있어서 이 주제화 불가능한 규범적 조건에 의해 제약받는다. 그리하여, 성차는 근본적으로 논쟁의 여지가 없는 원칙 또는 기준으로 작동하여, 이는 폐제를 통해, 또는 병리화를 통해, 또는 실제로 적극적인 정치적 박탈을 통해 인식가능성을 확립한다.(*CHU*, 1 47)

라클라우 역시, '민주적' 재조직화가 일어날 수 있게 만드는 것이 무엇인지 사유하지 않는다는 지젝의 비판에 응답하여 그에게 바로 그 동일한 '형식주의'의 혐의를 건다. 다시 말해, 지젝이 기존의 주인기표에 의해 표상될 수 없는 것 혹은 우연적인 '포스트모던' 주체형성이 발생하도록 만드는 선행하는 배제로서의 '계급'을 거론할 때, 헤게모니적 전치에 개방되어야만 하는 것이야말로 바로 이 계급이다. 그리고 지젝이 이를 허용하지

않는 것으로 이해되는 한, 그는 필연적으로 칸트의 '선험주의'나 초기 마르크스주의의 가장 조악한 반대파들을 반복하게 된다. 라클라우가 지적하듯,

> 지젝은 새로운 버전의 토대/상부구조 모델 안에서 움직인다. 자본주의가 외부의 영향을 받지 않고 자체의 논리에 따라 진행되는 근본적 차원과 헤게모니적 절합이 벌어지는 좀 더 표면적인 차원이 존재한다. 토대는 프레임워크로 작동하여, 대중 행동을 통해 역사적으로 달성할 수 있는 것에 일종의 선험적 한계를 둔다.(*CHU*, 292~293)

이러한 비판에 대한 지젝의 반응은 자신이 '실재'라는 말로 의미하는 바를 그들이 근본적으로 잘못 해석하고 있다는 것이다. 우선, 실재의 '비역사성'에 대한 버틀러의 비난에 답하여 그는 실재는 '비역사적'이지 않을 뿐만 아니라 역사를 생산하는 것 그 자체라고 주장한다. 어떤 트라우마적인 실재와 화해하려는 끊임없는 시도에서 발생하는 것이 역사 그 자체라는 얘기다. 그리고 더 이상의 오해의 소지를 피하기 위해 그는 실재가 각각의 역사화의 시도 후에 남겨지는 어떤 불변의 실체로조차 간주되어서는 안 된다고 주장한다. 오히려 실재는 이러한 역사화를 표시하기 위해 맞서서 설정되는 필수 지점, 무엇이 역사화인지를 결정하는 것, 실재와 부합하지 못하는 반복된 실패를 산출하는 것일 따름이다. 지젝이 버틀러에 반박해 쓰고 있듯,

> 현실이 도달할 수 없는 암묵적인 상징적 규범의 구실을 하기보다, 실재/불가능한 것으로서의 성차는 **그러한 규범은 없다**는 것을 의미한다. 즉, 성차는 성차의 모든 '형식화'가 침몰하게 되는 '불가능의 암초'이다. … 성차가 '형식적'이라고 말할 수 있다면, 분명히 이상한 형식, 그 주된 결과가 성차를 포착하려는 모든 보편적 형식을 정확히 훼손하는 형식이다.(*CHU*, 309)

라클라우와 마찬가지로 지젝의 요점은 그가 '급진적 민주주의'의 재구성을 뒷받침하는 것으로 지칭하는 '계급'을 사회 영역의 어떤 최종적 헤게모니화로 이해해서는 안 된다는 것이다. 그럴 경우 그는 마르크스주의의 가장 조잡한 형태에 빠지거나 이 계급은 언제든 재구성될 수 있을 것이다. 대신, 지젝의 주장은—그의 답변 중 하나의 제목인 〈계급투쟁인가 포스트모더니즘인가? 예, 제발요!〉라는 제목에서도 알 수 있듯이—이것이 계급과 민주주의 사이에서 궁극적으로 선택하는 문제가 아니라는 것이다. 포스트모더니즘의 우발적 정체성과 '부유하는 기표'는 오늘날 진보 정치가 수행할 수 있는 유일한 방법이지만, 이는 계급이 있기에 가능한 것이다. 다시 말하지만, 이는 계급이 다른 모든 요소들보다 우선하는 모종의 불변의 요소이며, 그 요소들의 발설되지 않은 진리로서 외부에 남아 있다는 식으로 이해되어서는 안 된다. 사실, 계급은 이 다른 요소들과 다르지 않다. 계급은 다른 주인기표들이 계급에 대해 하듯 주인기표들을 재직조하고자 한다. 그러나 계급은 이러한 재직조행위를 추동하는 것, 계급을 언급하는 데 항구적으로 실패하는 이 재직조행위가 끊임없이 반복될 것을(우리가 이미 반복되는 것으로 볼 수 있게 되는 것)을 요구하는 것이다. 지젝이 라클라우를 논박하여 이야기하듯,

> 내 요지는 경제(자본의 논리)가 헤게모니 투쟁을 어떻게든 '제한'하는 일종의 '본질주의적 닻'이라는 얘기가 **아니다**. 그와 반대로, 그것은 투쟁의 **실질적인 조건**, '일반화된 헤게모니'가 번성할 수 있게 하는 바로 그 배경이다. … '계급투쟁'을 부차적 역할로 강등시키는 것처럼 보이는 [새로운 정치적 주체성의] 이러한 확산은 '계급투쟁'의 결과이다.(*CHU*, 319~320)

여기서 우리는 각 당사자가 다른 당사자에게 가하는 것과 동일한 비난에 대해 자신을 방어하는 일련의 상호 반영적인 논쟁들을 보고 있다. 먼저, 버틀러와 라클라우는 지젝을 일종의 '비역사주의' 또는 '형식주의'(이는 불충분하게 심문된 초월적 범주 또는 불가능할 정도로 급진적인 정치적 프로젝트의 형태를 취할 수 있다)로 비난한다. 자신을 방어하면서 지젝은 이 비난이 자신이 말하는 '실재'를 이해하지 못한다고 주장한다. (이 실재는 비역사적이거나 재정의되지 않는 것이 아니라 정확하게 역사와 상징적 우연성을 생성한다.) 그리고 더 나아가 그는 이 실재를 적절하게 이론화하지 못했다는 점에서, 역사주의의 바로 그 역사성이나 '급진적 민주주의'의 조건성을 사유하는 데 실패한다는 점에서 버틀러

와 라클라우 자신들이야말로 '몰역사주의'적이고 '형식주의적'이라고 주장한다. 그러나 사실 이 논쟁은 이보다 더 복잡하며, 이는 여전히 개별적 오류나 비일관성의 문제로 보일 수도 있다. 왜냐하면 아직 드러나지 않는 것—비록 각 참가자들이 가끔 암시하긴 하지만—은 이렇게 상대방에 대해 비난을 할 때, 각자가 **필연적으로** 동일한 비난에 스스로를 개방하고 있다는 점이다. 즉 이는 에드거 앨런 포의 《도둑맞은 편지》를 둘러싼 유명한 논쟁 이후 우리에게 익숙해진 방식이지만 헤겔의 칸트 비판 이후 철학에서 늘 쟁점이 되어온 방식으로서, 상대방이 초월적인 것에 대해 말한다고 비난함으로써 그들 자신도 스스로에게 동일한 일을 **해야만** 한다는 얘기다.[2] 이것이 바로 《우연성 헤게모니 보편성》의 논쟁에서 관건이 되는 진정한 '실재'이다. 지젝이 동원하는 (다른 이들도 자기 나름으로 주장하는) 것은 단순히 '실재'라는 정신분석학적 범주가 아니라 타자의 '초월적' 조건을 명명하는 이 제스처의 궁극적인 필요성과 불가능성 그 자체이다. 즉, 타자를 어떤 '몰역사주의'나 '형식주의'로 단죄할 때, 각자는 그들의 명명의 진정으로 '역사주의적' 또는 '형식적' 조건이 무엇인지 말해야 한다는 사실, 실재가 상징계의 바깥에 있는 어떤 초월적인 것이 아닌 이유는 상징계의 어떤 '초월적' 외부 때문이라는 사실 말이다. 이것은 단지 각 담론의 주체일 뿐만 아니라 각 담론에 의해 펼쳐지는 실재로서, 즉 각 담론이 속하는 바로 그 주체이다.

바로 이 실재와 관련해서만 우리는 《우연성 헤게모니 보편성》의 각 참여자들을 제대로 평가할 수 있을 것이다. 이 평가는 그들이 이 동시적 필요성과 불가능성을 어느 정도까지 고려하는가에 달려 있다. 예를 들어, 우리는 여기서 버틀러의 역사주의와 라클라우의 급진적 민주주의의 전치와 대체에 선행하면서 그것들을 가능하게 하는 저 심층의 '배제'에 대한 지젝의 주장을 짚어볼 수 있다. 이로 인해 그들의 '몰역사성' 또는 '형식주의'에 반대 논증하기 위해서는 지젝 스스로 그들의 '몰역사적' 또는 '형식적' 조건을 명명해야 한다는 난제가 제기된다. 우리가 인용했던 몇 대목들 중 전형적인 대목에서 그가 서술하듯,

> 그러나 이 투쟁 자체가 생겨나기 위해서는, 그 투쟁의 **영역**이 단지 역사적으로 우연적이지만은 않은 더 근본적인 배제('원초적 억압'), 즉 헤게모니 투쟁의 현재 구도에서 관건으로 떠오른 것을 통해 스스로 구성되어야만 한다. 왜냐하면 이 배제가 역사성의 바로 그 영역을 지탱하고 있기 때문이다.(*CHU*, 110)

그리고 주지하듯, 타자의 초월적 조건에 대해 이렇게 말하는 일은 불가피하다. 하지만 여기서 문제는 지젝이 어느 정도까지 너무 나아가며, '실재'가 또한 이와 같은 초월적 조건들을 명명하는 일의 불가능성이기도 하다는 사실을 잊는가이다. 즉, 지젝은 우리가 하나는 경험적이고 다른 하나는 초월적인 이 두 가지 '배제'를 구별해야 할 때라도 그것들은 또한 구별될 수 없다는 사실을 어느 정도까지 망각하는가? 그는 이 실재

가 오직 상징계의 내부에만 있다고, 이 첫 번째 배제가 이 두 번째 배제가 취할 수 있는 유일한 형태라고 어느 정도까지 생각하는가?(*CHU*, 120~121, 311) 다시 말하면, 이는 이 두 번째 유형의 배제에 대한 지젝의 어떤 가능한 명명도 첫 번째 배제의 형태를 취할 수 있을 뿐이며, 상징계 내부의 또 다른 재의미화 또는 재직조화가 될 수 있을 뿐이라는 말이다. 이 모든 것에 최종적이고 역설적인 반전을 주기 위해 지젝은 버틀러와 라캉이 제대로 사유될 수 없는 두 번째의, 더 심오한 배제를 사유하지 못했다고 비난하는 동시에 그렇게 함으로써 그가 그들을 비난할 때 지적했던 것과 동일한 실수, 즉 상징계 바깥에 있는 '몰역사주의적', '형식적' 실재를 사유하는 잘못을 되풀이한다.

그러나 주지하다시피, 만일 이 문제가 지젝에게 생겨난다면 그것은 그가 그것을 피하려고 노력하는 한에서만 발생한다. 사실, 대화의 다른 모든 당사자들과 마찬가지로, 지젝이 이러한 실수를 저질렀다고 우리가 비난하자마자 그가 이미 여기에 대응한 것처럼 보일 수 있다. 즉, 한편으로 지젝은 버틀러와 라클라우에 대해 배제의 두 가지 차원을 혼동하고, '완전히 다른'(*CHU*, 223) 정치 체제를 상상하려 하지 않으며, 그들의 이념을 직접 체현하지 않으려고 칸트식으로 거부한 일에 대해 비판한다. 그러나 다른 한편으로, 이 두 배제가 구별될 수 없는 방식(*CHU*, 215, 315)에 대해, 우리는 상징계의 외부를 생각할 수 없고 단지 그것을 대신하는 공허한 기표만 생각할 수 있다는 것(*CHU*, 112~114)에 대해, 역사적인 것과 비역사적인 것 사이에는 '변증법적 긴장'

이 있다는 것(*CHU*, 111)에 대해 말하는 사람은 바로 지젝이다. 배제가 나중에 채워지는 공백이 아니며 이 공백과 그 채워짐의 동시적인 방식에 대해 말하는 것도 지젝이다.(*CHU*, 109~110) 이 '원초적으로 억압된' 요소가 '[그 자신의] 상실을 구체화하는' 방식에 대해 발하는 것도 지젝이다.(*CHU*, 258) 그리고 마지막으로 이것이 바로 지젝이 《우연성 헤게모니 보편성》의 마지막에서 이는 '완전히 다른' 질서를 사유하는 문제가 아니라 '공포(테러)를 재의미화하는'(*CHU*, 326) 문제, 이 유토피아를 실제로 실현하는 문제가 아니라 모든 것을 실패로 만드는 이 유토피아의 문제, 즉 언제나 취해지지 않는 선택의 반복(*CHU*, 324)이라고 말할 수 있는 이유이다.

실재와 상징계의 동시성

우리가 이제까지 논증하려 했던 것처럼, 경험적인 것과 초월적인 것의 **동시성**을 사유하는 데 지젝이 성공한 일은 그의 작업에 대한 어떤 평가에서도 중요하다. 이 동시성의 압박이야밀로 지젝이 책을 거듭하며 자신의 입장을 조금씩 바꾸어가며 대응하는 것으로서, 그의 저작 전체를 영원히 성공적이지 못한 행위로 만든다. 이 동시성이야말로 거기서 관건이 되고 있는 진정한 실재로서, 초월적인 동시에 초월적인 것의 불가능성이다. 이 실재에 대한 응답으로 상징계가 발생하며 실재는 상징계 내부의 교착 상태가 된다. 체계 내부의 틈 또는 공백 그리고 이 틈을 메우는 것이 실재이다. 그리고 우리가 보았듯이 모든 것을 '비전체'로 만드는 것이 실재이며, 이는 (계몽주의에서처럼 그리고 지젝의 다양한 대담자들이 《우연성 헤게모니 보편성》에서 그를 비난하는 것처럼) 사물과 그것들을 '대리하는' 것 사이의 분열이 아니라 **사물과 사물 자체 사이**의 분열을 암시한다. 지극히 기이한 의미에서, 사물들은 그것들이 무엇이 부족한지 우리가 정확히 말할 수 없는 채로 자기 자체의 실패가 된다. 그리고 이는—다시 한번 지젝의 예시적 방법의 문제이다—모든 것은 그 모든 것이 대신하고 있는 예외이자 세계가 그 주위로 운행하며 아무것도 존재하지 않는 그 지점이라는 효과를 갖는데, 왜냐하면 우리는 이 실패나 상징계에 대한 예외를 단지 상징계 내부의 또 다른 재직조행위나 재의미화에 불과한 것으로 명명할 수밖에 없기 때문이다.(*L*, 267) 그러나 동시에—실재를 사유하려는 시도 그 자체와 분리할 수 없이—지젝은 또한 이를 사유하는 데 **실패한다**. 그는 이 두 가지 한계들, 두 가지 배제들을 분리함으로써, 그가 극복하고자 하는 바로 그 분열을 되풀이한다. 그는 채워지기 전에 존재하는 공백에 대해 말하며, 그렇게 해서 남성적인 예외의 모델로 회귀한다. 그는 이 '완전히 다른' 정치 질서를 실제로 표방할 수 있으며, 마치 이 질서가 항상 실패로, 즉 이전에 왔던 것의 반복으로 여겨지는 것은 아니라고 본다. (그러나 다시 한번 말하면, 이 모든 것의 복잡성은—우리가 《우연성 헤게모니 보편성》에서 확인하는 상호고발이라는 '코미디'[*CHU*, 137]를 상기시킨다—지젝을 이 '실패'로 비난할 때, 이는 우리가 마치 그것이 어떻게 되어야 하는지를 우리

스스로에게 제시할 수 있어야 하는 것과 같지는 않다. 의심할 여지없이 우리는 여기서도 우리가 알 수 없는 방식으로 똑같은 오류를 범하고 있을 뿐만 아니라, 우리가 말하고자 하는 요점은 어느 누구도 이 동시성을 그것이 실재인 한 제대로 사유할 수 없다는 점이다. 실제로 또 다른 의미에서는—그리고 다시 말하지만, 이 동시성이 마치 쉽사리 파악될 수 있는 단순한 어떤 관념이나 본질에 불과하다는 듯이 버틀러와 라클라우가 그것을 사유하지 못했다고 보는 지젝의 비판과는 반대로—동시성을 생각하지 못한 실패가 바로 그 동시성이며, 오직 그 실패 때문에 설명될 수 있다. 우리가 묘사하고자 하는 그 실재는 다름 아닌 이 실패이며, 우리로 하여금 그것을 실패라고 생각하게 만드는 것이다. 이 실재는 어떤 다른 곳이 아니라 우리가 그것에 대해 말하는 행위 그 자체, 다른 어떤 곳이 아니라 바로 이 지젝의 저작의 텍스트와 질감 속에 존재한다.)

우리는 이미 지젝의 저작을 관통하는 이러한 양면성 혹은 결정 불가능성에 대해 이야기한 바 있다. 우리는 지젝의 정신분석에 대한 설명과 같은 사례를 "그 본원적 공백의 상태로, 즉 그 공백을 채우는 요소에 선행하는 것으로" 그 장소를 가시화하는 것으로 〈왜 모든 행위는 반복인가?〉에서 언급했다. 《연약한 절대성》에서는 트라우마의 이미지가 실재를 어떤 식으로 '고급화'할 가능성, 마치 우리가 그 이미지들의 외부에 존재하는 것이 무엇인지 말할 수 있는 것처럼 간주하는 그의 주장을 언급했다. 《나눌 수 없는 잔여》에서는 이미 존재하는 언어 체계 내에서 교착 상태로 발생하는 언어학적 과잉인지 아니면 이 과잉에 반응하여 발생하는 언어 체계 그 자체인지 논하는 관점에서 관념론과 유물론을 대립시키는 그의 입장을 살펴보았다. 그리고 우리는 지젝의 저작 전체에서 이러한 '분리'의 많은 다른 사례들을 생각해볼 수 있다. 즉 장소가 그것을 채우는 대상에 논리적으로 '선행한다'는 그의 주장,(*SO*, 194) 상징계의 빈 공간과 그것을 차지하는 잔여 대상을 구분하는 그의 입장,(*ME*, 131, *FA*, 30) 민주주의에서는 권력의 위치가 '비어 있어야' 한다는 그의 주장,(*SO*, 147, *TN*, 221) 이데올로기적 호명 '이전' 또는 '외부'의 공백으로서의 주체에 대한 이해,(*TN*, 40, *TS*, 265) 도착하는 편지와 도착하지 않는 편지 사이에서 그의 분열,(*E!*, 9) 사건과 그 사건의 역사화 및 죽음충동과 그 충동의 승화 사이의 '최소한의 차이'의 위상에 대한 질문,(*AF*, 38, *TS*, 160) 《우연성 헤게모니 보편성》에서처럼 두 '부정들' 사이의 관계, 상징적 질서 내에서 발생하는 하나와 그 외부에서 생겨나는 다른 하나의 관계(*TS*, 158)가 또 다른 사례들이다.

그러나 동시에 지젝에게는 또한 경험적인 것과 초월적인 것의 동시성 또는 분리불가능성에 대한 사유도 존재한다. (그리고 다시 이것이 단순한 '오류'로서 점진적으로 제거되는 것이 아니며 이러한 분리와 결합의 계기들을 그의 저작에서 두루 찾을 수 있다는 사실은 이 문제틀이 그의 저작 내에서 일종의 '실재'로서의 지위를 지니고 있음을 보여준다.) 예컨대, 《이데올로기의 숭고한 대상》과 같은 초기 저작에서 우리는 지젝이 실재를 상징계에 선행하는 것이면서 동시에 상징계 안에서만 발생하는 것으로 생각하는 것을 본다.(*SO*, 169~170) 《그들은 자기가 하는 일을 알지 못하나이다》에서 우리는 지젝이 상징적 재표시와 관련하여, 그 표식이 기입되는 '장소'가 "다름 아니라 재표시의 실패에 의해 열린 공백일 뿐"이라고 말하는 것을 볼 수 있다.(*TK*, 86) 《까다로운 주체》에서 우리는 그 '보편적' 빈 공간이 항상 특정한 병리적 내용으로 '채색'된다고 말하는 지젝을 목격한다.(*TS*, 277) 《연약한 절대성》에서 우리는 지젝이 이 텅 빈 자리가 결코 그 자체로 '발생하는' 것이 아니라, 그것이 채워지는 것의 소급적 효과로만 존재한다는 것을 인정하는 모습을 본다.(*FA*, 31) 《전체주의가 어쨌다구?》에서 우리는 해체주의적 메시아니즘에 대한 지젝의 비판을 보는데, 그 메시아니즘은 그것을 뒷받침하는 신이 없이 종교적인 것의 매트릭스를 갖고 싶어 한다.(*T?*, 153) 《문 앞의 혁명》에서 우리는 지젝이 도미니크 라 카프라에 맞서 우발적이고 역사적인 트라우마와 그 트라우마가 대신하는 더 심층의 존재론적인 트라우마를 구분할 수 없다고 주장하는 것을 본다.(*L*, 314) 그리고 마지막으로, 지젝의 저작 전반을 관통하는 '무한한 판단'이 존재하는데, 이는 경험적인 것과 초월적인 것, 세계와 그것이 '대신하는' 것의 동시성이라는 '실재'를 포착하려는 시도이기도 하다. 즉 외양은 초감각적이고,(*SO*, 193, *TN*, 196) 본질은 비본질론적이며,(*ME*, 169) 주인기표는 대리보충이고,(*ME*, 196) 팔루스는 그 자신의 부재이며,(*ME*, 202) 내재성은 초월이고,(*IR*, 171) 순응은 전복적이며,(*L*, 262) 유사성은 비정체성이고,(*FA*, 50) 인간은 신이며,(*TS*, 231, *B*, 97) 현재의 실정적 질서는 그 자체의 부정이고.(*TS*, 234) 그리고 가능한 것은 불가능이다(*TS*, 98~99, *L*, 274~275) 등등.

그러나 앞서 말했듯이 각각의 사례는 애매하다. 지젝은 이러한 부정적 사례에서도 이 동시성을 사유하려고 시도하며, 경험적인 것과 초월적인 것의 분리를 오로지 그 분리를 극복하기 위해 설정하고 있다고 주장할 수 있다. 그는 다른 사람들의 초월성에 대해 말할 때 반드시 초월적인 것이 무엇이 **아닌지** 말해야 한다는 것을 알 수 있다. 마지막으로, 경험적인 것과 초월적인 것의 동시성에 내포된 이 '간극'(등가성이 아니라)은 그 자체가 초월성의 한 형태이기 때문에 이는 실수가 아니다. **경험적인 것과 초월적인 것의 동시성은 그 자체로 초월적이다.**[3] 그리고 다시 말하지만, 이 복잡한 논리가 지젝의 프로젝트에 중요하다고 보는 것은 우리뿐만 아니라 지젝 자신도 그렇다고 주장하고 싶다. 경험적인 것과 초월적인 것, 발화되는 것과 그 발화행위, 예외와 그것이 대신하는 것의 동시성으로서의 이 동시성이야말로 우리가 지젝의 작업을 관통하는 근본적인 주제로 이해하는 것이다. 그러나—이는 〈왜 모든 행위는 반복인가?〉를 《우연성 헤게모니 보편성》의 논쟁과 연결한다—우리는 동시성에 대해 언급하자마자 그것을 상실하며, 다른 누군가가 이 동시성을 가능하게 하는 저 초월성 혹은 발화행위에 대한 질문을 제기하도록 만든다. 그러나 이전 장에서 주판치치의 발언에 따르자면, 이는 이러한 불가능으로서의 초월성을, 미리 실패한 것으로서의 초월성을 사유하는 문제가 아닌데, 왜냐하면 **동시성은 오로지 그것을 사**

유하려는 시도의 소급적 효과로만 생겨나기 때문이다. 이것이 바로 "불가능한 것을 요구하라!"(*CHU*, 321)는 지젝의 호소의 의미로서, 이는 불가능하다는 것을 '알면서도' '완전히 다른' 정치적 현실을 상상하는 일이다. 그러나 더 심오한 것은, 이 불가능성에 대한 끊임없는 성찰을 통해 이를 회피하려는 '해체적' 시도와는 반대로, 그의 저작에서 펼쳐지는 이 '모순' 또는 '불가능성'이 존재한다는 점이야말로 바로 그의 작업의 힘과 통일성이다. 이것이 바로 지젝이 모든 진정한 철학의 '메타언어'라고 옹호하는 것이다. 즉 경험적인 것과 초월적인 것, 발화된 것과 발화행위를 동일하게 만들려는 시도 말이다. 그리고 그렇게 하지 못함으로써, 이 실패가 기록되게 하는 초월성과 발화행위를 열어놓는다. (여기서 초월성 또는 발화행위는 어떤 경험적인 것 또는 발화된 것의 외부에서는 사유 불가능하다.) 지젝이 주판치치와 바로 그 동일한 사례인 "나는 거짓말을 하고 있다"를 들어 서술하듯, "라캉의 관점에서 보면, 반대로 바로 그러한 불가능한 발화야말로—"나는 거짓말을 하고 있다"는 역설의 논리를 따르는 발언들—의미화 과정의 근본적인 간극을 열어두고, 이를 통해 우리로 하여금 메타언어적 입장을 취하지 못하게 한다."(*SO*, 156) 그리고 이것은 지젝의 작업에서 진정으로 설득력 있는 측면, 즉 그의 작업의 윤리적이고 '자기타격'적 측면이다. 이를 통해 "나는 거짓말을 하고 있다"는 메타진술은 궁극적으로 "나는 진실을 말하고 있다"가 된다.(*E*, 121)

바로 이런 의미에서—무엇을 말하는가보다는 말하는 행위,

발언의 내용보다는 그 형식—지젝의 작업은 **비판적**이다. 이전 장에서 살펴본 바와 같이, 일관된 정치적이고 경제적인 분석을 제시한다는 의미에서 비판적이지는 않다. 상징적 질서를 없애거나 정체성을 대타자의 외부에서 사유한다는 의미에서 비판적이지는 않다. (프랑크푸르트학파의 철학자 피터 듀스 같은 사람의 이의 제기가 꼭 이러한데, 그는 공언된 좌파적 입장에도 불구하고 지젝이 실제로는 "추상적이고 보편주의적인 팽창과 개별주의적 수축의 음울한 순환이 점진적으로 약화되거나 극복되어야 한다고 가정할 아무런 철학적 이유도 없다"고 우리에게 보여줌에 있어 보수주의적이라고 주장한다.)[4] 그리고 그것은 사실이다. 지젝은 자신이 분석한 문제를 정말로 반복할 뿐이다. 그의 작업은 세상과 절대적으로 동일시되기 때문에 때때로 세상으로 오인될 수 있다. (모든 계몽주의 이후 철학의 위험 요소다.) 그러나—이것은 구체적 '해결책'을 원하는 듀스와 같은 사람에게는 그저 사소한 보상에 불과해 보일 수 있다—우리는 지젝이 자신이 분석한 문제를 반복할 뿐만 아니라, 그가 반복하기 전까지는 문제조차 없었다고 말할 수도 있다. 지젝의 저작에서 이러한 '강요된 선택'의 논리가 펼쳐진다. 마치 고발해야 할 어떤 대타자가 있는 것처럼, 또는 의탁해야 할 어떤 진리의 외적 기준이 있는 것처럼 작동하는 비평의 '내재적 위반'에 있는 가짜 거리두기와 달리, 체제와의 절대적 동일시를 통해서만 우리는 그것이 우리 이전에는 존재하지 않았다는 것을 깨닫게 된다. 체계에는 외부가 없을 뿐만 아니라 체계는 그 자신의 외부가 되어, 애초에 체계를 가능하게 한 그 행위를 따라

잡기 위해 항구적으로 확장에 내몰리게 된다.(*TN*, 209~210) 따라서 '비평'은 더 이상 모순이나 예외의 관점에서가 아니라, '비전체'를 가능하게 하는 것으로 사유되어야 한다. 이것이 지젝의 진짜 '무한 판단'인바, 이는 '국가는 왕이다' 또는 '정신은 뼈다'와 같은 맥락에 있다. 즉 지젝에 의하면 자본주의는 **곧** 그 비평이거나 문제는 **곧** 그 해결책이다.(*TN*, 93~94) 그리고 이것은 다시 지젝의 작업의 '의미'가 그가 실제로 말한 그 어떤 것이 아니라 바로 그 '설정하기,' 발화행위, 즉 이를 통해 그가 존재하는 것과 '수축하는' 행위에 있음을 암시한다. 이것이 작업의 진짜 중요한 '행위', 즉 존재하는 것을 반복하는 이 행위다.

이런 이유로 지젝은 마침내 '완전히 다른' 사회 조직의 가능성을 주창할 수 있고, 오직 유토피아주의자만이 완전한 혁명이 일어나리라고 생각하지는 않을 것이라고 주장할 수 있다. 이런 일들이 실제로 실현될 것이라거나 우리가 그것을 실현할 수 있다는 얘기가 아니다. 실제로 그것들은 결코 실현되지 않을 것이고, 우리가 실현할 수도 없다. 설령 실현할 수 있다 해도 우리가 준비가 되어 있지 않거나 또는 그것은 이미 일어난 일의 반복으로만 보일 수 있다. 현재의 질서 그 자체는 오직 그것들 때문에 설명할 수 있기에 지젝의 말이 맞다. 《우연성 헤게모니 보편성》에서 제기된 문제로 돌아가자면, 우리는 존재하는 것이 응답하는 그 실재가 그것들이라고 말할 수 있다. 그리고 결정적으로—이는 여기서 지젝에 대해 제기될 수 있는 또 다른 이의제기다—이는 '진짜'를 위한 대체물에 불과해서 쓸모없는 것으로 여겨질 수 있는 사회적이고 정치적인 행동을 배제하는 일이 전혀 아니다. 오히려 존재하는 것의 바로 그 실제성, 즉 현재 벌어지고 있는 일에 대안이 없다는 사실은 이 '완전히 다른' 질서라는 '실재,' 즉 모든 '보편적' 프로젝트의 실패를 표시하고 오직 '개별적인 것'만이 존재한다는 것을 보증하는 이 '유토피아' 때문에 가능하다.[5] 달리 말해보면, 경험적인 것과 초월적인 것을 등가로 만드는 데에는 항상 누락되는 무언가가 있다. 이 누락이 재표시되는 그 '초월적' 지점, 그 발화행위의 장소가 있다. 있는 그대로의 세계—이것 역시 '초월적인' 것으로서의 철학에 대한 지젝의 본질적인 개념화이다(*TN*, 2~5)—는 다른 무언가로 인해 가능하다. 그리고 '초월적' 철학으로서의 철학, '담론의 프레임'에 대한 사유로서의 철학은 이러한 발화행위를 고려하려는 시도가 항상 반복되는 이야기이다. 철학의 역사는 철학이 '전체'가 되기 위해 앞선 것에서 빠진 것을 항상 점점 더 세련되게 반영하는 행위로서 발전해간다. 철학의 본질적 주제는 (그 주제적 문제와 그것을 구성하는 위대한 이름들 모두로서) "더 높은 권력의 술어"이다.(*AF*, 85) 그러나 동시에 이는 우리가 개시하는 것과 '동일한' 세계이며, 항상 '동일한' 문제이고, 경험적인 것과 초월적인 것, 발화된 것과 발화행위 사이의 '동일한' 불가능한 동시성이다.

정말로, 아마도 여기서 가장 논쟁적인 제스처를 취하자면, 우리는 이런 측면에서—그의 반복적인 주장에도 불구하고—지젝과 그의 포스트구조주의적 동시대인들을 정확하게 구분하지는 **않을** 것이다. 모든 '시스템'의 철학자들은—이 점은《우연성 헤게모니 보편성》의 논쟁에서 제기되었다—초월적인 것의 동시적인 필연성과 불가능성을 사유하는 동일한 문제에 직면하고 있다. 그들은 모두 있는 그대로의 세상이 어떻게 항상 배제된 발화행위 혹은 재표시로 인해 가능한지 증명하는 동일한 계몽주의 이후의 문제와 씨름한다. 그들이 제시하는 것은 세계에 대한 대안이 아니며 아무런 대안도 없는 그 장소에서 재표시하는 행위이다. 따라서 모든 중요한 사유는 '강요된 선택'이라는 문제와 관련되어 있다. 존재하는 것에 대한 대안이 없다는 생각을 함으로써만 비로소 어떤 대안이 열리게 된다. 모든 현실적 대안은 이 초월적 대안을 대신할 수 있을 뿐이며, 이것이 바로 초월적 대안은 없고 오직 실제적인 것만 존재한다는 사실을 보장하는 것이다. 그리고 모든 의미 있는 철학은 바로 이 **충동**이다. 존재하는 것에 결핍된 것이 없다는 생각과 바로 이런 생각을 통한 '과잉' 또는 '틈새'의 생산이다.(*B*, 92~95) 이는 다시 본체의 '주체화'이자 '주체'의 역사로서의 철학이며, '동일한' 발화된 것의 재표시된 반복이다. 니체—그는 의심할 여지없이 자신의 영원 회귀 개념을 통해 이 '강요된 선택'으로서의 철학을 개념화한 최초의 철학자 중 하나이다—는 언젠가 이렇게 말했다. "역사의 모든 이름들은 나이다." 다시 말해, 만일 지젝이 진정한 철학자가 되려면, 그가 그 철학의 '대화'에 동참하려면, 그는 자신에 앞선 모든 것을 바꾸지 않고 반복해야 하며 모든 것이 '지젝적'이 되어야만 한다.

6장

지젝 라이브

슬라보예 지젝 씨, 유대교와 기독교에 관해, 그리고 죄의식과 초자아가 이들 각각에서 어떻게 이해되는지 말씀해주실 수 있나요?

먼저 유대교의 우상숭배 금지에 대해 생각해보겠습니다. 신의 이미지를 금지하는 유대교의 계명은 자신의 이웃과 관계 맺기가 종교적 실천의 유일한 '지형,' 즉 신적인 차원이 우리 삶 속에 현전하는 장소라는 명제의 이면입니다. '신의 이미지의 금지'는 우리의 현실 너머의 영지주의적인 신적 체험, 모든 이미지 너머에 있는 신적인 것을 가리키는 것이 아닙니다. 오히려 일종의 윤리적 "여기가 로두스다, 여기서 뛰어라"를 지칭합니다. "종교인이 되고 싶은가? 좋다, 여기서 증명하라. '사랑의 작업'에서, 이웃과 관계를 맺는 방식으로 증명하라. …" 우리는 여기서 헤겔식으로 반성적 결정을 결정적 반성으로 전도하는 좋은 사례를 갖게 됩니다. "신은 사랑이다"라고 말하는 대신에 우리는 "사랑은 신성하다"라고 말해야 합니다(물론 중요한 것은 이러한 반전을 표준적인 인본주의적 진부함으로 받아들이지 말아야 한다는 것입니다). 바로 이러한 이유 때문에 기독교는 신의 형상을 향한 퇴행을 표상하는 것이 아니라, 신과 인간의 동일성을 주장함으로써 유대교의 성상 파괴주의라는 결과를 낳을 뿐입니다. 그리고 바로 이 동일성 때문에 우리는 은총의 관념을 문제적인 것으로 만들 수밖에 없습니다. 모차르트의 오페라 〈황제 티토의 자비〉의 마지막 사면 직전에 티토는 그가 사면의 행위를 늘릴 수밖에 없게 만드는 반역의 확산에 격분합니다.

> 내가 한 명의 범죄자를 사면하는 바로 그 순간, 또 다른 범죄자를 발견한다. … 나는 별들이 공모하여 내 의지에도 불구하고 내가 잔인해질 것을 강요한다고 믿는다. 아니다. 그들은 이러한 만족을 얻지 못할 것이다. 내 덕 그 자체가 이미 경쟁을 계속하겠다는 맹세이니까. 어느 쪽이 더 한결같은지, 다른 사람들의 반역인지 내 자비로움인지 확인해보자. … 내가 한결같은 인물이며, 모든 것을 알고, 모든 이를 면죄하며, 모든 일을 잊는 사람이라는 것을 로마에 널리 알려라.

티토가 불평하는 소리가 거의 들리는 것 같네요. "제발, 너무 빠르다, 차례차례로, 자비를 위해 줄을 서라!" 티토는 자신의 임무에 충실하며 모두를 잊어버리지만, 그가 사면한 사람들은 그 일을 영원히 기억해야 할 운명이 됩니다.

섹스투스: 황제 폐하, 저를 용서하신 것은 사실입니다만, 제 마음은 저를 용서하지 않고, 더 이상 기억이 없어질 때까지 잘못을 한탄할 것입니다.

티토: 그대가 할 수 있는 진정한 회개는 변함없는 충성심보다 더 가치가 있다.

피날레의 이 댓구는 **자비**의 외설적 비밀을 분출합니다. 사면은 실제로 빚을 없애는 것이 아니라 오히려 빚을 무한한 것으로 만듭니다. 우리를 사면해준 사람에게 영원히 빚을 지는 셈입니다. 티토가 충성심보다 회개를 선호하는 것은 당연한 일입니다. 주인에 대한 충성심으로 나는 존중하며 그를 따릅니다. 반면 회개함으로써 나를 주인에게 결속시킨 것은 지울 수 없는 죄의식입니다. 이 점에서 티토는 철저한 기독교인 스승입니다.

일반적으로 (질투심 많고, 강력하며, 가혹한 신에 대한 인간의 복종이라는) 초자아의 종교로 간주되는 것은 유대교로서 기독교의 자비와 사랑의 신과 대조됩니다. 우리는 유대교의 엄격한 정의와 기독교의 자비, 즉 과분한 용서라는 불가해한 제스처를 대립시킵니다. 우리 인간은 죄 가운데 태어났고, 우리는 결코 자신의 빚을 갚을 수 없고 우리 자신의 행위로 스스로를 구원할 수 없습니다. 우리의 유일한 구원은 하나님의 자비, 그분의 엄청난 희생에 있습니다. 설명할 수 없는 자비의 행위로 정의의 사슬을 끊는 바로 이 몸짓을 통해 기독교는 우리에게 더욱 강력한 채무를 부과합니다. 우리는 예수에게 영원히 빚을 지고 있으며, 그분이 우리를 위해 행하신 일을 결코 갚을 수 없습니다. 우리가 결코 되갚을 수 없는 그러한 과도한 압박에 대한 프로이트의 명칭은 물론 초자아입니다. 기독교의 신은 우리에게 우리의 대가를 요구하지 않음으로써, 우리를 위해 스스로 이 대가를 지불함으로써, 지신을 최고의 초자아 행위자로 자리매김합니다. "내가 너의 죄에 대해 가장 큰 대가를 지불했으니, 너는 따라서 나에게 **영원히** 빚을 졌다. …" 이 초자아 행위자로서의 신, 바로 그 자비를 통해 신자들의 떨칠 수 없는 죄의식을 만들어내는 이 초자아가 기독교의 궁극적 지평일까요? 우리는 초자아의 무조건적인 죄의식과 사랑의 자비, 이 과잉의 두 가지 형상, 즉 내가 실질적으로 저지른 행위에 걸맞지 않은 과도한 죄의식과 내 행위로 인해 받아 마땅한 벌에 합당하지 않은 자비의 과도함을 실질적으로 연관시켜야만 합니다.

그 자체로 자비의 배분은 권력 행사의 가장 효율적인 구성요소입니다. 다시 말해, 법(법적 정의)과 자비의 관계는 필연과 선택의 관계인가요? 우리는 법에 **반드시** 복종해야 하는 반면, 자비는 정의상 자유롭고 과도한 행위로, 즉 자비의 행위사가 자유롭게 할 수도 있고 하지 않을 수도 있는 그 무엇인 것이 사실인가요? 의무로 행하는 자비는 자비가 아니며, 기껏해야 자비의 탈을 쓴 것이라고 할 수 있나요? 더 깊은 차원에서 그 관계가 정반대라면 어떨까요? 법과 관련해서는 우리에게 (법을 지키거나 위반할) 선택의 자유가 있는 반면, 자비는 의무여서 우리가 **반드시** 드러내 보여야 하는 것이라면, 자비는 불필요한 과잉으로서 그 자체로 **반드시** 발생해야만 하는 것이라면 어쩔 것인가요? (그리고 법은 법의 위반에 대해 우리를 처벌할 뿐만 아니라 애매함과 비일관성으로 인해 처벌을 피할 수 있는 탈출구도 제공함으로써 우리의 이 자유를 항상 배려하는 것이 아닐까요?) 자비를 베푸는 것만이 주인이 자신의 초법적 권위를 행사할 수 있는 **유일한** 방법은 아닐까요? 만약 주인이 단지 법, 법적 규정의 완전한 적용을 보장하는 데 그친다면, 그는 자신의 권위를 박탈당하고 단순한 지식의 형상, 즉 대학담론의 대리인으로 전락할 것입니다.

좋습니다. 이 대학담론에 대해 그리고 그것과 주인담론의 관계에 대해 조금만 더 설명해주시겠어요? 당신의 요점은 대학담론이 주인담론을 필요로 한다는 얘기 아닙니까?

라캉은 이에 대한 해답을 네 가지 담론에 대한 자신의 열일곱 번째 세미나(1969~1970년)이자 1968년 사건에 대한 자신의 응답인 《정신분석의 이면》에서 제시하는데, 그 전제는 1968년 파리의 담벼락에 쓰인 잘 알려진 반(反)구조주의적 낙서, 즉 "구조는 거리에 나오지 않는다"를 뒤집은 것으로 가장 잘 포착됩니다. 오히려 이 세미나는 구조가 어떻게 **정말로** 거리에 나오는지 즉, 구조적 변화가 1968년과 같은 사회적 폭발을 어떻게 **설명할** 수 있는지 해명하기 위해 애씁니다. 사회적 응집력을 보장하는 일련의 선험적 규칙을 가진 하나의 상징적 질서 대신, 우리는 하나의 담론에서 다른 담론으로 넘어가는 이행의 매트릭스를 얻게 됩니다. 라캉의 관심은 주인담론에서 현대 사회의 헤게모니적 담론인 대학담론으로 넘어가는 이행에 집중되어 있습니다. 반란이 대학에서 일어난 것은 당연한 일이 됩니다. 그 자체로 이는 과학적 담론이 지배 관계를 정당화하는 새로운 형태의 지배로의 전환을 알리는 신호일 뿐입니다. 라캉의 심층적인 전제는 회의론적이고 보수적입니다. 그의 진단은 학생 혁명가들에게 던진 유명한 반박, "히스테릭한 너희들은 새로운 주인을 요구한다. 새로운 주인을 얻게 될 것이다!"로 가장 잘 이해될 수 있습니다. 이 대목은 좀 더 일반적인 측면에서 이해될 수도 있습니다. 혁명 전의 구체제에서 혁명 후의 새로운 주인, 자신이 주인이라는 사실을 인정하지 않고 자신을 민중의 단순한 '하인'으로 내세우는 주인으로의 이행으로 생각할 수도 있습니다. 니체의 용어를 빌리자면, 그것은 단순히 주인의 윤리에서 노예의 도덕으로의 이행일 뿐입니다. 그리고 이 사실은 어쩌면 니체에 대한 새로운 접근법을 우리가 [채택]할 수 있게 합니다. 니체가 '노예의 도덕'을 경멸적으로 일축할 때, 그는 하층 계급 그 자체를 공격하는 것이 아니라 더 이상 주인이라는 칭호를 받을 준비가 되지 않은 새로운 주인을 공격합니다. '노예'는 니체가 가짜 주인을 가리키는 용어입니다. 그렇다면 우리는 어떻게 좀 더 자세하게 대학담론을 읽어야 할까요? 이를 다이어그램으로 표현하면 다음과 같습니다.

$$\frac{S2}{S1}\ \frac{a}{\$}$$

대학 담론은 '중립적' 지식의 입장에서 발화됩니다. 그것은 실재의 잔여를 다루어서 (예를 들어 교육학적 지식의 경우, "날 것, 교육받지 않은 아동") 그것을 주체($)로 전환합니다. 물론 이면에 숨겨져 있는 대학 담론의 '진실'은 권력, 즉 주인기표입니다. 대학 담론의 구성적 허위는 그것이 자신의 수행적 차원을 부인하고, 실질적으로 권력에 토대를 둔 정치적 결정에 해당하는 것을 사태의 사실적 상태에 대한 단순한 통찰로 제시한다는 점입니다. 여기서 피해야 할 것은 푸코주의적 오독입니다. 생산된 주체는 단순히 지식 권력의 규율적 적용의 결과로 발생하는 주체성에 불과한 것이 아니라, 지식 권력의 나머지, 즉 지식 권력의 손아귀에서 벗어나는 존재입니다. '생산'(담론 매트릭스의 네 번째 항목)은 단순히 담론적 작동의 결과를 표상하는 것이 아니라, 담론의 '나눌 수 없는 잔여,' 담론적 네트워크에 포함되기를 거부하는 과잉, 즉 담론 자체가 자신의 핵심에서 이질적인 몸체로 생산해내는 것을 의미합니다. 그리고 아마도 대학 담론의 밑바닥에 깔려 있는 주인의 위치라는 범례적 경우야말로 우리의 일상에서 의학 담론이 작동하는 방식일 것입니다. 표면적 차원에서 우리는 주체-환자를 연구와 진단, 치료의 대상으로 환원시켜 탈주체화시키는 순수한 객관적 지식을 다루고 있지만, 그 아래에서 우리는 불안에 사로잡힌 채 근심하는 신경증적 주체가 의사를 자기 스승으로 모시고 그에게서 안심을 구하는 일을 쉽게 발견할 수 있습니다. 더 일상적 차원에서는, 아무런 이데올로기적 편견이 없는 중립적인 전문지식이 부과하는 필요성을 통해 (복지 지출 삭감 등의) 강력한 재정적 대책을 옹호하는 시장 전문가를 떠올려보는 것으로 충분합니다. 그가 숨기고 있는 것은 (국가기구의 적극적 역할에서 이데올로기적 신념에 이르는) 일련의 권력관계로서, 이는 시장 메커니즘의 '중립적' 기능을 뒷받침합니다.

대학담론에서 상위 차원(S2 → a)은 (푸코에서 아감벤까지 채택한 의미의) 생명정치의 차원이 아닐까요? 대상을 다루는 전문 지식, a에 해당하는, 즉 주체가 아니라 벌거벗은 삶으로 환원된 개인의 차원은 아닐까요? 그리고 하위 차원은 에릭 샌트너가 "책봉의 위기," 즉 주체가 S1과 관계하고, 주인기표와 동일시하고, 부여된 상징적 권한을 떠맡을 수 있는 주체의 불가능성을 지칭하지 않을까요?[1] 핵심은 '생명정치'의 전문가적 지배가 책봉의 위기에 근거하고 조건 지어진다는 점입니다. 이 위기는 최후의 인간의 '탈형이상학적' 생존주의적 입장을 생성하는데, 이는 결국 그 자신의 그림자처럼 늘어지는 삶의 빈혈적 스펙터클로 마감됩니다. 이 지평 내에서 우리는 사형에 대한 오늘날의 점증하는 거부를 평가해야만 할 것입니다. 우리가 판별할 수 있어야 하는 것은 이러한 거부를 뒷받침하는 숨겨진 '생명정치'입니다. '생명의 신성함'을 주장하고, 그것에 기생하는 초월적 권력의 위협에 대항하여 생명을 옹호하는 사람들은 결국 그 공식적 목표—긴 쾌락적 삶—를 위해 (흡연, 마약, 술 등) 모든 실질적인 쾌락이 금지되거나 엄격하게 통제되는 세계에 귀착하게 됩니다. 스필버그의 〈라이언 일병 구하기〉는 죽음을 향한 이 생존주의적 태도의 가장 최근의 사례인데, 이 영화는 전쟁을 그 어떤 것도 정당화할 수 없는 의미 없는 살육으로 '탈신비화하여' 재현합니다. 이 영화는 그 자체로 콜린 파월의 '아군 측 사상자 없음'이라는 군사 지침에 대한 최상의 가능한 정당화를 제공합니다.

오늘날의 시장에서, 우리는 자체의 악성 속성을 박탈당한 일련의 생산품 전체를 발견합니다. 카페인 없는 커피, 지방 없는 크림, 알코올 없는 맥주…. 목록은 계속됩니다. 섹스 없는 섹스로서의 가상섹스는 어떨까요? 전쟁 없는 전쟁으로서 아무런 사상자가 없는 (물론 우리 편에서) 콜린 파월의 전쟁 지침은 어떠하며, 정치 없는 정치로서 전문 행정의 예술로 재정의된 현대 정치학은 어떠하며, (매혹적인 춤을 추고 현실에 대한 생태적인 느낌의 전체론적 접근법을 지닌 이상적인 타자지만 아내를 때리는 것과 같은 특성은 눈에 띄지 않는. …) 타자성이 박탈된 타자의 경험으로서 오늘날의 관용적인 자유주의적 다문화주의는 또 어떤가요? 가상현실은 실체를 박탈한 현실을 제공하는 이러한 절차를 단순히 일반화합니다. 그것은 실체를 박탈당한 현실 그 자체, 실재의 저항적인 단단한 핵심을 박탈당한 현실을 제공합니다. 카페인 없는 커피가 실제 커피는 아니면서도 실제 커피와 같은 냄새와 맛을 내는 것과 마찬가지로서, 가상현실은 현실이 아니면서 현실로 경험됩니다.

여기에는 아직 이 '대립물의 일치'에 대한 또 다른 사례가 없는 것 아닌가요? 이러한 상황에서 진정한 행위의 가능성은 무엇일까요?

그렇습니다. 오늘날의 향락주의는 즐거움과 절제를 결합합니다. 더 이상 쾌락과 절제의 '적절한 측정'이라는 오래된 개념이 아닌, 일종의 유사 헤겔적 대립물의 즉각적 일치입니다. 작용과 반작용이 일치해야 하며, 상처를 유발하는 바로 그 원인이 이미 약이어야 합니다. 그 대표적인 예로는 주지하다시피 미국에서 판매되는 **초콜릿 설사약**을 들 수 있는데, "변비가 있으신가요? 이 초콜릿을 더 많이 드세요!"라는 역설적 명령, 즉 변비를 일으키는 바로 그 물건을 먹으라는 명령이 담긴 문구가 적혀 있습니다. 여기서 우리는 〈파르시팔〉에서 바그너의 저 유명한 "상처를 낸 창만이 상처를 낫게 할 수 있다"의 기이한 버전을 발견하지 않습니까? 그리고 이러한 입장의 헤게모니의 부정적인 증거는 진정한 무절제의 소비(그 모든 주요 형태인 마약, 프리섹스, 흡연…)가 핵심 위험으로 떠오르고 있다는 사실이 아닐까요? 이러한 위험에 맞서 싸우는 것이 오늘날 '생명정치'의 주요 투자 중 하나입니다. 초콜릿 설사약의 역설을 재생산할 수 있는 해결책이 여기서 필사적으로 모색되고 있습니다. 그 주요 도전자는 '안전한 섹스'입니다. 이 용어는 "콘돔을 끼고 섹스를 하는 것은 비옷을 입고 샤워하는 것과 같지 않은가"라는 옛 속담의 진실을 깨닫게 합니다. 궁극적인 목표는 여기서 카페인 없는 커피와 마찬가지로 '아편 없는 아편'을 발명하는 것입니다. 마리화나가 합법화를 원하는 자유주의자들 사이에서 인기가 높은 것은 당연한 일입니다. 이미 마리화나는 일종의 '아편 없는 아편'**이기** 때문입니다.

따라서 이 모든 경우에 초자아는 직접적으로 S1이 아닙니다. 오히려 지식 자체에 내재하는 무조건적 명령의 차원인 S2 자체의 S1입니다. 우리가 항상 귀에 못이 박히게 듣게 되는 건강에 대한 경고를 떠올려봅시다. 곧 "흡연은 위험합니다! 지방이 너무 많으면 심장마비를 일으킬 수 있습니다! 규칙적인 운동은 장수의 지름길입니다!" 등등. 이 모든 것의 저변에서 "건강하게 오래 살아야 한다"는 무조건적인 명령이 깔려 있다는 것을 듣지 않기는 불가능합니다. 이것이 뜻하는 바는 대학담론이 철저하게 신비화의 기능을 한다는 것, 그 진정한 기반을 숨기고, 그것이 기반을 두고 있는 부자유를 흐릿하게 만든다는 것입니다.

이 지평에서 홀로코스트든 수용소든 급진적이고 '재현 불가능한' 악의 개념은 오늘날 지배적인 민주주의 관념의 구성적 한계이자 참조점으로서 중심적인 역할을 합니다. '민주주의'는 '전체주의적' 극단을 피하는 것을 의미하며, 그 간극을 메우고, 사물 자체를 위하여 행하는 (척하는) '전체주의적' 유혹에 맞서 끊임없이 투쟁하는 것으로 정의됩니다. 따라서 아이러니하게도, 악은 그 자체로 긍정적인 실체나 힘을 갖지 않고 '선'의 부재일 뿐이라는 잘 알려진 아우구스티누스의 관념을 뒤집어야만 하는 것처럼 보입니다. 즉 선 그 자체는 악의 부재이며, 사악한 존재를 향한 거리두기입니다.

모든 급진적 정치 행위를 악으로 치부하는 이 자유주의적 협박을 우리는 철저히 거부해야 합니다. 심지어 야니스 스타브라카키스가 최근 〈안티고네〉에 대한 내 독해에 대해 비판적으로 답한 사례에서처럼 그 협박이 라캉적인 색채를 띠고 있더라도 거부해야 합니다. 그의 비판은 그가 사건의 '절대화'라고 부르는 것의 위험에 초점을 맞추는데, 이는 결국 전체주의적 재앙으로 이어집니다. 스타브라카키스가 "사건에 대한 충실성은 오직 배신하는 충실성으로서만, 또 다른 충실성의 틀 내에서만, 정치적 공간의 개방성과 사회적인 것의 최종 봉합의 구조적 불가능성에 대한 깨달음에 충실함으로써만 번성하고 또 절대화를 피할 수 있다"고 지적할 때, 그는 이를 통해 무조건적-윤리적인 것과 실용적-정치적인 것 사이의 차이, 다른 이름을 부여할 수 있는 차이를 은밀하게 도입합니다. 본래적 사실은 결핍, 개방성으로서, 이는 인간의 유한성과 관련 있으며, 모든 긍정적인 행위는 항상 이 본원적 결핍에 미치지 못합니다. 따라서 우리는 데리다가 무소선적인 윤리직 명령이라고 부르는 이 성취 불가능한 것과 긍정적 행위, 개입을 얻게 되는데, 이것들은 전략적 개입으로 남아 있습니다. … 이러한 입장에 대해서는 두 가지 반론을 제기해야 합니다.

(1) 라캉의 의미에서의 '행위'는 정확히 이 간극을 중지시키는데, 그 행위들은 '일어**나기가** 불가능하다'는 의미에서 '불가능'하지 않고 '일어**난** 불가능한 것'이라는 뜻에서 '불가능'합니

다. **이 점이** 바로 저에게 안티고네가 흥미로운 이유입니다. 그녀의 행위는 불가능한 공백을 향한 간극을 유지하는 전략적 개입—이는 오히려 불가능한 것을 '절대적으로' 재현하는 경향이 있습니다. 저는 그러한 행위의 '유혹'을 잘 알고 있습니다—이 아니며, 행위에 대한 라캉의 후기 버전에서 보면 전략적 개입을 넘어서 이 '광기'의 순간이 존속된다고 보아야 합니다. 바로 이런 의미에서 행위의 개념은 스타브라카키스에 따르면 제가 무시하는 '타자의 결핍'과 모순되지 않을 뿐만 아니라 오히려 그것을 직접 전제합니다. 오직 행위를 통해서만 저는 대타자의 부재를 실질적으로 전제합니다. 다시 말해, 저는 불가능한 것, 즉 기존의 사회 상징적 질서의 좌표 내에서 불가능한 것으로 보이는 것을 수행합니다.

(2) 정치적 행위 (또한) 존재합니다. 즉 정치는 전략적-실용적 개입의 차원으로 축소될 수 없습니다. 급진적 정치 행위에서, '미친' 파괴적 제스처와 전략적 정치적 결정 사이의 대립은 순간적으로 무너집니다. 그렇기 때문에 아무리 위험하더라도 전략적 정치 행위에 반대하는 것, 그리고 안티고네에 있는 급진적 '자살'의 제스처, 즉 겉보기에는 아무런 정치적 목적이 없는 자멸적인 윤리적 고집의 제스처에 반대하는 것은 이론적으로나 정치적으로 잘못된 것입니다. 요점은 단순히 우리가 일단 정치적인 프로젝트에 철저하게 관여하게 되면 우리의 생명을 포함한 모든 것을 기꺼이 걸게 된다는 점이 아니라 더 정확하게는 **오직 그러한 순전한 지출이라는 '불가능한' 제스처가 역사적 성좌**

내에서 전략적으로 가능한 것의 좌표 자체를 바꿀 수 있다는 것입니다. 이것이 요점입니다. 행위는 기존 질서에 **대한** 전략적 개입도 아니고, 그것의 '미친' 파괴적 **부정**도 아닙니다. 행위는 기존 질서의 규칙과 윤곽을 재정의하는 '과도하고', 초전략적인 개입입니다.

그렇다면 안티고네가 죽음을 무릅쓰고 상징적 질서를 중지시킬 뿐만 아니라—이는 정치적 행위에 대한 저의 판단입니다—적극적으로 죽음, 즉 상징적이고 실제적인 죽음을 위해 분투하며, 이를 통해 어떤 사회정치적 변혁적 행위를 넘어서는 욕망의 순수성을 보여준다는 비판은 어떻게 봐야 할까요? 첫째, 안티고네의 행위는 정말 정치학의 바깥에 있는, '비정치적인' 행위인가요? 최고 권력의 질서(공동선을 대리하는 크레온)에 대한 그녀의 반항은 비록 부정적인 방식이긴 하지만 정치적이지 않나요? 극단적인 상황에서는 '위엄'이나 '오래된 관습'을 대신하는 그러한 '비정치적' 반항이 영웅적 정치적 저항의 바로 그 모델은 아닐까요? 둘째, 그녀의 몸부림은 단순히 죽음을 향한 순수한 욕망이 아닙니다. 그러기 위해서는 직접 자살하여 주변 사람들이 소란을 겪지 않게 할 수도 있었을 법합니다. … 그녀의 몸부림은 죽음을 향한 순수한 상징적 분투가 아니라 특정한 상징적 의식을 향한 무조건적 집착입니다.

그리고 이로 인해 우리는 핵심적인 딜레마와 마주합니다. 즉, 민주주의에 대한 참조가 의미하는 바는 '밖으로 나가고', 급진적 단절의 위험을 감수하며, 법 바깥의 영역에서 자기 조직화된 집단의 추세를 추구하려는 급진적 시도를 거부하는 일입니다. 주지하다시피 그러한 유토피아에 대한 가장 위대한 문학적 기념비는 예상치 못한 출처에서 나옵니다. 마리오 바르가스 요사의 《세계 종말의 전쟁》(1981)으로서, 매춘부, 괴짜, 거지, 도적떼, 그리고 가장 비참한 빈민들의 보금자리였던 브라질의 오지에 위치한 불법 공동체 카누도스에 관한 소설입니다. 종말론적 예언자가 이끄는 이 카누도스는 돈, 재산, 세금, 결혼이 없는 유토피아적 공간이었습니다. 1897년에 브라질 정부의 군사력에 의해 파괴되었습니다. 카누도스의 메아리는 라틴 아메리카의 거대 도시들에 있는 오늘날의 빈민가에서 뚜렷하게 확인됩니다. 어떤 의미에서 그것들은 최초의 '해방된 영토', 즉 미래 자급자족 사회의 단초가 아닐까요? 공동체 부엌과 같은 제도들은 '사회화된' 공동 지역 생활의 모델이 아닐까요? 바이아의 카누도스 해방 지역은 기존의 국가 공간을 철저하게 부정하는 해방된 공간, 대안적 커뮤니티의 모델로 영원히 남을 것입니다. 종교적 '광신'까지 포함해서 이곳에서는 모든 것이 받아들여집니다. 이는 마치 이러한 공동체에서는 **역사적 진보의 벤야민적인 이면, 즉 패배한 자들이 자신들만의 공간을 획득**하는 것과 같습니다. 유토피아가 한동안 이곳에 **존재했다는 것**, 이것이 바로 이 공동체를 파괴한 '비합리적'이고 과도한 폭력을 설명할 수 있는 유일한 길입니다. (브라질에서는 1897년, 아동과 여성을 포함한 카누도스의 **모든** 주민이 마치 자유의 가능성에 대한 기억은 지워져야만 한다는 듯이 말살되었습니다. 그리고 이 학살은 스스로를 '진보적' 자유주의적-민주주의적-공화주의자라고 자처한 정부에 의해 자행되었습니다. …) 지금까지 그러한 공동체는 때때로 일시적인 현상으로 폭발했고, 시간적 진보의 흐름을 교란시키는 영원성의 장소로서 폭발했습니다. 18세기 파라과이에서 (스페인과 포르투갈 군대의 합동 작전으로 잔인하게 파괴된) 예수회의 원주민보호구역에서부터 1990년대 페루의 센데로 루미노소(샤이닝 패스 게릴라들)가 지배한 정착촌에 이르기까지 넓은 범위에서 그런 공동체들을 인식하는 용기가 반드시 필요합니다. 이곳에는 '믿음의 도약'을 이루며 글로벌 회로에서 **벗어나고자** 하는 의지가 살아 있으며, 그 의지의 극단적이고 끔찍한 표현은 잘 알려진 베트남 전쟁의 한 사건입니다. 미군이 현지 마을을 점령한 후, 미군의 의사들이 자신들의 인도주의적 보살핌을 보여주기 위해 아이들의 왼쪽 팔에 예방 접종을 했습니다. 다음 날 베트콩이 마을을 탈환하자 예방접종을 받은 모든 아이들의 왼쪽 팔을 잘라버렸습니다. … 문자 그대로 따라야 할 모델로 삼기는 어렵지만, 어떤 대가를 치르더라도 정확히 '인도주의적' 측면에서 도움을 주는 적을 철저히 거부한 것은 그 기본 취지를 인정해야 합니다. 비슷한 방식으로, 센데로 루미노소가 한 마을을 점령했을 때, 그들은 그곳에 주둔한 군인이나 경찰을 죽이는 데 초점을 맞추지 않고 지역 농민을 도우려는 유엔이나 미국의 농업 상담사나 보건 노동자들에 집중해서, 그들에게 몇 시간 동안 설교한 뒤 제국주의와의 공모를 공개적으로 고백하도록 강요한 후 총으로 쏴 죽였습니다. 이 절차는 잔인했지만 이는 정확한 통찰에 의해 뒷받침되었습니다. 경찰이나 군대가 아니라 그들이 진정한 위험, 가장 음험한 적이었는데, 왜냐하면 그들은 '진실의 탈을 쓰고 거짓말'을 했기 때문이었습니다. 그들이 '결백'할수록 (그들은 '정말로' 농민을 도우려 했다) 그들은 미합중국의 도구로 더 많이 봉사하는 셈입니다. 최상의 상태의 적에 대한 그러한 공격만이, 즉 적이 '실제로 우리를 돕고 있는' 지점에서 적을 공격하는 것만이 진정한 혁명적 자율성과 '주권'(이 용어를 바타유의 의미로 사용합니다)을 드러내는 것입니다. "적에게서 좋은 것은 받아들이고 나쁜 것은 거부하거나 심지어 맞서 싸우자"는 태도를 취한다면, 우리는 이미 '인도주의적 지원'이라는 자유주의의 함정에 빠져 있는 것입니다.

다시 말해, 주인을 타깃으로 삼는 것은 그가 힘을 얻는 바로 그 자비의 순간이라는 말씀이지요?

그렇죠. 얘기하고 있던 주제로 돌아가자면, 오늘날 자본주의는 인간 문명의 총체를 정의하고 구조화하기 때문에, 모든 '공산주의' 영토는—다시 말하지만, 그 끔찍함과 실패에도 불구하고—프레드릭 제임슨이 쿠바에 대해 적절하게 표현한 것처럼 일종의 '해방된 영토'였고 영토입니다. 여기서 우리가 다루고 있는 것은 공간과 그 공간을 채우는 실정적인 내용 사이의 간극에 대한 오래된 구조적 개념입니다. 비록 그 실정적인 내용에 관해서는 공산주의 체제들이 대부분 음습한 실패작으로서 공포와 비참함을 낳았지만, 동시에 그들은 특정 공간, 유토피아적 기대의 공간을 열었고, 무엇보다도 실제로 존재하는 사회주의 자체의 실패를 우리가 측정할 수 있게 해주었습니다. (반공주의적 반체제 인사들이 일반적으로 간과하는 것은 그들 자신이 일상의 공포와 비참을 비판하고 거부할 수 있게 했던 바로 그 공간이 공산주의적 돌파에 의해, 자본의 논리에서 벗어나려는 공산주의의 시도를 통해 열리고 유지되었다는 점입니다). 이것이 바로 자유주의적 감수성에는 너무나도 충격적인 알랭 바디우의 발언, 즉 "가장 자유주의적인 자본주의적 민주주의보다 최악의 스탈린주의적 테러가 더 낫다"를 우리가 이해해야 하는 방식입니다. 물론 둘의 긍정적 내용을 비교하는 순간 복지국가 자본주의적 민주주의가 비교할 수 없을 정도로 낫지만, 스탈린주의적 '전체주의'를 구제하는 것은 형식적 측면, 즉 그것이 열어놓은 **공간**입니다. 이 지하 차원의 유토피아적 다른 공간이 '일상적인' 사회생활의 긍정적 공간과 결합하는 유토피아적 지점을 상상할 수 있을까요? 여기서의 핵심적인 정치적 질문은 이렇습니다. 우리의 '포스트모던' 시대에 여전히 그러한 공동체를 위한 공간이 존재할까요? 그 공간은 개발되지 않은 외곽지역(빈민가나 게토)에 제한되나요 아니면 그들을 위한 공간이 '후기산업주의' 풍경의 한복판에서 떠오르고 있는 것은 아닐까요? 새로운 '괴짜' 커뮤니티의 부상과 함께하는 '포스트모던' 자본주의의 역학 관계가 새로운 기회를 제공할 것이라고 과감하게 내기를 걸 수 있을까요? 역사상 처음으로 대안적 커뮤니티의 논리가 기술의 최신 상태에 접목될 수 있을까요?

우리는 그런 질문에 어떻게 답해야 할까요?

우선, 상황이 그렇게 단순하지 않습니다. 한편으로 직접 민주주의는 빈민가와 같은 많은 곳에서 여전히 살아 있을 뿐만 아니라 '후기산업주의적' 디지털 문화가 부상함에 따라 '재창조'되고 새로운 활력을 얻고 있습니다(컴퓨터 해커들의 새로운 '부족' 커뮤니티에 대한 설명은 종종 의회 민주주의의 논리를 떠올리게 하지 않습니까?). 다른 한편으로, 정치가 일정 수준의 제도적 소외가 불가피한 복잡한 게임이라는 인식 때문에 여전히 '안'에 있는 사람을 **폴리스**의 영역에서 배제되어 '밖'에 존재하는 사람으로부터 구분하는 분리선이 존재한다는 사실을 우리는 무시해서는 안 됩니다. 시민들이 있으며, 그들 모두를 사로잡고 있는 **호모 사케르**의 망령이 존재합니다. 지배하고 있다는 사실을 간과하게 해서는 안 됩니다. 한마디로, '복잡한' 현대 사회에서도 여전히 포함과 배제라는 기본적인 구분에 의존합니다. '다중'이라는 유행하는 개념은 충분치 못한데, 이 개념이 정확히 이 구분을 가로지르는 한에서 그러합니다. 시스템 내에는 다중과 배제된 다중이 존재하며, 이들을 단순히 동일한 개념의 범위 안에 포괄하는 것은 굶주림을 체중 감량을 위한 다이어트와 등치시키는 것과 동일한 외설행위에 해당합니다. 게다가 그 배제된 사람들은 단순히 정신병적이고 비구조화된 외부에 기거하지 않습니다. 그들은 자신들만의 자기 조직을 가지고 있으며 (있어야만 하며), 그것의 이름 (및 관행) 중 하나는 바로 '의회 민주주의'였습니다.

그런데 우리는 그것을 여전히 '민주주의'라고 불러야 할까요? 이 지점에서 우리가 '민주주의적 함정'이라고 부를 수밖에 없는 것을 피하는 일이 중요합니다. 많은 '급진적' 좌파들은 '초월적 보장'이라는 법률주의적 논리를 받아들입니다. 그들은 '민주주의'를 아무런 보장이란 없다는 것을 알고 있는 자들에 대한 궁극적 보장으로 지칭합니다. 다시 말해, 아무런 정치적 행위도 대타자의 어떤 초월적 형상("우리는 더 높은 필연성이나 의지의 도구에 불과하다"는 식의)에 직접적인 기반을 둔다고 주장할 수 없기 때문에, 모든 그러한 행위는 우발적 결정이라는 위험을 수반하기 때문에, 누구도 자신의 선택을 타인에게 강요할 권리는 없습니다. 이는 모든 집단적 선택이 민주적으로 정당화되어야 함을 의미합니다. 이러한 관점에서 민주주의는 올바른 선택을 보장하는 일이 아니라 실패 가능성에 대한 일종의 기회주의적 보험입니다. 일이 잘못되면 항상 나는 우리 모두에게 책임이 있다고 말할 수 있습니다. … 결과적으로 이 마지막 피난처는 포기되어야만 합니다. 우리는 위험을 전적으로 감수해야 합니다. 유일한 적절한 입장은 루카치가 자신의 《역사와 계급의식》에서 이미 옹호한 입장입니다. 즉 민주주의적 투쟁은 물신화되어서는 안 됩니다. 그것은 투쟁의 형태 중 하나이며, 그 선택은 상황에 대한 전 지구적 전략적 평가에 의해 결정되어야 하지 겉보기에만 우수한 내적 가치에 의해 결정되어서는 안 됩니다. 라캉의 분석가처럼, 정치 행위자는 그 자체에 의해서만 권위를 부여받을 수 있는 행위를 실행해야 하며, 그 행위에는 아무런 외부의 보증도 없습니다.

진정한 정치적 행위는 그 형태에 있어 민주적 행위일 수도 있고 비민주적 행위일 수도 있습니다. '불가능한 일이 일어나는' 선거나 국민투표가 몇몇 있는데, 수십 년 전 이탈리아에서 있었던 이혼에 관한 국민투표에서, 민심을 믿지 않던 좌파에게도 엄청난 충격을 주듯 이혼 찬성 진영이 압도적으로 승리했으며 내심 회의적이었던 좌파조차 자신들의 불신을 부끄러워할 정도였습니다. (예상치 못한 미테랑의 첫 선거 승리에서도 이 사건의 요소들이 있었습니다.) **그런** 경우에만 단순한 수적 다수를 넘어 그리고 그 이상으로 사람들은 다수라는 용어의 실질적 의미에서 효과적으로 발언했다고 말하는 것이 정당화될 수 있습니다. 반면에, 대중의 진정한 의사 표현은 폭력적인 혁명이나 진보적 군사 독재 등의 형태로 나타날 수도 있습니다. 바로 이런 정확한 의미에서 스탈린의 범죄를 비난한 흐루쇼프의 1956년 연설은 진정한 정치적 행위였습니다. 이 연설 이후 윌리엄 타우브만이 지적했듯, "소련 체제는 결코 완전히 회복되지 않았고, 그도 마찬가지였습니다."[2] 물론 이 대담한 행동의 기회주의적 동기는 선명하지만, 단순한 계산 이상의 것이 분명히 존재했습니다. 즉 전략적 추론으로는 설명할 수 없는 일종의 무분별한 과잉이 존재했습니다. 이 연설 이후, 상황은 다시는 예전 같지 않았고, 오류 없는 리더십이라는 근본 원리는 약화되었기에, 그 연설에 대한 반작용으로 전체 노멘클라투라가 일시적인 마비 상태에 빠진 것은 놀랄 일이 아닙니다.

그렇다면 오늘날의 민주주의에서 과연 진정한 행위가 가능한지에 대해 다시 질문을 던질 수 있을까요?

흥미롭게도 형식적 민주주의자 자신들(또는 적어도 그 핵심적 일부)이 민주주의의 중단을 용인하는 경우가 적어도 한 가지 있습니다. 형식적 민주주의의 폐지를 공약으로 내세운 반민주주의 정당이 공식적으로 자유로운 선거를 통해 승리한다면 어떨까요? (이런 일은 다른 곳이 아니라 몇 년 전 알제리에서 실제로 일어났습니다.) 이런 경우 많은 민주주의자들은 국민들이 아직 민주주의를 허용할 만큼 '성숙'하지 않았으며, 차라리 다수 대중을 올바른 민주주의자로 교육하는 것을 목표로 삼는 모종의 계몽된 독재가 더 낫다고 인정할 것입니다. 포퓰리즘의 중요한 구성요소는 또한 공식적인 민주적 절차를 무시하는 일입니다. 이러한 규칙이 여전히 존중되더라도, 정치적 주체에게 결정적인 정당성을 부여하지 않는다는 것이 항상 분명해집니다. 포퓰리즘은 차라리 카리스마적인 지도자와 군중 사이의, 국민투표와 대중 집회를 통해 검증된 직접적인 병리적 연결을 부추깁니다. 결과적으로, '민주주의'를 적대성에서 아고니즘(경쟁주의)으로의 변환으로 제한하는 것이 정치적으로 훨씬 더 생산적이고 이론적으로는 훨씬 더 적절해 보입니다. 민주주의는 환원 불가능한 다수의 이해관계, 이데올로기, 서사 등을 인정하는 반면, 포퓰리즘은 우리가 말했듯이 게임의 민주적 규칙을 거부하는 사람들을 배제합니다. 자유주의적 민주주의자들이 포퓰리즘은 본질적으로 '반민주적'이라고 주장하는 것은 옳습니다.

이것이 우리가 민주주의를 문제적으로 보아야만 하는 의미입니다. 왜 좌파는 항상 무조건적으로 형식적 민주주의 '게임의 규칙'을 존중해야 하나요? 적어도 몇몇 상황에서는 왜 형식적 민주주의 절차의 결과의 정당성에 의문을 제기하면 안 되는 것인가요? 모든 민주적 좌파는 로자 룩셈부르크의 유명한 발언, "자유는 나와 다른 생각을 하는 사람들을 위한 자유다"를 숭배합니다. 어쩌면 이제는 강조점을 '다르게'에서 '생각하다'로 바꿔야 할 때가 온 것 같습니다. "자유는 다르게 생각하는 사람들에게 자유다." 즉 자신의 의견을 맹목적으로 (생각 없이) 행동에 옮기는 사람이 아니라, 비록 다르더라도, **오직 진정으로 사유하는** 사람들에게만 자유입니다.

브레히트는 1953년의 유명한 짧은 시 〈해결책〉(1956년 출판)에서 민중들의 의견이 그들과 맞지 않을 경우 "민중을 해체" 할 수 있다고 생각하는 공산주의자 특권층들의 오만함을 조롱합니다. 그러나 우리는 그와 반대로 이야기해서, "민중을 해체하고 다른 민중을 선출하는 것," 즉 '낡은' 기회주의적 민중(무기력한 '군중')을 역사적 임무를 자각하는 혁명적 주체로 전환시키는 일이 오히려 혁명 정당의 의무—심지어 의무 **그 자체**—라고 말하고자 합니다. '민중을 해체하고 다른 민중을 선출'하는 일은 결코 쉬운 작업이 아니며, 그중에서도 가장 어려운 일입니다. … 이것이 뜻하는 바는 반권위주의적 관용이라는 오늘날의 지배적인 태도에 근본적으로 의문을 제기할 용기를 내야 한다는 것입니다. 놀랍게도 데이비드 마멧의 《올레아나》에 대한 날카로운 읽기에서 이러한 태도의 한계를 지적한 사람은 바로 버나드 윌리엄스였습니다.

> 여성 캐릭터가 지속적으로 제기하는 불만은 자신이 대학에 오기 위해, 무언가를 배우기 위해, 자신이 모르는 것들을 듣기 위해 희생을 감수했지만 자신에게는 미약한 관용만이 제공되었다는 것이다. 그녀는 자신의 선생님이 [···] 자신을 통제하거나 충분히 지도하지 않는다고 불평한다. 그는 무엇을 믿어야 하는지, 심지어 무엇을 물어봐야 하는지도 그녀에게 알려주지 않는다. 그는 권위를 행사하지 않는다. 동시에 그녀는 그가 자신에게 권력을 행사한다고 불평한다. 그녀의 입장이 혹은 극작가의 입장이 뒤죽박죽인 것처럼 보일 수 있겠지만, 그렇지 않다. 남성 인물은 그녀를 좌지우지하는 권력을 가지고 있지만 (그녀가 어떤 성적을 받을지 결정할 수 있음), 단지 권위가 없기 때문에, 이 권력은 단순한 권력, 부분적으로는 젠더 권력일 뿐이다.[3]

이 얘기는 현대의 주인은 누구인가라는 질문으로 돌아가게 하는군요, 그렇죠?

예, 실제로 여기서 권력은 더 이상 '권위'로 은폐되지 않는 바로 그 지점에서 '그 자체로' 나타납니다(그렇게 경험됩니다). 그러나 윌리엄스의 견해에는 몇 가지 복합적인 요소가 있습니다.

첫째, '권위'는 단순히 주인-인물의 직접적인 속성이 아니라, 주인과 피지배자 사이의 사회적 관계의 결과물입니다. 설령 주인이 똑같은 인물이더라도, 사회적-상징적 영역의 변화로 인해 그의 지위가 더 이상 정당한 권위가 아니라 단순한 불법적 권력으로 인식되는 일이 벌어질 수 있습니다. (이러한 변화는 페미니즘의 가장 기본적인 제스처 아닐까요? 남성의 권위는 한 순간에 단순한 권력으로 폭로되지 않았나요?) 1789년부터 1989년까지의 모든 혁명이 주는 교훈은 그러한 권위의 붕괴, 즉 권위의 임의적 권력으로의 전환이 항상 혁명의 발발에 선행한다는 것입니다. 윌리엄스가 옳은 지점은 어떻게 권력-인물의 관용적 태도 그 자체가, 즉 자신의 백성을 지시하고, 통제함으로써 권위를 행사하는 일을 자제하는 태도가 그의 권위를 비합법적 권력으로 나타나는 것을 보장하는지 강조한 점입니다. 오늘날 학계의 악순환이 바로 여기에 있습니다. 교수가 점점 더 '권위주의적'인 적극적 가르침, 지식과 가치의 주입을 포기할수록 그들은 더 많이 권력의 형상으로 경험됩니다. 그리고 모든 부모가 알다시피, 부모의 교육도 마찬가지입니다. 진정한 초월적 권위를 행사하는 아버지는 결코 '억압적'으로 체험되지 않을 것입니다. 반대로, 관용을 베풀려고 노력하는 아버지, 자녀들에게 자신의 견해와 가치관을 강요하지 않고 그들 자신의 길을 발견하도록 허용하길 원하는 아버지가 바로 권력을 행사하는 것으로, '폭압적'인 것으로 비난받아야만 합니다.

슬라보예 지젝 씨, 저와의 대담 시간을 내주셔서 감사합니다.

옮긴이의 말

부정성의 철학자를 읽다

한 이론가를 소개하는 한 연구자의 비판적 개입을 두고 무슨 말부터 꺼내야 할까. 게다가 그 이론가 역시 다른 이론가들에 대해 비판적으로 언급하는 이론을 펼치는 철학자여서 그에 대해 논평하는 연구자의 서술이 여러 차원의 직간접 인용과 추론에 의거한다면, 과연 그 연구서에 대해 또다시 설명을 덧붙이는 일은 덧없는 반복이지 않을까. 그래서 한 이론가에 대한 입문서이길 한사코 서어하는 책을 옮기고 난 뒤 마치 입문서의 하나처럼 소개하자니 참으로 번거롭고 얄궂다. 큰 얼개를 살펴보고 군데군데 번역자이자 이론가로서 논평을 덧붙이는 선에 머물고자 한다.

두말할 것도 없이 슬로베니아 철학자 슬라보예 지젝(Slavoj Žižek)은 오늘날 가장 널리 알려진, 그리고 가장 깊게 오해된 철학자 중 한 명이다. 크게 보아 마르크스주의와 라캉의 정신분석학을 헤겔이라는 관념론 철학을 매개 삼아 연결하는 그의 독특한 작업이 진지한 철학적 관심보다는 영화를 비롯한 문화이론, 대중문화 분석, 대중 정치학 분야에서 더 폭넓은 환대를 받은 까닭도 이와 무관하지 않다. 마치 그때그때 다 찾아보지 않아도 무슨 얘기인지 알 것만 같이 생각되는 홍상수의 영화들처럼 매년 쏟아져 나오는 지젝의 저서들 역시 일일이 찾아 읽지 않아도 괜찮을 것만 같다. 대중적 인기와 학문적 오해 간의 이러한 간극을 바로잡으려는 노력들이 그간 없지 않았고, 이 책의 부록으로 실린 인터뷰에서 드러나듯 지젝 자신도 여기에 민감하게 대응해 왔지만, 이제는 어느덧 이러한 간극의 존재 자체가 지젝이라는 '문화 현상'의 하나로, 아니 지젝 철학의 지칠 줄 모르는 이론적 소구력의 근간으로 여겨지기도 한다.

사실 독자들이 직관적으로 느끼는 지젝 철학의 더 두드러진 특징은 거침없는 도발적 발언과 쉼 없이 되풀이되는 반복적 사유이다. 그의 글쓰기는 난해하거나 아이러니하지 않고, 사유의 결은 철학적 체계를 세우고 논증하기보다 예상 밖의 유비와 수사적 예시에 더 밀착한다. 다 읽고 나면 핵심 내용보다 제시된 일화와 농담의 사례들이 더 선명하게 기억에 남을 때가 많다. 따라서 진지하게 읽을 태세를 잡기가 어렵지 일단 그의 사유의 파도에 올라타면 쉽게 내려오기 힘들 만큼 재밌다. 렉스 버틀러(Rex Butler)의 이 책은 이러한 발랄한 대중적 글쓰기 속에 숨겨진 지젝의 진지한 이론적 진면목을 소개하려는 시도이다. 특히 지젝의 저돌적 사유가 현실과의 부단한 대면을 통해 형성되던 초창기의 이론적 활보를 차근차근 그려내 보인다. 버틀러는 지젝이 오늘날 '힙'한 철학자가 된 이유를 그의 이론적 치열성에서 찾는 셈이다.

버틀러가 지젝의 이론에서 찾아낸 키워드는 주인기표(2장), 행위(3장), 그리고 부정성(4장)인데, 다소 의외의 선택이다. 환상으로서의 이데올로기 분석이나 자본주의의 도착적 물신성에 대한 비판으로부터 시작하기보다 담론구조의 상징적 체계 및 이에 대항하는 주체적 행위의 문제로부터 접근하는 태도다. 다소 도식화한다면, 세 키워드를 라캉의 개념에 견준다면 각각 상징계, 주체, 그리고 실재에 해당한다고 볼 수 있다. 여기서 버틀러가 지젝의 이론을 대하는 입장의 첫 번째 특징을 알 수 있다. 이 책 전체에 걸쳐서 어딘지 모르게 버틀러가 지젝 이론의 정치성을 평가하는 작업을 다소 회피하고 있다는 느낌을 갖게 되는데, 아마도 라캉적 개념을 지젝 이론의 핵심 열쇠로 꼽은 일과 무관하지 않은 듯하다. 물론 마지막 장까지 다 읽으면 이런 의혹의 많은 부분이 해소되고, 버틀러의 일관된 관심이 지젝 이론의 정치성에 있음을 알게 된다.

주인기표는 특정 사회적 혹은 정치적 체제 내에서 지배적 권력을 행사하고 절대적 진리처럼 기능하는 담론의 체계로서, 피지배계급의 착취와 억압을 위해 지배계급이 생산/유포하는 허위의식으로서의 이데올로기와 달리 체제 내부의 모든 주체들에게 영향을 미쳐 그들이 자신들의 정체성을 형성하고 자신을 다른 사람들과 구별 짓는 근거로 작용한다. 버틀러의 관심은 지젝이 라캉의 주인기표 개념을 어떻게 정치적 차원으로 확장하는지 설명하는 데 있다. 그가 1장에서 지젝 이론을 도식화하여 제시한 다이어그램(48쪽 참조)이 명시적으로 보여주듯, 주인기표는 공백으로서의 실재를 표상하는 오브제 아(욕망의 대상/원인)와 분열된 주체를 때로는 매개하고 때로는 대체하며 또 때로는 분리하는 복합적 역할을 수행한다. 주인기표는 주로 지배 권력의 핵심 기제로서 알튀세르의 이데올로기적 장치처럼 기능하며, 특히 대중의 무의식을 형성하는 데 결정적 영향을 끼친다. 주인기표는 과학적이고 합리적인 지식의 체계이자 그 이데올로기적 근거인 대학담론을 하위에 거느리면서 지배 질서를 정당화하고 뒷받침하지만, 동시에 그 질서 자체가 분열된 주체와 메꿀 수 없는 공백을 품고 있는 지극히 불안정한 구조—구조 아닌 구조—이기도 하다는 점을 드러낸다.

버틀러가 지젝의 이론적 기반에 대한 설명을 환상이나 이데올로기가 아니라 주인기표—라캉이 후기에 거론한 '주인담론'이 아니다—개념을 통해 시작하려는 이유는 사실 분명치 않다. 분열된 주체가 마주하는 구조의 공백 그리고 그 공백을 봉합하면서 드러내는 주인기표의 이중적 역할을 강조하려는 생각이었다면 차라리 라캉의 상징계와 실재 개념을 활용하는 것이 더 나았을 수도 있다. 그런데 주인기표의 이중성은 묘하게도 지젝의 초창기 이론에 에르네스토 라클라우와 샹탈 무페의 '급진적 민주주의' 개념이 끼친 영향력을 비교적 손쉽게 해명해준다. 주지하다시피, 라클라우와 무페의 적대성과 헤게모니 개념은 적대를 디폴트로 하는 다양한 사회 세력들이 어떻게 '공백'으로 존재하는 보편성의 자리를 채우기 위해 투쟁하며 이를 통해 새로운 정치적 질서를 만들어낼 수 있는지 설명한다. 이때 라클라우가 주장하는 텅 빈 보편성의 자리이자 그 공백을 차지하여 지배력을 행사하는 헤게모니적 양태가 바로 버틀러의 주인기표에 가장 가깝다. 급진적 민주주의는 이 헤게모니적 지배력을 행사하는 주인기표의 자리를 차지할 그 어떤 특권적 기표 —예컨대 **마르크스주의 이론**—도 없다는 입장이며, 따라서 그 자체로는 다른 기표들의 '등가성'을 확보할 수 있는 텅 빈 공백이라는 생각이다. 지젝이 비판하듯이 급진적 민주주의 이론은 그 주인기표의 공백이 어떻게 만들어지는지에 관한 이론이 부재하기에 칸트적 '형식주의'의 소지가 다분하다.

주인기표 개념은 분열된 주체의 형성과도 밀접한 연관이 있다. 주체는 주인기표와의 관계를 통해 (신경증적이거나 도착적인) 주체로 구성되지만, 그 주체의 성립은 발화행위와 발화된 것 사이의 불일치나 의식과 무의식의 간극처럼 이중화된 분열의 과정을 거친다. 그런데 이론의 정치성만큼이나 이 책에서 버틀러가 지젝에 대해 깊이 있게 다루지 않고 있는 또 하나의 개념이 바로 '분열된 주체'라고 해도 과언이 아니다. 라캉을 경유한 지젝의 주체 개념에서 매우 독창적인 논점의 하나는 주인기표가 주도하는 상징계 속에 폭력적으로 진입하게 되는 주체의 사후적 성립과 분열양상이라기보다 상징계의 기표와 발화체계를 관통하여 지속되는 상상계의 존속 및 그 트라우마적 주체성의 잔여적 존속이다. 지젝의 이론에서 분열된 주체의 탈이데올로기적/수행적 가능성, 즉 버틀러가 이 책에서 도드라지게 강조하는 '행위'의 가능성을 논의할 수 있는 근거도 바로 이 존속에 있다.

버틀러가 중요한 논점의 순간마다 거듭해서 돌아가서 거론하는 글이 지젝의 초기 에세이 〈왜 모든 행위는 반복인가?〉인 이유도 거기에 있다. 다만, 버틀러는 그 글에서 주체의 수행을 통해서 드러나지만 오히려 바디우적 사건에 더 가깝다고 본 지젝의 '행위' 개념을 강조하는 바람에 지젝이 애써 강조한 '반복' 개념의 어마어마한 함의에 대해서는 징후적으로 누락한다. 버틀러의 입론과 달리, 지젝에게 주체의 정치성은 급진적 '행위'의 특이성보다 그 고통스런 반복성에서 나온다.

버틀러는 지젝의 행위가 주인기표의 성립과 동시적으로 벌어지는 일종의 진리-사건으로 봐야 한다고 거듭 주장하면서, 이러한 동시적 성립이 가능하기 위해 필연적으로 누락되는 것, 배제되는 것에 유념해야 한다는 지젝의 입장에 주의를 환기시킨다. 주체의 성립이 분열로 얼룩진 트라우마적 반복의 결과이며 주인기표의 권력이 공백에서 나온다는 주장은 바로 이 원초적 누락과 배제의 필연성에 대한 인식에 기반을 두고 있다. 따라서 주인기표와 행위의 동시적 성립은 또한 봉합과 지배의 필연적 실패의 확증이기도 하다. 셸링의 '수축' 개념이나 라캉의 '죽음 충동' 개념을 통해 지젝이 설명하고자 하는 사태 역시 상징계의 성립을 가능하게 하는 동시에 불가능하게 만드는 이 반복된 실재(=실패)의 귀환이다.

지젝이 거듭 강조하듯, 이 반복되는 트라우마적 공백으로서의 실재는 상징계의 바깥에 존재하거나 초월적 원리로 기능하는 그 무엇이 아니다. 실재는 상징계의 실패에 의해 드러나는 틈과 여백에 의해 사후적으로 확인될 수 있을 뿐이다. 그런 뜻에서 실재는 그 자체로 모종의 '절대적 부정성' 혹은 버틀러가 뜻하는 '부정의 부정'에 가깝다. 버틀러는 "상징계는 곧 실재"이며 "공백은 채워지기 전에는 존재하지 않는다"고 주장한다. 나아가 "실재는 정의상 상실되거나 '고도화'될 수 없다"고 보면서, 이것이 바로 "'부정의 부정'이라는 헤겔적 관념이 의미하는 바"라고 설파한다.

버틀러의 이러한 관점은 두 가지 점에서 문제적이다. 하나는 버틀러가 이해하는 헤겔의 '부정의 부정'은 헤겔 자신의 입장이나 지젝의 헤겔 전유와는 다른 차원이다. 버틀러의 '부정의 부정'에는 지젝의 '절대적 부정성'의 함의가 들어 있지 않다. 버틀러에게는 "행위가 주인기표의 '부정'으로 간주될 수 있다면, 이 '부정'은 자체가 '부정'되어 주인기표의 일부로 드러나야" 하지만, 만일 이 '부정의 부정'이 "(지젝이 주장하듯) 주인기표의 바깥에는 아무것도 없다는 것을 뜻한다면, 이는 또한 우리로 하여금 이 주인기표가 전부가 아니며, 오직 행위의 '부정'에 대한 '부정'으로서만 가능하다"는 얘기가 된다. 주지하다시피, 지젝에게 헤겔의 부정성은 회귀—주인기표로 회귀하는 행위의 부정성, 즉 부정적 행위로서의 주인기표—가 아니라 부정성의 근본화로서, 부정성의 축소가 아니라 그 파괴력의 존속이자 심화—주인기표의 부정으로서의 행위는 주인기표와 행위의 이분법 자체의 파괴/지양—이다. 지젝에게 실재란 바로 이 헤겔의 "자기관계적 부정성"의 다른 이름이고 상징계의 공백을 통해서만 감지된다.

다른 하나는 지젝이 상징계와 실재를 구분함으로써 실재의 초월성을 인정하는 형식주의로 돌아간다는 버틀러의 비판이 절대적 부정성의 역설을 강조하는 지젝의 입장에 대한 데면데면한 이해에 바탕을 두고 있다는 점이다. 지젝은 상징계와 실재의 존재론적 구분을 설파한 적도 없을 뿐만 아니라 버틀러처럼 상징계가 곧 실재라고 말하지도 않는다. 절대적 부정성을 통한 실재의 자기부정성의 리듬은 상징계의 공백이라는 일종의 "내재적 위반"의 형태로만 파악 가능하기에 상징계와 분명히 구분되지만, 주인기표가 지배하는 상징계의 바깥이 없다는 의미에서 본다면 실재의 부정성은 상징계 자체의 부정성에 다름 아니다. 버틀러는 상징계와 실재의 구분을 부정하는 자기관계적 부정성의 리듬을 상징계와 동일성—자기동일성—으로 치환하는 셈이다.

잦은 오해와 달리, 지젝의 부정성 개념은 '무'라는 실정성, 없음으로 존재하는 실체로서의 신을 상정하는 부정신학의 본질론적 입장과 아무런 상관이 없고, 헤겔의 자기관계적 부정성의 심화로서 이해되어야 한다. 지젝이 거듭해서 라캉의 구성적 불가능성으로서의 여성적 '비전체' 개념과 헤겔의 자기관계적 부정성 개념을 연결시켜 사유하려는 시도를 거듭하는 이유가 여기에 있다. 이는 또한 단 하나의 '예외'(부정적 실정성)를 설정함으로써 보편성을 주장하는 팔루스적 논리에 지젝이 왜 단호하게 반대하는지 역시 설명해준다. 버틀러가 주목하지 않는 지젝의 입장을 직접 인용해보면,

문제는 구조(=타자)를 어떻게 생각해야 그 안에서 주체가 출현할 수 있느냐는 것이다. 라캉의 대답은 구성적 공백/불가능성을 중심으로 발화되는 일관되지 않은, 비전체의 상징적 구조다. 더 정확히 말하자면, 주체는 구조 자체에 그 구성적 결여를 각인시키는 구조의 반성적 자기 관계성을 통해 출현한다. 이 각인은 구조로부터 구성적으로 배제된 것의 구조 안에 새겨짐, 즉 "다른 기표들을 위해 주체를 표상하는 기표"이다. 하지만 우리는 여기서 모순에 빠진 것이 아닌지 의문이 든다. 나는 다른 사람의 환상인 한에서만 존재하고, 나는 다른 사람의 파악에서 벗어나는 한에서만 존재하는 것이 아닌가? 해답은, 돌은 아무도 생각하지 않을 때도 존재하지만, 돌은 생각되든지 그렇지 않든지에 관해 그저 무관심할 뿐이고, 주체의 경우엔 그 존재는 생각되어짐과 상관관계가 있지만 불완전하게 생각되어짐과 관련된다. 나는 타자의 사유에 있는 결핍이고, 생각에 내재되어 있는 결핍이다. (《잉여 향유》 292쪽)

그렇다. 주체(=행위)는 대타자(=주인기표)에 있는 결핍(=부정성)이고, 그렇게 대타자에 결핍으로 새겨져 있는 한에서만, 즉 트라우마적으로 분열된 한에서만 주체로 행위한다. 이는 자본주의와 욕망의 주체의 관계에도 마찬가지로 해당한다. 자본주의(=주인기표)는 끊임없는 자기파괴와 혁명, 즉 자기관계적 부정성을 통해서만 번영할 수 있다. 역설적이게도 우리는 모든 대상에서 벗어난 잉여를 욕망하기 때문에, 쾌락과 만족을 향한 우리의 지향성 자체가 우리에게 다가올 궁극적 잉여의 획득을 위해 현재 가능한 만족을 영구적으로 희생하도록 강요하는 구조가 만들어진다. 자본주의에서는 이렇게 쾌락주의와 금욕주의가 부정의 부정을 통해 일치하는 것이다.

지젝이 《우연성 헤게모니 보편성》에서 주디스 버틀러 및 라클라우와 벌이는 논쟁을 정리하는 5장을 읽고 나면, 처음 생각했던 것과는 달리 주인기표, 행위, 부정성이라는 키워드를 통해 렉스 버틀러가 수행하는 작업 역시 지젝 이론의 정치성의 근간을 해명하는 문제라는 점을 부정하기는 힘들다. 정확히 말하면, 세 사람의 이 논쟁을 정리하는 렉스 버틀러의 입장은 균형을 잃지 않고 전혀 편파적이지도 않다. 그러나 바로 그렇기 때문에 지젝의 정치적 입장에 대한 소개로는 다소 부당하다. 적어도 다른 두 사람의 이론에서 지젝의 '절대적 부정성'에 해당하는 그 무엇을 찾을 수 없다는 점을 좀 더 선명하게 부각시켰으면 하는 아쉬움이 남는다. 결론적으로, 이 책은 지젝의 이론적 궤적에 대한 충실한 정리나 다른 이론들과의 적극적인 대면을 추구하는 작업보다는 이론의 핵심적 문제 의식을 여러 텍스트와 사례를 통해 반복하고 변주하여 돋을새김하는 과정에 더 가깝다. 이 책은 지젝의 이론을 통해 이론의 사유를 벼리고자 힘겨운 여정에 도전하려는 사람들에게 던져진, 결코 호락호락하지 않은 호된 길잡이다.

발간되기까지 시간이 좀 걸렸다. 글 옮기는 동안 함께 해준 여러 사람들, 책으로 만드는 길에 참여해준 분들, 그리고 책을 앞에 두고 난감해할 미래의 독자들께 두렵고 고마운 마음을 모두 전한다.

2025년 여름 봉산(鳳山)에서

1장 철학의 주체

1 (옮긴이 주) 가톨릭 사제와 여성의 비극적 사랑을 다룬 《가시나무새》로 유명한 호주의 로맨스 작가

2 지젝이 인정하지 않을 단 한 가지가 있다면 바로 〈아마존 서점〉(Amazon.com)에서 자신의 판매 수치를 조회하는 일일 터이다. 이는 그가 '타자를 통한 향유'라고 부르는 '상호수동성'의 전형적인 사례로서 그는 이를 친구들이 부추긴 탓으로 돌리겠고, 친구들은 그에게 (그 수치를) 얘기해줄 터이다. Christopher Hanlon, "Psychoanalysis and the Post-Political: An Interview with Slavoj Zizek," *New Literary History* 32 (2001): 7. 참조.

3 또는 오늘날 무엇이든 믿는 사람은 키치적인 것으로 여겨질 위험이 있기 때문에, 지젝을 그의 또 다른 문학적 영웅인 아인 랜드의 《파운틴헤드》의 건축가 하워드 로크에 비교할 수도 있다.

> 로크는 각자 자신만의 순수한 마음으로 서 있듯이 그들 앞에 서 있었다. 그들은 그에게 증오란 있을 수 없다는 것을 문득 깨달았다. 순식간에 그들은 그의 의식의 상태를 파악했다. 각자는 스스로에게 물었다. 누구의 승인이 필요한가?—그게 중요한가?—나는 묶여 있나? 그리고 그 순간, 각자는 자유로웠다. 방에 있는 다른 모든 사람에게 자비심을 느낄 만큼 자유로웠다.(*AF*, 86)

4 Ernesto Laclau and Ghantal Mouffe, *Hegemony and Socialist Strategy: Towards a Radical Democratic Politics* (London: Verso, 1985). 《헤게모니와 사회주의 전략》

5 Peter Canning, "The Sublime Theorist of Slovenia," *Art forum* (March 1993): 85쪽 인용.

6 Guy Mannes Abbott, "Zizek within the Limits of Mere Reason," *The Independent* (3 May 1999): 42쪽 인용.

7 Robert S. Boynton, "Enjoy your Zizek!," *Lingua Franca* 8.7 (October 1998): 48쪽 인용.

8 Edward R. O'Neill, "The Last Analysis of Slavoj Zizek," *Film-Philosophy* 5.17 (June 2001): 7쪽 인용.

9 지젝이 이야기하듯, "이론에서 무언가 진짜를 만들어내는 유일한 방법은 전이적 허구를 끝까지 추구하는 것"(*H*, 10)이다. 이것은 언어 습득에 비유할 수 있는데, 언어를 완전히 내면화했을 때 비로소 우리는 스스로 사고하기 시작할 수 있다.(*ME*, 43~46)

10 Denise Gigante, "Toward a Notion of Critical Self-Creation: Slavoj Zizek and the 'Vortex of Madness'," *New Literary History* 29 (1998): 453.

11 근본적인 '강요된' 선택 이후에 생겨나는 잘못된 '자유'의 선택에 관한 지젝의 몇몇 사례로는 인공 감미료의 경우 〈뉴드라 스위드〉와 〈하이 앤 로우〉, 심야 TV의 경우 〈제이 레노〉와 〈데이비드 레터맨〉, 음료의 경우 〈콜라〉와 〈펩시〉(*T?*, 240~241)를 들 수 있다. 심지어 대부분의 현대 민주주의 양당체제에서 두 정당 사이의 선택도 예로 들 수 있다. 이것이 지젝이 인용한 저 유명한 막스 형제의 농담, "차요, 커피요? 네, 주세요!"(*CHU*, 240)의 이면에 있는 의미로서, 이는 이러한 잘못된 선택에 대한 **거부로** 작용한다.

12 이에 대한 완벽한 예로는 커벨의 '재혼의 코미디'라는 개념을 생각해 볼 수 있는데, 이는 부부의 실제 이별이 아니라 원래의 '강요된' 결혼 결정이 자유롭게 반복되는 것을 의미한다. 즉, 각 당사자는 마치 결혼하지 않은 **것처럼** 행동하며 상대방과 관계를 맺을지 말지 여부를 다시 선택할 수 있다. Stanley Cavell, *Pursuits of Happiness: The Holly-*

wood Comedy of Remarriage (Cambridge, MA: Harvard University Press, 1981) 참조.

13 지젝은 아마도 이 점에서 라캉과 정반대일 것이다. 그는 자신의 부재가 아니라 일종의 과잉 현전, 즉 사유의 수학소적 순수성과 신체적이고 정서적인 '징그러움' 사이의 분열, 성차별적이고 'PC'적이지 않은 농담을 통해 텅 빈 장소와 그것을 채우는 것 사이의 '불일치'를 드러내고자 한다. 그의 전략은 아마도 배설물 한 조각을 그 자리에 놓아 신성한 '공백'을 유지하려는 현대 예술가들의 전략과 다르지 않을 것이다.(*FA*, 30~31)

14 이것은 또한 푸코가 에세이 《저자란 무엇인가?》에서 도달한 결론이기도 하다. 이 글에서 푸코는 자신이 "담론적 실천의 주도자"라고 부른 특별한 부류의 저자들, 주로 마르크스와 프로이트 같은 저자들을 거론한다. 그들의 작업에서 "나중의 텍스트에서 채택될 수 있는 일정한 분량의 유비들이 얻어질 뿐만 아니라 그 유비들은 차이를 만들어낼 수도 있다." (미셸 푸코 《언어,반기억,실천: 에세이와 인터뷰 선집》 (Oxford: Basil Blackwell, 1980) p. 132.

15 (옮긴이 주) 여기서 왜상은 왜곡된 이미지를 뜻하며, 한스 홀바인의 〈대사들〉에 나오는 해골 모양의 얼룩이 원근법적 시각에 대해 행사하는 효과를 가리키는 용어다.

2장 주인기표란 무엇인가?

1 Ernesto Laclau and Chantal Mouffe, *Hegemony and Socialist Strategy: Towards a Radical Democratic Politics* (London: Verso, 1985).

2 이에 대한 예로, 조지 오웰의 소설 《1984》를 생각해볼 수 있다. 첫 번째 (상상적) 읽기에서는 또 다른 전체주의 국가(러시아)에 관한 이야기이지만, 두 번째 (상징적) 읽기에서는 실제로 우리에 관한 이야기이다. 오웰이 묘사한 디스토피아는 **이미** 자유롭고 민주적인 서구사회이며,

《1984》를 통해 보이는 세상은 바로 **이** 세상이다.

3 이러한 '편집증'의 역사적 사례로 우리는 크메르 루즈가 끊임없이 자신의 기원을 다시 써야 할 필요성(*T?*, 97~99)이나 CIA 내에서 악명 높은 스파이였던 제임스 지저스 앵글턴이 CIA 내에서 스파이를 찾아내는 일을 했던 것(*TK*, xxxvi-vii)을 생각할 수 있을 것이다. 이 '편집증'은 실제로 지젝이 원하는 **충동**에 가까운 것으로서, 이를 통해 우리는 항상 어떤 발화된 것 뒤에 있는 공백이나 발화행위를 찾으려 하며, 단순히 타자에서 타자로가 아니라 타자에서 타자로 또 타자로 이어진다. … 하지만 결국 지젝은 상징적 종결을 간단하게 부정하는 일종의 헤겔적 '나쁜 무한성'으로 남는 이 편집증을 옹호하지 않는다. (이런 점에서 해체는 어쩌면 편집증에 더 가깝다.) 오히려 지젝의 도전은 어떻게든 종결을 통해 이 '개방성'을 생산하는 것, 즉 상징적인 것이 불가능하다고 말하는 것이 아니라 상징적인 것이 바로 그 자체의 불가능성이라고 말하는 일이다.(*TK*, 87~88)

4 여기서 요점은 〈새〉에 등장하는 새는 정확히 '상징적'이지 않으며, 우주론적, 생태학적, 가족적(*LA*, 97~98) 입장 등 영화에 대한 다른 독해를 제시한다는 것이다. 오히려 주인기표로서의 새는 이 모든 다양한 독해를 한꺼번에 허용한다. 〈새〉의 새들은 이 가능성들 중 어느 한 가지로 축소된다면 힘을 잃을 것이다. … 근본적인 비일관성, 즉 그 모든 것이 똑같이 참일 수 없다는 사실을 은폐할 수 있는 것도 주인기표의 효과의 일부이다.(*PF*, 158)

5 실제로 많은 영화 속 괴물은 이미 변신하는 '2급' 생명체이며, 특정한 내용이 아니라 외형과 형태 사이를 오갈 수 있는 것이다. 하워드 호크스와 존 카펜터의 〈더 씽〉, 스티븐 킹의 〈그것〉, 우디 앨런의 〈젤리그〉(그 역시 유대인이다) 등이 그 예이다. 지젝이 그 문제를 다루는 〈팔루스는 왜 나타나는가?〉라는 에세이에서 말했듯이, 이 모든 것은 궁극적인 '괴물'이자 모든 괴물이 궁극적으로 닮은 **팔루스** 자체와 정확히 일치한다.(*E!*, 128~129)

6 의심할 여지없이, 문학에서 주인기표와 그에 수반되는 오브제 아의 가장 위대한 사례는 보르헤스의 에세이 〈카프카와 그의 선도자들〉에서 찾을 수 있는데, 그는 카프카의 다양한 선례를 나열하고 있다. "내가 착각하지 않았다면 내가 열거한 이질적인 작품들은 카프카와 닮았다. 내가 잘못 생각하지 않았다면 그것들이 모두 서로 닮은 것은 아니다." Jorges Luis Borges, "Kafka and his Precursors," *Labyrinths* (Harmondsworth: Penguin, 1981) 236쪽. 여기서 이해해야 할 첫 번째 요점은 카프카가 단순히 그의 다양한 선구자의 공통점이라는 사실이 아니라—왜냐하면 그들이 모두 무언가를 공유하지는 않기 때문이다—그들 사이의 차이점이라는 것이다. 두 번째 요점은 카프카가 사실 그의 선구자들보다 덜 '카프카적'이라는 점이다. "초기 〈관찰〉의 카프카는 브라우닝이나 던사니 경만큼의 암울한 신화와 잔혹한 제도의 카프카의 선구자는 아니다."(236쪽) 즉, 카프카가 무엇인지 말하려는 모든 시도는 그를 그의 선구자 중 한 명의 지위로 환원시킬 뿐이다. 카프카에 관해 시도된 모든 메타진술은 또 다른 진술에 불과한 것이 되어버린다. 여기서 카프카의 선구자들이 카프카에 의해 "매개되지 않고 축약되며," 카프카가 이를 '해명'한다면, 보르헤스가 지적하고자 하는 진정한 '카프카적' 특성은 이들 사이의 **관계**이다. 즉 카프카와 그의 다양한 선구자들은 공유하는 것이 '아무것도 없다.' 간단히 말해, '카프카'는 **바로** 카프카와 그의 선구자들 사이의 관계이다.

7 이 점에 대해서는 로버트 팔러의 에세이 〈부정과 그 신뢰성: 이데올로기를 위한 공허한 주체?〉(*CU*, 225~246)를 볼 것. 이 글은 영화 〈블레이드 러너〉에서 '나는 복제인간이다'라는 대사를 초이데올로기적 진술로 본 지젝의 개념을 비판한다. 팔러의 요점은 지젝이 단순히 틀렸다는 것이 아니라, 지젝이 한 번 더 전환을 해서 자기 자신의 진술이 어디에서 나온 것인지를 묻지 않았다는 것이다.

8 **이것이** 지젝의 논지다. 자유가 없다는 것이 아니라 **어떤** 자유의 표현도 자유의 왜곡일 뿐이며, 자유는 **바로** 우리가 그 왜곡에 대해 말할 수 있

게 하는 것일 뿐이다. 이것이 바로 지젝이 노동자가 임금을 충분히 받더라도 착취당한다고 말하는 것의 의미다.(*TS*, 179~180) 여기서 계급 또는 계급투쟁은 그것이 부재의 형태로만 현전하는 일종의 '증상'이며, 그 왜곡 속에서만 드러난다.

3장 행위란 무엇인가?

1 다르게 표현해보면, 다른 두 가지 역사 접근법은 모두 가치 판단에서 자유롭다고 주장하는 반면, 벤야민은 명시적으로 가치를 주장하는 역사를 원한다. 전자의 경우 과거에 대한 판단이 존재하지 않는 반면, 후자의 경우 모든 판단이 동등하게 가능하다. 사실 두 가지 모두 미묘한 방식으로 현재에 계속 특권을 부여한다. "해석된 텍스트가 그 시대의 전체에서 차지하는 위치"(*SO*, 137)에서의 '총체성'은 오직 승자의 관점에서만 정의된다. 역사를 자유롭게 다시 쓰는 것은 오로지 "최후의 심판의 관점"(*SO*, 142)에서만 매번 일어날 수 있다. 또는 벤야민은 이러한 역사주의에 **반대하는** 것이 아니라 역사주의 자체의 논리를 역사주의에 적용한다. 《우연성 헤게모니 보편성》(*CHU*, 106~107)에서처럼 지젝은 **역사주의를 역사화하면서** 그것을 가능하게 하기 위해 배제된 것이 무엇인지 묻는다.

2 이런 의미에서 들뢰즈는 베르그송을 통해 모든 현재는 다른 과거 '그 자체,' 즉 결코 존재하지 않았던 과거를 불러낸다고 말할 수 있다. Gilles Deleuze, *Cinema II: The Time-Image* (London: The Athlone Press, 1989), 80, 294쪽 참조. 질 들뢰즈, 《시네마 II: 시간-이미지》 참조.

3 이 '혁명적 잠재력'이 그것의 상실로서만 존재한다는 이 생각은 바로 슬라보예 지젝이 《이데올로기의 숭고한 대상》에서 말하는 그 '두 번째 죽음'이다 (SO, 144~145). 바로 이 '혁명적 잠재력'이 역사 밖에 아무것도 존재하지 않게 만든다 (이에 반해 역사주의는 항상 '두 죽음 사이'에 어떤 역사 밖의 지점을 보존하려 한다). 벤야민이 말하듯, "적이 승리하면 죽

은 자들조차 안전하지 않을 것이다"(*SO*, 144).

4 이 '순환의 고리'는 2장에서 살펴본 편집증적 논리와 같아서, 거기서 체계는 결코 앞으로 나아갈 수 없고 항상 다시 시작해야만 한다(스탈린주의의 끝없는 숙청, 원년부터 시작된 크메르 루즈의 끝없는 숙청). 이 '편집증적' 실패, 즉 현전으로 넘어갈 수 없는 부재의 실패는 우리 없이도 우리의 대의나 역사가 이미 존재한다고 생각하는 스탈린주의적 '도착', 부재 없는 현전의 다른 측면이다.(*PF*, 222)

5 지젝이 말했듯, 셸링은 마치 "이 시작 이전에 주체는 신 자체의 비존재를 관찰하는 순수한 응시로 기적적으로 존재하는" 것처럼, 신이 자신을 탄생시키는 일종의 시간적 고리로서의 행위라는 '환상'을 깨뜨리고 있다.(*IR*, 19) 이는 지젝이 《그들은 자기가 하는 일을 알지 못하나이다》에서 '원초적 장면'에 대한 환상을 두고 매우 유사한 분석을 한 것과 비교해볼 수 있다.(*TK*, 197~198)

6 이는 보기보다 더 복잡하다. 지젝은 하나의 예를 선택할 수 없다는 것을 증명하기 위해 하나의 예를 선택할 것이다 (자본주의 내에 예외나 예가 없다는 것과 이 예가 근본적으로 그가 말하는 것이 아니라는 것, 항상 그것을 결여한다는 것 모두 때문이다). 그러나 동시에 자본주의의 '생톰적' 비전체 내부에는 **오직** 예외나 예만 있을 뿐이다(그리고 이를 통해 지젝 자신의 작업은 연결하는 논증 없이 거의 끝없이 이어지는 일련의 사례들로 점점 더 구조화되고 있다). 다른 점에서는 훌륭했을 Diane Chisholm의 'Zizek's Exemplary Culture', *Journal for the Psychoanalysis of 'Culture and Society* 6. 2 (Fall 2001)를 복잡하게 만드는 것은 바로 이 점이다.

7 예를 들어, 지젝은 그의 저작에서 여러 차례 바디우의 직접적인 반국가주의 정치의 자기모순, 즉 반론을 제기할 국가가 필요하다는 점을 지적한다.(*TK*, Ixxxii-iii, *TS*, 170) 이것이 바로 사도 바울이 극복하고자 했던 율법과 그 위반 사이의 순환이다. 이것이 바로 바디우의 정치가—칸트에 대한 모든 반대에도 불구하고—궁극적으로 칸트의 '무한한 윤리

적 노력'(*TS*, 166, *B*, 125)의 형태를 취하는 이유일 것이다.

8 죽음충동은 그 지속적인 사유불가능성 때문에 모든 것을 실패로 만든다. 그러나 이전 장에서 언급한 '적대성'의 경우와 마찬가지로, 우리는 실제로 이 실패를 맛보지 않는다. 이 죽음충동은 반복되는 어떤 식별 가능한 틱 경련이나 증상이 아니다. 이것이 바로 정신분석학에 대한 관습적인 오해이다. 이와 달리 죽음충동은 모든 표면적 '성공'을 실패로 만들고, 우리가 하는 모든 일을 반복으로 만든다. 이런 의미에서 죽음충동은 단순히 사물들을 대리하는 어떤 공백이 아니라, 스스로의 부재성으로 존재하는 사물들 그 자체, 아무런 대의(원인)도 없을 때 '대의(원인)'로 존재하는 그 무엇이다.

4장 '부정의 부정'

1 이 점에 관해서는 오늘날 "전 지구적 대안이라는 이 유토피아적 장소를 열어두는 것이 그 어느 때보다 중요하다"는 지젝의 주장을 참조할 것.(*CHU*, 325) 그리고 지젝이 나치즘과 공산주의를 자주 구분하는 근거가 바로 여기에 있다.(*TS*, 138~139, *CHU*, 124~125) 둘 다 '행위'를 구성하는 것처럼 보이지만, '끝까지' 가려는 나치즘은 사태를 동일하게 유지하기 위해서만 활동하는 반면, '근본적인 선택'을 유지함으로써 실제로 사태를 변화시키는 것은 공산주의다. 이것은 9월 11일 비행기 납치 사건에 대한 지젝의 비판이기도 하다. 그들은 진정한 결정을 회피하기 위해 곧바로 **행위로의 이행**을 거쳤다는 것이다.(*DR!*, 11~12)

2 이것은 의심할 여지없이 여기서의 우리와 관련이 있을 것인데, 우리가 지젝을 그 자신과 맞세워 읽고, 지젝 자신이 설정한 기준에 그를 세우는 한에서 그러하다. (이 태도는 앞서 말했듯이 우리가 지젝에 대해 하는 비판이 항상 지젝 자신에게 돌아갈 것이며, 그가 항상 그 비판에 대해 미리 대응하는 것처럼 보이도록 만든다). 그렇다면 우리는 왜 이러지 않을까? 아마도 우리는 또한 여기서 지젝이 우리가 말하기도 전에 말하는 전부

가 **아니라고**, 즉 이런 순환적 분석 방식으로 환원될 수 없는 어떤 것이 있다고 생각하려고 하기 때문일 것이다. 이것은 다시 (대의로서의) 대의의 희생이나 포기를 사유하려는 철학의 '분열된 주체'가 될 것이다.

3 다시 말해, 벤야민이 아주 미리 내다보듯이 예견했듯이, 후기-전체주의적 세계에서 '최후의 심판 같은 최종적 관점'은 존재하지 않는다.(*SO*, 144) 오히려 끊임없는 일련의 지속적인 판단과 수정만이 존재한다. 이로부터 지젝이 거론하는 유고슬라비아 공산주의자들에 관한 끔찍한 일화가 등장한다. 공산주의자들은 2차 세계 대전 후 죽음의 수형소에서 돌아왔는데, 영웅으로 대접받기는커녕—즉 생물학적 죽음을 무릅씀으로써 상징적 불멸성을 부여받기보다—즉각 새로운 정부에 의해 반역죄로 재판을 받았다.(*L*, 272)

4 논쟁의 여지가 많은 급진적 악과 악마적 악(*PF*, 226~230)을 구분하지 않더라도, 우리는 악마적 악은 선이 우리의 설정의 결과로서만 발생한다는 생각, 즉 선이 아직 존재하지 않기 때문에 우리는 이 점에서 선을 **위해** 행동하지 않는다고 말할 수 있다. 그것은 '잘못된', 즉 선이 아닌 이유로 행해지는 선이다. 이는 칸트에게는 불가능하지만, 그의 도덕 체계가 구성되기 위해 반드시 필요하다.

5 이 영화에 대한 커벨의 에세이 〈스텔라의 취향〉에서, 그도 역시 이것이 어떤 예외의 문제, 즉 어떤 영원한 여성적 '공동체의 아이러니'의 문제가 아니라는 점을 지적한다. 오히려 그가 스텔라를 '미지의 존재'라고 말한다면, 그녀는 그녀 삶의 다양한 남성들뿐만 아니라 **자신에게도** 미지의 존재이다. 즉, 여기에서도 문제는 코프젝의 '사랑'과 마찬가지로, 주체가 상징계에 진입할 때 무엇을 잃어버리는지 사유하는 것이다. 이점에 대해서는 Stanley Cavell, *Contesting Tears: The Hollywood Melodrama of the Unknown Woman* (Cambridge, MA: Harvard University Press, 1990) 200~201쪽 참조.

6 Robert S. Boynton, "Enjoy Your Zizek!" *Lingua Franca* 8.7 (October1998) 50쪽 참조.

7 예를 들어, 지젝의 많은 저서에서 마지막 장들을 마지막에 덧붙인 그의 이론의 단순한 '적용'으로 간주하고 싶은 유혹이 있다. 사실, 우리는 그 장들에서 제시되는 겉보기에는 '실천적인' 제안을 순전히 '형식적인' 것으로, 즉 불가능하다는 점에서 존재하는 것을 실패로 표시하는 일종의 '실재'로 이해할 수 있다. 결론에서 이 문제를 다시 거론할 것이지만, 이는 지젝이 아도르노의 유사한 "조야한 사회학적 참조"에 대해 언급하는《당신의 증상을 즐겨라!》같은 책에서 이미 오래전에 하나의 전략으로 암시된 바 있다.

> 사상이 정체성의 함정에 빠져서 제한된 성찰의 형태를 도달할 수 없는 사유의 형태로 착각하는 일을 하지 말라. 다시 말해, '조야한 사회학적' 참조의 기능은 개념적 내용 안에서 개념 그 자체를 회피하는 것, 즉 내용 자체의 형식의 총체성을 표상하는 일이다.(E!, 85)

8 이 점에 대해서는 끌로델의 여주인공 시뉴 드 쿠퐁텐의 비극 이후의 상태에 대한 주판치치의 중요한 언급을 보라. 시뉴는 자신이 실패할 것을 알면서도 그럼에도 바로 그 때문에 계속 나아가며 자신의 행동을 완성한다. "우리는 시뉴 드 쿠퐁텐에게서 … 알고 있는 오이디푸스, 자신의 지식 덕분에 자신의 행위가 초래할 재앙을 피할 [수 없고], 오히려 바로 그 지식이 그 행위를 저지르도록 내모는 상황에 스스로 처하게 된 오이디푸스를 볼 수 있다."(*ER*, 256) 지젝은 그 나름으로 시뉴에 대해, 그녀의 행동은 '저급한 냉소주의'("내가 하려는 일이 저급한 타락이라는 것을 알지만, 뭐 어때, 누가 신경 쓰나, 난 그냥 할 거야. …")이자 '가장 비극적인 분열'("내가 하려는 일의 파국적인 결과를 충분히 알고 있지만, 난 어쩔 수 없고, 내겐 무조건적인 의무이기에 계속할 것이야")로 읽을 수 있다고 말한다. (*TS*, 387) 이것이 우리가 지젝 자신에게서 볼 수 있는 바로 그 이중성이다. 많은 논평자들이 지적했듯이, 그에게는 지극히 진지한 것과 완전히 아이러니한 것의 불편한 혼합이 있는데, 명쾌하게 철학적이고 정치적인 통찰을 제안하지만, 압박을 받게 되면 재빨리 이를

부인하고 농담으로 바꾸며 그것을 진지하게 받아들이는 청중을 조롱한다.

5장 지젝의 비판, 지젝에 대한 비판

1 이 점에 대해서는 Judith Butler, 'Arguing with the Real', in *Bodies that Matter* (London and New York: Routledge, 1993) 참조. 《의미를 체현하는 육체》

2 이 논쟁에 대해서는 Barbara Johnson의 "The Frame of Reference: Poe, Lacan, Derrida," *Yale French Studies* 55/56 (1977) 참조.

3 흥미롭게도, 경험적인 것과 초월적인 것의 동시성을 사유하려는 지젝의 시도는 해체주의자 제프리 베닝턴의 비슷한 시도와 비교할 수 있다. 베닝턴은 그의 에세이 〈X〉(지젝이 《까다로운 주체》의 〈초월적 상상력의 교착 상태〉 장에서 논의한 것과 동일한 'X'라고 생각한다)에서 다음과 같이 썼다. "'X'는 신비스럽고 어쩌면 금지된 것이다. [초월적인 것과 경험적인 것의] 두 노선은 순수한 소실점을 규정한다. 이 지점은 경험적인 것으로 끝없이 붕괴되는 초월성 그 자체의 지점이다." Geoffrey Bennington, *Interrupting Derrida* (London: Routledge, 2000) 83쪽 참조.

4 Peter Dews, "The Tremor of Reflection: Slavoj Zizek's Lacanian Dialectics," *Radical Philosophy* 72 (July-August, 1995): 25-6쪽, "The Eclipse of Coincidence: Lacan, Merleau-Ponty and Schelling," *Angelaki* 4. 3 (1999): 22쪽 참조.

5 그리고 이러한 순전히 '형식적인' 진술을 통해 존재하는 것에 일종의 '분열' 또는 '결정 불가능성'을 도입하는 이 모든 전략을 두고, 누가 여기서 지젝이 틀렸다고 말할 수 있을까? 서구와 자본주의의 운명이 진정으로 보장된다고 누가 장담할 수 있겠는가? 현재 이라크 점령은 어느 방향으로 갈 것인가? 현재 진행 중인 '테러와의 전쟁'의 결과는 어떻게

될까? 세계 자원의 점증하는 희소성은 언제 마침내 우리에게 경고하기 시작할까? 그리고 이 '결정 불가능성'은 항상 그랬던 것이 아닐까? 인류 문명은 늘 형태는 다르지만 항상 '동일한' 절대적 애매성에 직면하지 않았던가?

6장 지젝 라이브

1 Eric Santner, *My Own Private Germany* (Princeton: Princeton University Press, 1996) 참조.

2 William Taubman, *Khrushchev: The Man and His Era* (London: Free Press, 2003) 493쪽.

3 Bernard Williams, *Truth and Truthfulness* (Princeton: Princeton University Press, 2002) 7~8쪽.